Sprache

für ein ganzes Leben

Harvey S. Wiener

Sprache
für ein ganzes Leben

So können Sie Ihrem Kind beim Spracherwerb helfen.

Mit einer Auswahl und
Kommentierung von 50 beispielhaften Bilderbüchern
von Gertraud E. Heuß

Otto Maier Ravensburg

CIP-Titelaufnahme der Deutschen Bibliothek

Wiener, Harvey S.:
Sprache für ein ganzes Leben :
so können Sie Ihrem Kind beim Spracherwerb helfen /
Harvey S. Wiener. [Aus d. Amerikan. übertr. von Marion Wirth].
Mit e. Ausw. u. Kommentierung von
50 beispielhaften Bilderbüchern von Gertraud E. Heuss. –
Ravensburg : Maier, 1990
Einheitssacht.: Talk with your child ⟨dt.⟩
ISBN 3-473-42718-7

Die amerikanische Originalausgabe trägt den Titel
„Talk with Your Child. How to develop reading and
language skills through conservation at home"
Published by VIKING, Penguin Group, New York
© by Harvey S. Wiener, 1988
Alle Rechte der deutschen Ausgabe liegen beim
Ravensburger Buchverlag Otto Maier GmbH,
Ravensburg 1990
Aus dem Amerikanischen übertragen von Marion Wirth
Umschlaggestaltung: Ekkehard Drechsel unter der
Verwendung eines Fotos von Thomas Weiss
Gesamtherstellung: Appl, Wemding
Printed in Germany

93 92 91 90   4 3 2 1

ISBN 3-473-42718-7

Inhalt

Danksagung

Das Thema dieses Buchs hat mich schon lange Zeit beschäftigt. Nach unzähligen Gesprächen mit Eltern, Kindern, Lehrern, Kollegen und Studenten ist ein Buch daraus geworden. Im gemeinsamen Gespräch ist es gewachsen, im gemeinsamen Gespräch hat es allmählich Form gewonnen. Ich möchte mich hier bei allen bedanken, die mir eine Hilfe waren und meine Arbeit unterstützt haben. Zunächst gilt der Dank meiner Frau Barbara; sie hatte die Idee für dieses Buch. Im ständigen Umgang mit Vorschulkindern verzweifelte sie fast an deren dürftigen Sprachkenntnissen. Aufgrund unserer langjährigen Beobachtungen sahen wir uns veranlaßt, etwas für die Eltern zu tun, die die sprachlichen Fähigkeiten ihrer Kinder unterstützen und fördern wollen - Sprachfähigkeiten, die für die Entwicklung eines Kinds so wichtig sind, Sprachfähigkeiten, die das soziale Zusammenleben in der Familie glücken lassen und dem Kind einen erfolgreichen Start in der Schule ermöglichen. Unsere eigenen Kinder sprechen in einem fort. Wir wollen unsere Erfahrungen, wie man Kinder in Gespräche einbezieht, an andere weitergeben. Bei meinen Freunden und Kollegen Nora Eisenberg, Joanne Anderson, Karen Greenberg, Janet Lieberman und Don McQuade möchte ich mich für die Diskussionen, Ratschläge und Unterstützung durch alle Höhen und Tiefen meiner Arbeit bedanken. Mein Freund und Agent John Wright hat den Wert dieses Projekts sofort erkannt und es wie sein eigenes „Baby" betreut. Ohne seine Hilfe hätte ich das Ganze kaum geschafft. Meine langjährige Assistentin Dee Shedd hat das Manuskript mit großer Geduld geschrieben, erneut geschrieben, zerschnitten und wieder zusammengefügt. Tracy Brown, Lektor und selbst ein junger Vater, hat uns großes Vertrauen entgegengebracht und uns vorbehaltlos unterstützt. Viele Studenten der Columbia Universität brachten wertvolle Einsichten über das Sprechen mit Kleinkindern ein; ebenso die zahlreichen Mütter und Väter im ganzen Land, denen ich viele Ideen und Anregungen verdanke. Schließlich danke ich meinen eigenen Kindern, deren Gespräche ich jeden Tag genieße. Ich freue mich über jedes Gespräch mit ihnen und wünsche mir, daß sie nie aufhören werden, mit mir zu reden.

1
Sprechen ist Lernen

Wer spricht eigentlich mit Ihrem Kind?

Wenn Sie sich diese Frage als Mutter oder Vater eines Vorschulkindes oder eines jungen Schulkindes bislang noch nicht gestellt haben, seien Sie vorsichtig! Sie werden mit den Antworten sicherlich nicht besonders glücklich werden.

Die Kindergärtnerin oder der Lehrer? Darauf können Sie sich nicht unbedingt verlassen. Selbst wenn der Lehrer (bzw. die Lehrerin) Ihres Kindes die besten Vorsätze hat, bleibt er ein Gruppenleiter, der einem ganzen Schwarm von Kindern Erfahrungen zugänglich machen muß; selten verfügt er über genügend Freiheit oder Organisationstalent, Ihr Kind in einen für sprachliche und soziale Entwicklung so wichtigen Dialog einzubeziehen. Viele Lehrer halten an einem, wie mir scheint, überholten Lernmodell fest: In einem Raum voller Kinder ist der Lehrer Alleindarsteller; alle Augen sind auf diesen Schauspieler vorn gerichtet, der redet, fragt, schmeichelt, unterhält, anstachelt, ermutigt, anerkennt oder mißbilligt.

Sicherlich werden Sie sich selbst an diese Szene aus Ihrer eigenen Schulzeit erinnern. Wie viele Gelegenheiten zum Sprechen boten sich Ihnen damals unter solchen Bedingungen? Wie oft am Tag hatten Sie die Möglichkeit, eine Frage zu stellen oder zu beantworten? Standen Sie vielleicht einmal vor der Situation, eine ausführlichere Äußerung hervorbringen zu können, jemanden überzeugen zu wollen oder eine vollständige

Erklärung zu entwickeln? Wie oft konnte Ihrem Drang nach Ausdruck entsprochen werden, wie oft Ihrem Bedürfnis nach einem Gespräch, in dem jemand etwas zu ihnen sagte, Sie ihrerseits etwas erwiderten, worauf der andere dann wieder aufgebaut hat und Sie auf diese Weise im Reden, Zuhören und Lernen vorwärtskamen?

Wahrscheinlich können Sie sich ebensowenig wie ich an solche Situationen erinnern, in denen Sie aktiv, durch eigenes Sprechen, in den Lernprozeß miteinbezogen waren. Leider hat sich seit unserer Schulzeit nur wenig geändert. Sicher, Kinder müssen heute so viel mehr lernen – es gibt heute so viel mehr Wissenswertes! Also schicken Eltern ihre Kinder in immer jüngerem Alter in immer stärker organisiertere Formen der Vorschulbildung. Es gibt Ganztagskindergärten, Wochenend-Kurse für Kinder oder mit Kindern, Schulkindergärten, Betreuungsinitiativen, Kindermusikschulen, Nachmittagsgymnastik sowie Judo-, Turn- oder Schwimmkurse, Werken, Malen, Vogelkunde am Sonntagmorgen, Kurse im Museum oder an weiterführenden Schulen. In vielen Familien sind einige dieser Angebote für die Drei-, Vier- und Fünfjährigen bereits zur Regel geworden. Zur Sprechfähigkeit des Kindes allerdings tragen diese Aktivitäten wenig bei. Und meist wird das Kind, das während der Bodenübung oder am Arbeitstisch mit seinem Freund zu sprechen versucht, von einem Erwachsenen zurechtgewiesen, es muß still sein und aufpassen. In fast jeder organisierten Lernsituation habe ich erlebt, daß ein informelles, nicht eingeplantes Gespräch zwischen Kindern als großes Übel angesehen und sofort unterdrückt wird, weil es angeblich am Lernen hindere. Als könne Lernen ohne Sprechen glücken!

Ein Kind braucht zum optimalen Lernen gleichermaßen Spiel und Austausch mit seiner Umwelt und den Menschen darin. Aber wer sind diese Menschen? Wie ich schon erwähnte, sind es nicht die Lehrkräfte Ihres Kindes, weder im Kindergarten, noch in der Grundschule, noch in einer der Organisationen für Vorschulerziehung. Viele von uns wenden sich an letztere, um einen unserer Meinung nach unzureichenden Lehrplan zu ergänzen oder um unseren Kleinen jene zusätzlichen Gewinnanteile zu sichern, die wir für ihren späteren Erfolg als Erwachsene für nötig halten. Mit Ausnahme einiger innovativer Modelle ist die Organisation der Wissensvermittlung in jedem „Schul"gespräch heute so unbeweglich wie zu unserer Zeit; es berücksichtigt weder das Erziehungsniveau noch die Natur des behandelten Gegenstandes.

Wahrscheinlich haben Sie schon einmal versucht, Ihr Kind mit anderen Kindern aus der Nachbarschaft nach der Schule oder am Wochenende zusammenzubringen. Und sicherlich sprechen die Kinder dann auch zueinander. Selbst parallel verlaufende Spiele, bei denen jedes Kind seiner eigenen Tätigkeit nachgeht, werden von Sprache begleitet: Selbstgespräche, Spiellieder, Gegenstände benennen, Gesellschaftsspiele oder auch wirkliche und erdachte Geschichten. Unsere Kinder heben Herumliegendes auf, lachen über Äußerungen und geben auf ihre Art ihre eigenen Kommentare ab. Das Sprechen, das mit dem Spiel einhergeht, ist äußerst wichtig; es hilft Kindern in ihrer Sprachentwicklung, weil es ihr Gespür für die Regeln der Erwachsenensprache widerspiegelt.

Vielleicht ist Ihr Kind in der glücklichen Lage, daß die Großeltern in der Nähe woh-

nen, mit denen es regelmäßig umgeht. Es kann auch ein anderes Familienmitglied sein, Ihre Schwester, Ihr Bruder oder eine Kusine in derselben Gegend, ein älterer Freund oder eine Bekannte. „Tante" Moni, die in der Nähe wohnt und die von Ihrem Jüngsten angetan war und es gerne um sich hat. Vielleicht setzen Sie Ihr Kind bei einem etwas reiferen Babysitter ab, der Ihren Peter oder Ihre Petra beaufsichtigt, während Sie bei der Arbeit sind. Möglicherweise kommt ein Babysitter, Wohnungshüter und Erzieher in einer Person zu Ihnen nach Hause und schaut dort nach Ihren Kindern. All das können wunderbare Möglichkeiten für Ihr kleines Mädchen oder Ihren kleinen Jungen sein, und Sie könnten auch damit Wachstum und Entfaltung weiter anregen.

Dennoch kann die mit Erwachsenen verbrachte Zeit mit ihrem wichtigen Anteil an Sprechzeit nur eine verhältnismäßig geringe Rolle bei der sozialen und sprachlichen Entwicklung spielen – man setze diese geselligen Momente einmal in Zeitstunden um und vergleiche sie mit der Zeit, die ein Kind vor dem flimmernden Fernsehbildschirm sitzt. Ebenso die Qualität des Gesprächs zwischen Ihrem Jüngsten und dem Erwachsenen – achten Sie einmal auf die Unterhaltungen, falls sich welche ergeben. Es gibt zwar eine ganze Reihe von Äußerungen an oder über Ihr Kind, aber nur wenige, die es seinerseits in ein Gespräch einbinden. Bemerken Sie, daß Ihr Kind sich mit Ideen beschäftigt, daß es mit Hilfe eingehender Erörterungen seinen Horizont erweitert? Hören Sie mehr als vereinzeltes Geplapper, wenn Tante Moni bei der Hausarbeit laut zu ihren Töpfen und Pfannen spricht, zu der Schreibmaschine oder zu einer Nachbarin am Telefon, während Ihr Kind sich an der Schublade voller Krimskrams in der Küche aufhält oder mit einem Lieblingsspielzeug im Flur, so daß beide getrennt, ohne sichtbare Beziehung zueinander ein Gespräch führen? Gibt es hierbei Sprechhandlungen wie Frage und Antwort, Behauptung und

Beurteilung, Nachfragen und aufeinander bezogenes Handeln? Man könnte an dieser Stelle auch davon reden, wie schädlich oder zumindest pädagogisch nicht gerade wertvoll passive Umgangsformen sind, die viele Erwachsene in Gegenwart von Kindern an den Tag legen. Aber ich sage Ihnen ganz einfach, Ihr Kind braucht mehr. Um sich an der Sprachproduktion zu beteiligen, um später einmal an der mit seiner Entwicklung eng verknüpften Lese- und Schreibfähigkeit teilzuhaben, braucht Ihr Kind einen ganz besonderen Gesprächspartner – sanft, liebend, aufgeschlossen, nachfragend, rücksichtsvoll, geduldig, entspannt und intelligent.

Wer bleibt für eine solche Partnerschaft übrig?

Sie!

Die Mutter und der Vater.

Es liegt an Ihnen, für eine regelmäßige Spracherfahrung das Gespräch zwischen Ihrem Kind und Erwachsenen zu initiieren. Gespräche sind lebenswichtig, zum einen für die Sprachbildung und zum andern, weil sie Kindern hilft, Lebensprobleme aufzugreifen und sich mit ihnen auseinanderzusetzen.

Wenn dieser letzte Punkt – Gespräche helfen Kindern, mit Problemen und Ängsten des täglichen Lebens umzugehen – auch allzu offensichtlich sein mag, so hat es trotzdem nicht den Anschein, als räumten wir ihm in unserem Leben mit Kindern genügend Platz ein.

Unter den vielen interessanten Ratschlägen an berufstätige Mütter und Väter streichen Earl A. Grollman und Gerri L. Sweder in ihrem Buch „The Working Parent Dilemma" (Das Dilemma der arbeitenden Eltern) heraus, wie wichtig in den Augen der Kinder Gespräche für eine erfolgreiche Elternschaft sind. Eine der Befragten, Linda, eine intelligente Siebzehnjährige, erteilt uns allen eine Lektion: „Wenn Eltern zu ihren Kindern eine gute Beziehung haben wollen, dann müssen sie bereit sein, mit ihnen zu re-

den." Ein Punkt für die Autoren. Sie sagen nämlich, daß Kinder Gefühle, vor allem Ängste besprechen möchten. Doch „viele Eltern und Kinder wischen empfindliche Themen einfach vom Tisch. Wenn Sie Ihrem Kind dagegen zuhören und ihm seine Fragen beantworten, wird es einen entscheidenden Unterschied bei seiner emotionalen Sicherheit ausmachen und Ihre Beziehung zu ihm intensivieren."

Eltern, die sich Zeit nehmen, mit ihrem Kind zu reden, fördern wesentliche Fertigkeiten für das Leben. Dr. John Clabby und Dr. Maurice Elias sind zwei Psychologen, die untersucht haben, wie Kinder untereinander Probleme lösen. Sie unterstreichen die wichtige Rolle, die dabei die Eltern spielen. Nachdem die Autoren von „Teach Your Child Decision Making" (Zeigen Sie Ihrem Kind, wie es Entscheidungen fällt) Drei- bis Vierjährige beobachtet haben, loben sie die Kreativität im Denken eines Vorschulkindes. „Einem Kind beizubringen, Entscheidungen zu treffen und Probleme zu lösen, heißt, seine Fähigkeit zum unabhängigen Denken zu entwickeln." Deswegen sollten Eltern zu Hause Problemlösungen diskutieren. Sie sollten „entscheidungsrelevante Beobachtungen zur täglichen Routine" werden lassen, und „verschiedene Lösungen hörbar entwickeln, zum Beispiel was es zu essen geben soll oder wie der Tagesablauf eingeteilt wird". Sie werden ohne weiteres sehen, wie eine Familie, in der gesprochen wird, die Anlage für kreatives Denken hervorbringen und entwickeln kann.

Sind Sie sicher, daß sie mit Ihrem Kind genug reden? Die empirischen Befunde sehen diesbezüglich ziemlich finster aus. Amerikanische Mütter reden am Tag weniger als 30 Minuten mit ihren Kindern – so eine Studie des US-amerikanischen Erziehungsministeriums. Väter bringen noch weniger Zeit für ihre Kinder auf – ungefähr 15 Minuten am Tag.

Sobald Eltern sprechen, sprechen sie gewöhnlich zu ihrem Kind, nicht aber mit ihm. Nur selten sehen sie ein Kind als gleichwertigen Gesprächspartner an. Die Ergebnisse von Dr. Paula Menyuk, Leiterin des „Language Behaviour Program" (Programm für Sprachverhalten) an der Fakultät für Erziehungswissenschaft an der Universität Boston, legen Eltern nahe, mit Kindern von klein auf zu reden, weil dies den Spracherwerb frühzeitig anreizt. Ihre Untersuchung an 56 Familien mit Neugeborenen ergab, daß diejenigen Kinder eine ausgeprägte Fähigkeit sich zu verständigen entwickelten, deren Eltern ihren noch nicht sprechenden Kindern Zeit zu Äußerungen gaben und auch auf deren Sprachsignale reagierten. Sprachen Mütter und Väter in bester Absicht auf ihre Kinder ein, ohne aber Pausen einzulegen, so konnten sie die kindliche Sprachentwicklung nicht bemerkenswert fördern. Zwar versorgten sie ihr Kind mit umfassenden sprachlichen Anreizen, gaben ihm jedoch keine Möglichkeit, sich seinerseits irgendwie zu äußern. Sie können wichtige Gesprächsmuster einführen, wenn Sie Kommentare abgeben oder Fragen an Ihr Baby richten und daraufhin eine Pause machen, auch wenn Sie wissen, daß Ihr Baby noch zu klein ist, um mit Wörtern zu antworten. Erst die Pausen zeigen Ihrem Baby, daß Sie von ihm irgendeine Art Antwort erwarten; und Sie gewinnen auf diese Weise die Möglichkeit, das, was Ihr Baby „sagt", wahrzunehmen und zu interpretieren. Hier ist Dr. Menyuks Rat (Sie werden das Echo einige Dutzend Mal hören, während Sie dieses Buch zu Ende lesen): „Bringen Sie Ihre kleinen Kinder durch eine Menge Fragen dazu, sich selbst am Gespräch zu beteiligen. Hören Sie dann auf die Antworten und zeigen Sie ihm Ihrerseits eine Reaktion."

Sprechen Sie regelmäßig mit Ihrem Kind oder lautet Ihr Motto: „nicht mehr als eine halbe Stunde am Tag"? Kennen Sie die besten Möglichkeiten, Ihr Kind in Gespräche zu verwickeln? Wahrscheinlich wissen Sie wie die meisten Mütter (und viele Väter) oh-

ne jemals darüber nachgedacht zu haben, wie Sie Ihr noch sprachunkundiges Kind an Sprache heranführen. Morton Hunt weist in seinem spannenden Buch über die Psychologie des Denkens „The Universe within" (Das innere Universum) darauf hin, wie kompetent manche Mütter im Gebrauch einer speziellen Kindersprache sein können, die Psychologen als „Babysprache" bezeichnen. Sie haben einen inneren, instinktiven Sinn für ihre Rolle als Sprachlehrer. Oft gebrauchen sie diese besondere hochgezogene Stimme, mit der sie Wörter in die Länge ziehen, damit Kinder sie besser oder deutlicher nachsprechen können.

Wir bemühen uns, Kleinkindern pädagogisch wertvolles Spielzeug in die Hand zu geben und ihnen zu zeigen, wie man damit spielt; wir lesen ihnen Bücher vor, machen Wortspiele und beschäftigen uns mit Frage- und-Antwort-Spielen. Aber machen wir von unseren angeborenen Talenten als Sprachvermittler auch wirklich den bestmöglichsten Gebrauch?

Das Interesse vieler Eltern am sprachlichen Wachstum ihrer Kinder läßt nach den ersten Jahren meist rapide nach, wie Wissenschaftler, beispielsweise Shirley Brice Heath, in ihrer Studie über den Spracherwerb von Kindern in zwei Gemeinden North Carolinas, verzeichnen. Zwar fördern Eltern anfangs ihre Kinder mit einem Überschwang an Aufmerksamkeit. Werden die Kinder aber älter, so hören sie aus diesen oder jenen Gründen auf, auf Wort- und Satzbildung sowie Gesprächsführung zu achten. Vielleicht glauben wir, das Nötige bis zu diesem Punkt getan zu haben und unser Kind den Rest selber lernen zu lassen. Vielleicht meinen wir, daß im Leben unserer Kinder die Institutionen - Kindergärten, Schulen, Kirchen und Vereine - die Entwicklung der Sprach- und Gesprächsfähigkeit übernehmen. Vielleicht wenden wir unsere Aufmerksamkeit anderen Dingen zu - einem neugeborenen Kind in der Familie, der Karriere, die nun, da unser Kind älter wird, wieder in den Mittelpunkt rückt, oder wir kehren zur eigenen Ausbildung zurück, um einen Abschluß oder Titel zu erwerben; wir nehmen Projekte wieder auf, die wir aufgeschoben haben, um eine Familie zu gründen (eine ehrenamtliche Tätigkeit; eine neue zeitaufwendige Anstellung; die Buchführung oder andere Leistungen in einem Verein) und wir nehmen uns eben keine Zeit mehr, um mit unseren Kindern so viel zu sprechen wie wir sollten.

Oder wissen wir uns vielleicht einfach nicht zu helfen? 1987 führte Joyce Epstein an der John Hopkins Universität eine Untersuchung an 239 Schulern in Baltimore durch, dabei fand sie heraus, daß Kinder eine höhere Punktzahl im Lesen erreichen, wenn ihre Eltern sich aktiv am Lernprozeß beteiligen. Soweit entspricht das Ergebnis den Erwartungen, aber hier nun – laut Epstein – die nicht zu erwartende Neuigkeit: Obwohl Mütter und Väter ihren Kindern verzweifelt zum Schulerfolg verhelfen wollen, finden sie meist nicht den Dreh- und Angelpunkt, an dem sie mit ihrer Hilfe einhaken könnten. Nur 20% der Eltern berichteten, sie wüßten, wie sie ihren Kindern helfen sollen, 80% waren ratlos, wünschten sich aber, etwas tun zu können.

Dieses Buch möchte Ihnen einige fundierte Anregungen geben, wie Sie Ihrem Kind zum Erfolg in der Schule – und nicht nur dort – verhelfen können. Es ist für Kinder und Eltern geschrieben, damit sie sich an der Sprache freuen, am aufregenden Erlebnis, Ideen zu teilen, an der notwendigen Erfahrung mit Wörtern, die beim Lesen lernen so wesentlich ist. Es interessiert mich nicht, wie beschäftigt Sie in Ihrer Karriere, Ihrem sozialen und beruflichen Leben oder in Ihrem Leben zu Hause sind: Sie haben genug Zeit, mit Ihrem Kind zu reden. Ich werde Ihnen viele Möglichkeiten dafür aufzeigen.

Es liegt mir fern, Ihnen eine zusätzliche Last aufzubürden, indem ich Sie zu einem besseren Hauslehrer für den Leseunterricht Ihres Kinds machen wollte – ich glaube nicht, daß Eltern Aussprache oder Vokabeln drillen sollten. Ich möchte Ihnen zeigen, daß Sie im täglichen Leben Ihren Kindern sehr viel beibringen können, Sie sollen keine neuen künstlichen Situationen schaffen. Die Hauptsache ist die Freude an der Sprache. Lassen Sie Ihr Kind erfahren, was Sprache und Sprechen heißt: ein Bewußtsein für Sprache und ihre Möglichkeiten entwickeln und zugleich soziale und geistige Entwicklung erleben. Ich will einige einfache Aktivitäten aufzeigen, mit denen Sie ohne großen Aufwand Gedanken mit Ihren Kindern austauschen können. Als Mutter oder Vater müssen Sie Ihrem Kind helfen, Sprache aktiv, durch eigenes Sprechen zu erlernen. Ermutigen Sie Ihr Kind zu Gesprächen, in denen es die Erlebnisse in seinem Leben aus seiner Sicht darstellt.

Lassen Sie uns also beginnen. Wie schneidet Ihr Zuhause als Gesprächshaushalt ab?

Ein Gesprächsinventar

Mit den folgenden 25 Testfragen möchte ich Ihnen behilflich sein, Ihren Sprachgebrauch und Ihre Haltung als Sprecher gegenüber Ihrem Kind zu beurteilen. Beantworten Sie bitte jede Frage durch eine Ziffer 1, 2 oder 3 nach dieser Skala:

3 = meistens
2 = manchmal
1 = niemals

1. Nehmen Sie die Mahlzeiten zusammen mit Ihren Kindern ein und unterhalten Sie sich bei Tisch?
2. Fragen Sie Ihr Kind nach seinen täglichen Erlebnissen?
3. Teilen Sie Ihrem Kind Ihre eigenen täglichen Erlebnisse mit, wenn Sie mit ihm sprechen?
4. Hat Ihr Kind die Gelegenheit, Ihnen

häufiger bei Diskussionen zuzuhören, zum Beispiel wenn Sie über Ereignisse des Tages sprechen, Ihre Meinung zu politischen Ereignissen und zum Weltgeschehen äußern, Ihren Eindruck von einem Film, den Sie gesehen oder von einem Buch, das Sie gelesen haben, mitteilen?

5. Vermeiden Sie es, Ihr Kind zurechtzuweisen, nicht so viel zu reden und sich gefälligst mit seinen Spielsachen zu beschäftigen, wenn es versucht, sich an einem „Gespräch unter Erwachsenen" zu beteiligen?

6. Lesen Sie Ihrem Kind laut vor?

7. Fordern Sie Ihr Kind auf, für Sie zu „lesen", auch wenn es noch gar nicht lesen kann und seine Wörter den Bildern auf der Buchseite entnimmt?

8. Was tun sie, wenn Sie Ihrem Kind laut vorgelesen haben? Regen Sie es zu einem Gespräch über die Wörter und Bilder an, die es auf den Seiten im Buch wahrgenommen hat? Sprechen Sie mit ihm über die Gedanken, die im Buch selbst stehen?

9. Laden Sie Ihr Kind zu einem Meinungsaustausch über Objekte und Vorstellungen ein – zum Beispiel über Kleidung, eine dem Kind neue Speise, eine Fernsehsendung – und ermutigen Sie es, aufrichtig zu antworten?

10. Wie verhalten Sie sich, wenn Ihr Kind Ihnen eine Frage stellt? Antworten Sie mit Bedacht und laden Sie zu weiteren Fragen ein, bis jedes Problem oder Mißverständnis geklärt ist?

11. Ermuntern Sie Ihr Kind, bei Fragen und Antworten Ein- oder Zweiwort-Äußerungen zu erweitern?

12. Was tun Sie, wenn Ihre Kinder miteinander streiten? Versuchen Sie ihnen zu helfen, ihr Problem zu formulieren und eine befriedigende Lösung zu finden, oder bevorzugen Sie es, selber eine schnelle Lösung zu finden oder eine angemessene Strafe zu verhängen?

13. Erlauben Sie Ihren Kindern, bei Entscheidungen selbst die Wahl zu treffen, ermutigen Sie sie, die jeweiligen Gründe zu erklären?

14. Tragen Sie Konflikte zu Hause offen aus – sei es zwischen Freunden, sei es zwischen Ihnen und Ihren Kindern –, indem Sie Vorstellungen, Meinungen, Gefühle und Gedanken freien Lauf lassen, anstatt eine Regelung auszugeben, auch wenn mit letzteren schneller wieder für Ruhe gesorgt wäre?

15. Ziehen Sie Ihre Kinder mit hinzu, wenn Sie Familienfeste oder Ferien planen? Laden Sie Ihre Kinder ein, Urlaubsorte mit auszuwählen und Aktivitäten mitzubestimmen, die etwas zu einem Ereignis werden lassen?

16. Ermutigen Sie Ihr Kind, ans Telefon zu gehen, und geben Sie ihm allgemeine Verhaltensrichtlinien für die Art und den Stil eines Telefongesprächs?

17. Versuchen Sie, Alternativen zu finden, wenn Ihr Kind häufig allein, ohne Gesellschaft von anderen Kindern, zu Hause ist?

18. Fordern Sie Ihr Vorschulkind dazu auf, in Ihrer Nähe zu spielen, wenn Sie im Haus zu tun haben, und setzen sie währenddessen laufende Gespräche über Dinge, die sie umgeben, Tagesereignisse usw. fort?

19. Übernehmen Sie einen Charakter, wenn Ihr Kind Sie zu einem selbst ausgedachten Rollenspiel einlädt?

20. Wie verstehen Sie Ihre Funktion als „Hauslehrer"? Wollen Sie Ihrem Kind ein Gesprächspartner sein und ihm eine Orientierung geben, oder sehen Sie sich als Lehrer von Inhalten und Fertigkeiten? Verwenden Sie mehr Zeit darauf, mit Ihrem Kind zu reden oder darauf, Ihr Kind zu belehren, zum Beispiel wie das Alphabet zu schreiben ist oder wie Buchstabenkombinationen klingen sollen?

21. Lehnen Sie die Ansicht ab, daß kleine

Kinder zwar gesehen, aber nicht gehört werden sollten?

22. Bitten Sie Ihr Kind, seine gemalten Bilder oder Zeichnungen zu erklären?

23. Wenn Sie bei jemandem ein besonders negatives Verhalten festgestellt haben, fordern Sie Ihr Kind auf, es zu erklären, bevor Sie sich an den Übeltäter wenden?

24. Machen Sie mit Ihrem Kind Sprachspiele wie zum Beispiel Rätsel, Unsinns-Wörter finden, Reime suchen?

25. Überraschen Sie sich zuweilen selbst dabei, daß Sie unbekannte Gegenstände benennen oder Begriffe erklären, obwohl Ihr Kind Sie nicht von selbst danach gefragt hat?

Wenn Sie 66–75 Punkte erreicht haben, dann haben Sie eine häusliche Umgebung, die Kinder zum Sprechen anreizt. Sie werden in den Vorschlägen weitere Zugangsmöglichkeiten zur Spracherziehung finden, die auf dem Modell aufbauen, nach dem Sie sich bereits verhalten, ein Modell, das auf dem Gespräch mit Kindern aufbaut. Ich möchte Ihnen viele Anregungen bieten, das sprachliche Fortkommen Ihres Jüngsten weiter zu fördern.

Falls Sie 56–65 Punkte erreicht haben, sind Sie sich wahrscheinlich der Bedeutung von Gesprächen bewußt, haben aber bisher das Gespräch für die Sprachbildung noch nicht angemessen in Ihre familiäre Routine integrieren können. Wenn Sie sich in dieser Rubrik wiederfinden, können Sie im folgenden eine ganze Reihe nützlicher Vorschläge entdecken. Ich habe versucht, möglichst viele Ihrer Fragen, wie Sie die Gespräche auf Hochtouren bringen können, vorwegzunehmen: Wo Sie sich Zeit nehmen können, wie Sie Kinder in Dialogen zum Sprechen anregen, wie Gespräche nicht in Sackgassen geraten und vieles andere mehr.

Haben Sie weniger als 56 Punkte, müssen Sie Ihre Situation ernsthaft überdenken. Ein Teil Ihrer Aufgabe als Mutter oder Vater besteht darin, Ihrem Kind bei seiner sprachlichen Entwicklung zu helfen, vor allem, wenn Sie möchten, daß Ihr Kind in der Schule Erfolg hat. Mit einigen unkomplizierten, angenehmen Aktivitäten – am Eßtisch, im Supermarkt, im Park – werden Sie Ihre Punktzahl in unserem kleinen Test schnell verbessern können! Ich glaube, Sie werden in diesem Buch eine reiche Auswahl an Anregungen finden, die den Bedürfnissen Ihrer Kinder und Ihrem eigenen Erziehungsstil entsprechen.

Die Öffentlichkeit und die Medien wenden ihre Aufmerksamkeit verstärkt der Schreib- und Lesefähigkeit von Kindern zu. 1985 forderte die Kommission über das Lesen der „National Academy of Education" (US-amerikanische Akademie für Erziehung) die Eltern auf, sich aktiv an der sprachlichen Entwicklung ihrer Kinder zu beteiligen. In der Zusammenfassung ihres Reports – „Becoming a Nation of Readers" (Auf dem Weg zu einer Nation von Lesern), der vom amerikanischen Institut für Erziehungsfragen finanziert wurde – unterstreicht die namhafte Erziehungswissenschaftlerin Diana Ravitch von der Columbia Universität folgende Punkte: Eltern sollten die Aufgabe der Schule dadurch unterstützen, daß sie den Kindern helfen, zu Hause zu lernen; die Unterweisung durch Eltern „trägt maßgeblich zum Interesse am Lesen und zur Lesefertigkeit in der Schule bei". Außerdem, vielleicht das Wichtigste: „Während Kinder größer werden, sollten die Eltern mit ihnen reden und ihre Erfahrungen, tägliche Aktivitäten, Lieblingsgeschichten, -filme oder -sendungen besprechen und sie anregen, Geschichten über einen Besuch im Zoo, im Museum, Kaufhaus, in der Bibliothek oder im Park zu erzählen. Kinder müssen lernen, daß Wörter Bedeutungsträger sind, und sie müssen Hintergrundwissen entwickeln."

Wenn Kinder lernen sollen, daß Wörter Bedeutung vermitteln, müssen Eltern lernen, wie sie Anregungen geben können.

Leider stellen die meisten Rezeptbücher zur Förderung der Lese- und Schreibfähigkeit das formale Lehren in den Mittelpunkt und beginnen zu früh mit einem streng ausgearbeiteten Programm.

Wissenschaftler stimmen überein, daß sich die Lese- und Schreibfähigkeit des Kindes durch eine ständige Wechselwirkung von Hören, Sprechen, Lesen und Schreiben entwickelt. Ich nenne diese ständige Wechselwirkung die Sprachspur: Sprechen, Zuhören, Schreiben, Lesen. Als Mutter oder Vater sollten Sie die grundlegenden Bausteine für mündliche Kommunikation legen und Ihrem Kind dadurch bei der sprachlichen Entwicklung helfen. Sprechen liegt vor dem Lesen und Schreiben; das bedeutet nun aber nicht, daß letztere die mündliche Kommunikation ablösen, sondern daß Lesen und Schreiben ebenfalls Mittel des Spracherwerbs sind und ihn vervollständigen. In gewissem Sinn ist das Bild einer „Spur" unzureichend, weil es an einen durchwegs gleichmäßig verlaufenden Fortschritt denken läßt. Darum gebrauche ich das Wort interaktiv, was soviel heißt wie wechselseitig aufeinander einwirkend. Tatsächlich machen Kinder, nachdem sie sprechen gelernt haben, in sämtlichen Bereichen der sprachlichen Erfahrung Fortschritte, und es gibt keine abgezirkelte Bewegung von einem zum andern. Es kommt in allen gleichzeitig voran. Lesen fördert das bewußte Verstehen von Wörtern und ihren Möglichkeiten, die das Kind dann in Gesprächen wiedergibt; Gespräche bilden das Bewußtsein für Sprache aus, was wiederum

erleichtert, eine gedruckte Zeile zu verstehen; mit zunehmendem Vorrat an sprachlichen Fertigkeiten ist das Kind in der Lage, sich einem weißen Blatt Papier zu nähern, Füllfederhalter, Bleistift oder Farbstift darüber zu halten, bereit, Wörter auf das Papier zu bringen.

Ich plädiere für ein aktives, im wesentlichen unstrukturiertes Programm der Eltern, um die Lese- und Schreibfähigkeit des Kindes positiv zu beeinflussen. Ich stimme dem US.-Erziehungsministerium zu, das Engagement von den Eltern verlangt. Der Report dieser Einrichtung über Lehren und Lernen ruft nach Müttern und Vätern, die ein „Curriculum für zu Hause" entwerfen. Solche Bemühungen verlangen aber nur wenig zusätzlichen Zeitaufwand von Eltern. Sie können diese Forderungen schon durch ihr tägliches Interesse am Fortschritt ihrer Kinder erfüllen. Dem Sprechen mit Kindern kommt dabei die größte Bedeutung zu. Der Verfasser Chester E. Finn sagt mit allem Nachdruck: „Kinder lernen leichter zu lesen, nachzudenken und zu verstehen, wenn Eltern mit ihnen lesen, reden und ihnen zuhören; ihnen Geschichten erzählen, Spiele machen und ihre Hobbys teilen; Nachrichten, Fernsehsendungen und besondere Ereignisse besprechen."

Bevor Sie aber mit Ihrem Programm für zu Hause beginnen, lassen Sie uns einen kurzen Blick auf einige gängige Theorien werfen. Sie zeigen Ihnen, wie Kinder Denken und Sprache lernen und wie Sie Ihr Kind bei diesen Lernprozessen maßgeblich unterstützen können.

2
Die Sprachspur:
Reden, Zuhören, Lesen, Schreiben

Wie erlernt ein Kleinkind eine Sprache? Was sind die Beweggrunde für ein Kind, Sprache zu lernen?

Diese simplen Fragen fordern jeden heraus, der sich für Kinder und Lernprozesse interessiert. Ein ganzes Heer von Gelehrten - Linguisten, Psychologen und Psychiater, Psycholinguisten, Soziologen und Leseforscher, Rhetoriker, Semantiker, Philosophen - widmet sich mit brennendem Interesse einem Puzzle von verschiedenen Fragen, die sich bisher jeder vereinheitlichenden Beschreibung entziehen. Einer der führenden Wissenschaftler auf diesem Feld ist der Psychologe Jerome Bruner. Er faßt die Fragen für eine angesehene Zuhörerschaft von Akademikern verschiedener Disziplinen in der Max-Planck-Projektgruppe Psycholinguistik geschickt und bündig zusammen: „Der Spracherwerb war schon immer ein Phänomen, das sich wie ein Puzzle aus vielen verschiedenen Teilen zusammensetzt. Wie können menschliche Wesen ein dermaßen umfassendes System von Regeln, die für die Produktion und das Verstehen von Mitteilungen nötig sind, derart schnell und gut und mit einer solch feinen Anpassungsfähigkeit im Gebrauch lernen - ein dermaßen umfassendes System von Regeln, das wir, die wir uns professionell mit Sprache beschäftigen, kaum einheitlich beschreiben können?"

Angesichts der Meinungsverschiedenheiten unter den Gelehrten, die ein solch aufre-gendes Problem untersuchen, angesichts der Flut von Forschungsliteratur gerät jeder Laie schnell ins Schwimmen und wird bald von Thesen und Gegenthesen überschwemmt. Die für uns sachdienliche Frage zum Spracherwerb lautet: Wie können wir, die wir nicht ins Innere des Kindes hineinsehen können, den Erwerb der Sprachfertigkeiten positiv beeinflussen, besonders wenn es um den Umgang mit Schrift geht?

Ich will Ihnen in diesem Kapitel keine Lektion über all das erteilen, was Sie schon immer über Sprachtheorie wissen wollten, aber klug genug waren nicht zu fragen. Aber ich versuche, einige allgemeine Übereinstimmungen herauszufiltern, die einige fähige Köpfe im Bereich des Spracherwerbs erreicht haben. Sie können selbst daraus ermessen, wie wichtig Ihre Rolle ist, um Ihren Kindern einen guten Start zu ermöglichen.

Die Grundlagen

An erster Stelle sollten Sie erfahren, worin die meisten Theoretiker heute übereinstimmen: Bevor Kinder Sprache haben, haben sie Vorstellungen, nicht umgekehrt. Die sprachliche Entwicklung bleibt hinter der Entwicklung von Vorstellungen zurück, auch wenn letztere sich in der Sprache widerspiegelt. Das bedeutet, Wissenschaftler betrachten ein Kind nicht als unbeschriebenes Blatt Papier, als passiven Lerner, der darauf wartet, von einem mit allen Regeln vertrauten Erwachsenen durch ein Labyrinth von Vokabeln, Grammatik und Satzbau geführt zu werden. Die ältere behavioristische Theorie ist überholt. Wir glauben heute nicht mehr, daß die gesamten Sprachkenntnisse des Kinds ein unmittelbares Abbild im Verhältnis 1:1 von dem sind, was es von seiner Umwelt aufnimmt.

Sie können also aufatmen und Ihr Marschgepäck auf dem Weg der Kindererziehung um einige Lasten erleichtern. Sie brauchen Ihr Kind weder mit Regeln noch mit Vokabeln füttern, obwohl Sie, wie Sie im weiteren sehen werden, die wichtige Aufgabe übernehmen, die sprachliche Entwicklung zu fördern und ihm Ausdrucksmöglichkeiten zu zeigen.

Ihr Kind ist im wesentlichen ein aktiver, dynamischer Sprachschüler schon bevor es seine Sprache überhaupt kennt. Betrachten Sie Ihr Kind als einen Sprachwissenschaftler in Kleinformat, der ständig Hypothesen über die Sprache aufstellt und sie erprobt. Aufgrund der Arbeiten des großen Theoretikers Noam Chomsky und seiner Nachfolger nehmen wir an, daß dem Kind von Natur aus ein Lernprogramm in der Gehirnstruktur angeboren ist. Mit ihm ist es vorbereitet, ein Sprachsystem zu erlernen.

Diese eingebaute Fähigkeit hat eine ganz außerordentliche Qualität, denn sie birgt die gemeinsamen Eigenschaften aller verschiedenen Sprachen, die es auf der Welt gibt. Auch wenn wir sehr unterschiedliche Sprachen sprechen, haben diese Sprachen doch vieles gemein. Ein Kind wird in diese oder jene Kultur hineingeboren und muß sich dem jeweiligen sprachlichen System anpassen. Würde unsere Lernfähigkeit nicht dem gemeinsamen Grundbestand aller Sprachen entsprechen, so wären wir verloren. In welches Sprachsystem wir hineingeboren werden, bleibt dem Zufall überlassen. Nur müssen wir auf das Lernen vorbereitet sein, gleichgültig wo wir das Licht der Welt er-

blicken. Beweis für diese Veranlagung zum Erlernen einer Sprache sind die grundlegenden Gemeinsamkeiten aller Sprachen, die sogenannten Sprach-Universalien. So argumentieren die Wissenschaftler, die der Idee folgen, daß die Neigung zum Spracherwerb angeboren ist. Trotz verschiedenartiger Sprachen können die Kinder die Regeln ihrer unmittelbaren Sprachumgebung einfach und schnell, ohne formale Unterweisung, aufgreifen.

Noch interessanter und aufschlußreicher ist folgende Beobachtung: Kinder leben zwar in einer Gemeinschaft, die auf eine gemeinsame Sprache baut, aber in den frühen Entwicklungsstadien wirken ganz unterschiedliche Sprachreize auf sie ein, je nachdem, wer mit ihnen redet und welche Umgangssprache ihnen gegenüber benutzt wird. Trotz dieser Tatsache entwickeln sie grundsätzlich die gleichen Sprachregeln. Sie und die Familie von nebenan bieten ihren Kindern jeweils eine andere sprachliche Umgebung; trotzdem werden die Kleinen den Satz, den jemand aus der einen oder anderen Familie sagt, verstehen können. Dank des tief in die Gedächtnisstruktur verwurzelten Lernprogramms legt sich Ihr kleines Mädchen oder Ihr kleiner Junge in Windeseile zurecht, wie es die gesprochene Sprache verstehen kann.

Aus eigener Beobachtung wissen Sie sicherlich, daß Kinder nach Wörtern suchen, um eine im Kopf bereits vorhandene Vorstellung oder Idee auszudrücken. Bevor sie die Idee nicht haben oder sie nicht hervorbringen wollen, brauchen sie auch keine Wörter. Hier geht es nicht um die alte Frage Henne oder Ei. Wir können mit ziemlicher Sicherheit sagen, daß zuerst die Vorstellung da ist und das Wort nachträglich gesucht wird, um sie zu benennen. Ebenso vermuten wir, daß Kinder viele fortgeschrittene geistige Operationen ausführen können, zum Beispiel Dinge in Gruppen einteilen, Gegenstände und Handlungen identifizieren sowie die Menschen, die sie ausführen. Kinder können all das sehr wohl bewerkstelligen, bevor sie eine Sprache dafür finden. Wie Kinder eine Sprache lernen und welche wesentlichen Bestandteile dabei ineinanderspielen, veranschaulichen Sprachpsychologen an folgendem Diagramm:

Elementare Sprachdaten → Programm für den Spracherwerb → Grammatik

Die Begrifflichkeit ist etwas wissenschaftlich, ersetzen wir sie lieber durch:

Sprachumgebung zu Hause → das Kind → Sprachregeln

Können Sie diese Teile kombinieren? Gleich zu Anfang bietet Ihre Familie dem Kind die Grundlage für Sprache. Sie geben ihm die auditive Basis der Sprache, das heißt, Ihr Kind hört die Gespräche um sich herum und lernt, Sprache überhaupt erst wahrzunehmen. Das Kind hat seinerseits von Natur aus dank seiner genetischen Anlagen ein bemerkenswertes Spracherwerbssystem. Aufgrund der angeborenen Anlagen entwickelt es Regeln und Leitlinien, um die Sprache, die es wahrnimmt, selbst zu verwenden. Der Philosoph Michael Polanyi würde sagen, das Kind weiß mehr als es zu sagen weiß – ein Zug übrigens, der uns seiner Meinung nach das ganze Leben hindurch bleibt.

Kindern ist ihre eigene Sprachentwicklung ungewöhnlich bewußt. Die Psycholinguistin Eve V. Clark ist sich sicher, daß Kinder Sprache regelrecht einüben und daß sie wissen, was sie dabei tun. Was aber üben sie? „Sie wiederholen Satzbauweisen", sagt Professor Clark, „sie probieren verschiedene Satztypen aus; sie üben neu erworbene Laute und Wörter ein, die sie wieder und wieder sagen." Wenn Sie Ihrem Kind beim Sprechen zuhören, können Sie die Sprachübungen vielleicht gar nicht vom eigentlichen Sprachgebrauch unterscheiden. Aber Sie können ein wenig Einblick in das außer-

ordentliche Sprachbewußtsein von Kindern gewinnen. Dazu eine Probe aus dem Jahre 1914, überliefert von einem Wissenschaftler, der das Selbstgespräch des 21 Monate alten Rolf belauschte:

Papa geht im Gras, Rolf geht im Gras – nein Papa geht im Gras – ja Papa geht im Schnee, tiefer Schnee, weiß das Wort.

In den Sprachübungen, die Kinder vor sich hin sagen, arbeiten sie Clark zufolge daran, Laute und Aussprache richtig herauszubringen, von einer Satzart in die anderen zu wechseln (zum Beispiel von Aussagen zu Verneinungen und weiter zu Fragen), Frage- und Antwortfolgen hervorzubringen und Pronomen, Nomen, Adjektive und Verben in die richtige Satzstelle einzufügen. All das tun Kinder, wenn sie die Ereignisse ihres Tages rekapitulieren. Denken Sie nicht auch, daß Ihr Sohn oder Ihre Tochter ganz schön klug ist?

Brauchen Sie noch mehr Informationen, um einzusehen, daß Ihr Kind ein kleines sprachverarbeitendes Genie ist? Nach Ansicht vieler Wissenschaftler verfügen Kinder nicht nur über vorsprachliche Vorstellungen, die sie nachträglich mit Wörtern benennen; Kinder wissen auch, was sie mittels Sprache erreichen wollen noch bevor sie beginnen, ihre Wünsche mit Wörtern herauszubringen. Sie kennen diese ersten vorsprachlichen Versuche mit Gesten, mit Lauten und mit Betonungen.

Wenn Sie einmal gesehen haben, wie ein Baby am Gitter seines Kinderbetts versucht verständlich zu machen, daß es heraus will, dann kennen Sie die Kombination der Strategien, die es jenseits von Sprache einsetzt, um seinen Willen kundzugeben. Das Baby patscht gegen die Gitterstäbe und schüttelt den Kopf; es seufzt und gluckst und girrt, wobei es ab und zu die Stimmhöhe ändert. Ihr Jüngstes hat also noch andere Ressourcen als Wörter, um Sie wissen zu lassen, was es will. Zu guter Letzt wird die Sprache das wirkungsvollste Mittel sein, das ihm zur Verfügung steht, hat es nur erst einmal gelernt, daß Sprache so viele seiner Bedürfnisse auf einmal erfüllen kann. Bruner faßt diese Arten der Kommunikation treffend zusammen und sagt, Sprache hilft dem Kind, „sich mit seinen Erlebnissen zu befassen, die es in der Vorstellung bereits versteht, und kommunikative Ziele zu erreichen, die es – zumindest teilweise – bereits durch andere Mittel verwirklichen kann."

Bevor wir uns nun mehr der Rolle der Eltern zuwenden, möchte ich ein oder zwei weitere Betrachtungen über Sprache vorstellen. Sie nehmen sicherlich nicht an, daß dem Kind einfach in einem Moment plötzlicher Eingebung absolutes Verstehen und Wissen zufällt. Die meisten Theoretiker glauben, daß Kinder beim Lernen eine Reihe sich überschneidender Stadien durchlaufen. Ich denke, es interessiert Sie, einiges über die Fortschritte des Kindes kennenzulernen.

Den Anfang machen wir selbstverständlich mit Piaget, dem großen philosophischen Psychologen, der vier Stufen der geistigen Entwicklung – der „kognitiven" Entwicklung – anhand eigener Beobachtungen definierte. Piaget schrieb zwar nicht über das Lesen- oder Schreibenlernen, aber viele, die sich für diesen Bereich der Kinderentwicklung interessieren, stützen sich auf seine Theorie; denn sie bietet den Hintergrund, den Prozeß zu erkennen, wie Wissen im allgemeinen erworben wird.

Die vier Stufen der Entwicklung bei Piaget

1. Stufe:
senso-motorische Phase (von der Geburt bis ungefähr zwei Jahre)
2. Stufe:
präoperationale Phase (von etwa zwei Jahren bis etwa sieben oder acht Jahre)
3. Stufe:
konkret-operationale Phase (in etwa von sieben bis elf Jahre)
4. Stufe:
formal-operationale Phase (Pubertät)

An dieser Stelle interessieren uns nur die beiden ersten Phasen. In der senso-motorischen Phase lernt das Kleinkind, daß zwischen ihm und den Objekten in seiner Umgebung ein Unterschied besteht, wie auch zwischen diesen Objekten untereinander. Es lernt, die Umgebung nicht einfach als Verlängerung seines eigenen Körpers zu sehen. Wenn Ihr einjähriges Kind einen Brotkorb auskippt oder alle Nudel- und Reistüten vom unteren Boden des Küchenschranks räumt, dann tut es nichts weniger als seine geistigen – mentalen – Fähigkeiten zu üben. Es setzt die Vorstellung von sich selbst in Beziehung zu den Objekten, die es berührt. In dieser Phase, so vermutet Piaget, kann das Kind seine Handlungen oder Gedanken noch nicht symbolisch sehen. Das symbolische Denken entwickelt sich erst, wenn das Kind beginnt, aus den in der Auseinandersetzung mit seiner Umwelt erlernten Handlungen Handlungsmuster innerlich abzubilden und zu speichern. Mit anderen Worten, das Verhalten des Kinds in dieser Phase ist ohne Abstraktionsvermögen in unmittelbaren Handlungen verwurzelt.

In der präoperationalen Phase entwickelt das Kind innere Symbole. Piaget glaubt, daß die ersten Symbole nicht aus abstrakten Wörtern bestehen, sondern wahrscheinlich aus Bildern und physischen Empfindungen. Die Fertigkeit, symbolisch zu denken, zieht das Lernen von Sprache nach sich, und nicht umgekehrt. Später treten dann Wörter an die Stelle der Symbole – Sie können ermessen, wie grundlegend symbolisches Denken ist. Jedes Kind lernt symbolisch zu denken. Es ist nichts, was Sie ihm erst beibringen müßten.

Warum das Wort präoperational? Laut Piaget ist eine Operation eine bestimmte geistige Betätigung. Ein Schlüsselelement ist hierbei die Umkehrung. Kinder können in dieser Phase noch keine gedanklichen Umkehrungen vornehmen. In einem berühmt gewordenen Experiment zeigte Piaget Kindern der Altersgruppe von zwei bis sechs

Jahren kurze breite Gläser, gefüllt mit Wasser. Als er das Wasser aus den kurzen in lange schmale Gläser umfüllte, sagten die Kinder einhellig, daß in den langen nun mehr Wasser sei - trotz mehrmaliger Wiederholung des Vorgangs. Ähnliches können Sie beobachten, wenn Sie einem Kind einen Klumpen Teig zeigen und ihn daraufhin zu einer langen geschlängelten Linie kneten; Ihr Kind würde sagen, die neue Figur enthalte mehr Teig. In dieser Phase kann ein Kind keine Denkoperation durchführen, weil es Handlungen nicht umkehren kann; zum Beispiel kann es nicht sehen, daß das Wasser die kurzen breiten Gläser genau bis zum Rand ausfüllt, wenn man es aus den langen Gläsern wieder zurückschüttet; oder daß die Teigschlange, knetet man sie zusammen, wieder eine Kugel ergibt.

Ohne die Fähigkeit der Umkehrung kann ein Kind nicht erkennen, daß ein Objekt in zwei verschiedenen Zuständen das gleiche bleibt. In der präoperationalen Phase können Kinder sich nur auf einen einzigen Aspekt der Situation konzentrieren. Sie verstehen weder Ähnlichkeit noch Unterschied zwischen Objekten, noch daß Objekte zu zwei oder drei verschiedenen Kategorien gleichzeitig gehören können.

(Falls es Sie interessiert: Die dritte Stufe, die Phase der konkreten Operationen, ist erreicht, wenn Kinder genau bestimmte mentale Operationen umkehren und ausführen können. Dabei ist ihre kognitive Tätigkeit aber noch den besonderen Objekten und Ereignissen der konkreten Situation verhaftet. In der vierten Phase gelangen die Kleinen in die Welt der Möglichkeiten, der Hypothesen und der zukünftigen Ereignisse; ihre geistige Tätigkeit ist nun nicht mehr auf die Welt des Hier und Heute begrenzt.)

Sie schenken dem kognitiven Entwicklungsstand Ihres Kindes ein wenig Aufmerksamkeit, wenn Sie einige Vorschläge, die ich im weiteren machen möchte, aufgreifen; Piagets Schema soll Ihnen dabei eine Orientierung ermöglichen. Es könnte Ihnen einige

Frustrationen ersparen, falls Sie versuchen, das Gespräch mit Ihrem Kind eine Ebene zu hoch für seine Fähigkeiten anzusetzen.

Noch ein paar Worte zum Thema Entwicklungsstufen. Ich denke, Sie würden vielleicht gerne die Stufen nachprüfen können, die Kinder nach Ansicht der Sprachpsychologen beim Spracherwerb erklimmen. Doch möchte ich Sie darauf vorbereiten, daß sich die Stufen überschneiden - denken Sie nicht, Ihr Kind würde eine nach der anderen erreichen und die vorhergehende Stufe völlig hinter sich lassen, um ausschließlich auf der nächsten zu stehen. Beachten Sie auch, daß die Altersgruppen nur Annäherungswerte sind. Zudem ist ab der dritten Phase die Sprachentwicklung nicht mehr so sehr an das Alter gebunden. Bei normalen Kindern gibt es drastische Zeitverschiebungen, wann sie mit Einwortfolgen anfangen und wie lange es dabei bleibt. Behalten Sie auch im Blick, daß bei normalen Kindern kaum ein Zusammenhang zwischen der Intelligenz und der Schnelligkeit des Spracherwerbs besteht. Einige lernen schnell, andere dagegen langsam; aber dieses Verhältnis sagt Ihnen in keiner Weise etwas über die Intelligenz eines Kinds aus.

Im folgenden stütze ich meine Zusammenfassung auf die Arbeit von Helen S. Cairns und Charles E. Cairns, beide Linguisten am Queens College an der City Universität in New York.

**Entwicklungsstufen
und ihre sprachlichen Kennzeichen**

1. Stufe (die ersten 6 Monate) Lallen:
Lallen, Girren, Quäken, Glucksen; keine Sprachlaute, sondern „akustische Signale"; das Baby spielt mit seinen Sprachorganen und benutzt noch keine Sprache.
2. Stufe (6. bis 12. Monat) Unsinns-Wörter:
Die Laute werden zu Silben zusammengefügt, aber nicht zu erkennbaren Wörtern; die Laute ähneln der Sprache nun stärker als in der Lallphase; sie werden auch bereits

betont, als ob das Kind Sätze spricht. (Die „auditive Rückkoppelung" ist hier besonders wichtig: das Kind muß nach seinen eigenen Äußerungen postwendend Wörter und Sätze hören; taube Kinder, die die Lallphase ganz normal durchlaufen, verstummen hier mehr und mehr.)

3. Stufe (ungefähr ab 1 Jahr) Einwortfolgen: Einzelne Wörter stehen für umfassendere Bedeutungen; Puppe kann zum Beispiel heißen: „Ich will dir meine schöne Puppe zeigen" oder „Gib mir die Puppe" oder auch „Ich habe die Puppe kaputtgemacht".

4. Stufe (ungefähr ab 2 Jahren) Zweiwortfolgen:
Zwei Einwortfolgen werden kombiniert, zum Beispiel zeigt Baby Puppe ein Besitzverhältnis an.

5. Stufe (ab 2 bis 3 Jahren) Beginn der Grammatik:
Es werden längere Sätze gebildet; zunehmend zeigen die Verben Zeitbezüge an, die Substantive bekommen Endungen für Einzahl oder Mehrzahl und die ersten Kasusendungen treten auf, zunächst der Akkusativ; in Sätzen werden bestimmte Wörter noch ausgelassen („Lilli will Arm", „Benni einkaufen"); immer mehr Wörter und Wortarten werden gebraucht.

6. Stufe (ab 3 Jahren) Fortgeschrittenere Grammatik:
Komplexe Sätze können gebildet werden; aber noch viele Sprech„fehler".

7. Stufe (etwa in der Pubertät) Sprachkompetenz, Erwachsenensprache:
Satzmuster werden beherrscht.

Michael Halliday, dessen „Learning How to Mean" (Lernen von Bedeutung) zu den Standardlehrbüchern über die Sprachentwicklung des Kinds gehört, faßt diese Stufen zu drei Phasen zusammen:

1. Phase:
die Anfangsphase, das anfängliche Sprachsystem des Kindes: was es braucht, um der Welt seine Absichten zu äußern.

2. Phase:
die Übergangsphase von dem System der Anfangsphase zu dem der Erwachsenensprache.

3. Phase:
der Erwerb der Erwachsenensprache.

Mit wissenschaftlicher Sorgfalt hat Halliday die Sprachentwicklung seines Sohnes Nigel durch diese Phasen hindurch beobachtet. Von Zeit zu Zeit werden Sie Nigel und seinen Vater in diesem Buch wieder antreffen.

Wissenschaftler des Kennedy Instituts für sprachbehinderte Kinder in Baltimore sagen, daß man anhand der Muster des Spracherwerbs in den frühen Lebensphasen eine normale oder anormale Entwicklung des Kindes feststellen kann. In den Altersstufen, in der ein Kind z. B. lernt, „Papa" und „Mama" zu babbeln, kann unter Umständen eine Reihe von Problemen auftauchen, von psychologischen Störungen über Störungen der Sinne bis hin zu Lernstörungen. Daraus können Sie ersehen, wie außerordentlich wichtig es für Mütter und Väter ist, sich auf die kindliche Sprachentwicklung einzulassen und ihren Verlauf zu verfolgen. Wenn Eltern Sprachprobleme frühzeitig erkennen und Vorkehrungen für spezielle Hilfe treffen, können sie späteren Fehlentwicklungen - Lernschwierigkeiten, Verhaltensproblemen in der Schule, Anpassungsschwierigkeiten, familiären Spannungen usw. - einen Riegel vorschieben.

In einer unlängst erschienenen Ausgabe der Zeitschrift Contemporary Pediatrics (Moderne Kinderheilkunde) berichteten Capute, Shapiro und Palmer, Professoren der Kinderheilkunde an der medizinischen Fakultät der John Hopkins Universität, über einen von ihnen entwickelten Sprachtest. Er erlaubt Psychologen, eine ganze Reihe von Problemen der Entwicklung aufzudecken. Das „Clinical Linguistic and Auditory Milestone Scale" (CLAMS, klinischer Test für die Sprech- und Gehörsentwicklung) liefert eine systematische Beurtei-

Alter in Monaten	Meilenstein
0,25	Reagiert auf Laute
1,25	Beantwortet Stimulationen mit einem Lächeln
1,6	Macht lange Vokallaute und girrt
4	Hebt den Kopf, wenn jemand mit ihm spricht. Macht Gurgellaute
5	Hebt den Kopf auf ein Klingelsignal
6	Lallt
7	Wendet den Kopf auf ein Klingelsignal
8	Sagt willkürlich „Mama" oder „Papa"
9	Spielt mit Gestik, zum Beispiel das Guck-Guck-Spiel. Schaut die Klingel direkt an. Versteht das Wort „Nein"
11	Gebraucht „Mama" und „Papa" als Eigennamen. Reagiert auf Einwort-Befehle und Gestik, die eine Tätigkeit anzeigt. Lernt das erste Wort
12	Formt Lautfolgen, die wie Sätze klingen, noch ohne richtige Wörter zu sprechen. Lernt das zweite Wort
13	Lernt das dritte Wort
14	Reagiert auf Einwort-Befehle ohne Gestik
15	Sagt 4 bis 6 Wörter
17	Formt Lautfolgen, die wie Sätze klingen mit einigen richtigen Wörtern
19	Formt Zweiwortfolgen
21	Formt Zweiwortsätze
24	Gebraucht willkürlich Pronomen (ich, mein, du)
30	Gebraucht Pronomen gezielt (ich, mein, du)
36	Gebraucht alle Pronomina gezielt. Verfügt über einen Wortschatz von ungefähr 250 Wörtern. Gebraucht Pluralformen. Formt Dreiwortsätze

Im Deutschen werden die ersten Pronomen „ich" und „du" etwa erst ab 30 Monaten gelernt; die Pronomen werden erst ab 4 Jahren sicher eingesetzt.
Quelle: Dan Isaac Slobin (Hg.) The Crosslinguistic Study of Language Acquisition, Vol. 1; Lawrence Erlbaum Associates, Hillsdale, London, 1985. (Anm. d. Ü.)

Die Altersangaben sind ab dem zweiten Monat aufgerundet.
Quelle: Clinical Linguistic and Auditory Milestone Scale, entwickelt von Arnold J. Capute, Bruce K. Shapiro und Frederick B. Palmer.

lung der kindlichen Sprachentwicklung. Im wesentlichen ist CLAMS eine standardisierte und vergleichende Messung. Sie erlaubt Kinderärzten, von Eltern und deren Babys Informationen zu sammeln und anhand dieser Daten die vorsprachliche Entwicklung sowie sprachliche Entwicklung verschiedener Kinder gleichen Alters miteinander zu vergleichen. Die beiden weiter unten aufgeführten Tabellen geben Ihnen einen allgemein gehaltenen Einblick, was dieser Test mißt.

Schauen Sie sich die Tabellen näher an, können Sie eine ungefähre Vorstellung davon bekommen, wie ein Kind aufwächst. Ihr Kinderarzt kann Ihnen dann eine genauere Interpretation geben, und Sie sollten ihn zu Rate ziehen, wenn Sie am sprachlichen Fortschritt Ihres Kindes zweifeln. Aber erinnern Sie sich noch einmal: der Spracherwerb kann bei Kindern unterschiedlich schnell verlaufen. Beispielsweise reift die Sprachfähigkeit bei Jungen im Vergleich zu Mädchen sehr viel langsamer. Weicht Ihr Jüngstes vom Standard ab, sollten Sie also nicht gleich in Panik geraten. Haben Sie Anlaß zu begründeten Bedenken wegen etwaiger Sprachschwierigkeiten Ihres Kinds, wird Ihnen ein guter Arzt mit seinem Rat weiterhelfen.

Betrachten wir nun gemeinsam, wie sich Eltern einige der gerade besprochenen allgemeinen Annäherungen an die Sprache zunutze machen können. Unser Ziel ist dabei, das, worauf es beim Lernen wesentlich ankommt, schon in der Familie zu fördern: sprachliche Kompetenz. Sie wird überall verlangt – in der Schule, im Umgang mit anderen Menschen. Sie ist das Fundament unserer gesamten Kultur.

Die soziale Natur der Sprache

Sinn und Zweck der Sprache besteht darin, sich anderen mitzuteilen. Ob wir reden, schreiben oder lesen, unser Ziel ist immer, Informationen zu geben oder zu empfangen. Professor Bruner erinnert uns an das, was uns vielleicht allzu selbstverständlich geworden ist: „Kommunikative Kompetenz, die Fähigkeit sich auszudrücken, hat viel mit Dialog zu tun."

Das Zwiegespräch ist demnach das wesentliche Mittel, mit dem ein Kind die Sprachfähigkeit erreicht und in die Sprache der Erwachsenen hineinwächst. Informieren, Mitteilen ist laut Michael Halliday die wichtigste sprachliche Funktion überhaupt. Überlegen Sie einmal, was die Einsicht bedeutet, daß Sprache einem Menschen Kenntnis vermittelt, die er vorher nicht besaß. Kleine Kinder – bis zu etwa zwei Jahren – scheinen diese Vorstellung von Sprache noch nicht zu haben. Für Erwachsene dagegen ist diese informative, mitteilende Funktion – die Sprachhandlung „Ich habe dir etwas mitzuteilen" – der wichtigste Bestandteil. Mit zunehmender Sprachgewandtheit lernen Kinder, Sprache als Interaktion, als zwischenmenschliche Handlung zu sehen; sie bahnen Gespräche an und nehmen an ihnen teil. Die informative Funktion der Sprache wird wahrgenommen.

Wie Sie sicherlich schon bei unserer Besprechung der Entwicklungsstufen vermuteten, ist nicht nur das Üben, sondern auch das Erlernen der Sprache im wesentlichen ein soziales Phänomen. Das gilt für den Erwerb von Wissen im allgemeinen. Ohne soziale Einbindung also kein Lernvorgang. Ihr Kind lernt sehr viel weniger, wenn es ohne sozialen Kontext lernt – d. h. ohne Umgebung, die ihm Interaktion bietet –, auch wenn es die Neigung und das Rüstzeug dazu hat.

Was bedeutet das? Lev S. Wygotski, ein hervorragender russischer Sprachwissenschaftler und Psychologe (der 1934 mit

38 Jahren zu jung an Tuberkulose starb), untersuchte die Wechselbeziehung zwischen Sprache und Denken. Seine Experimente und Ergebnisse interessieren uns an dieser Stelle, weil er Sprache und Denken eindeutig mit sozialer Interaktion verbindet. Mein Freund Kenneth Bruffee, Professor für Englisch am Brooklyn College und einer der führenden Autoritäten auf dem Gebiet des Lernens, hat deutlich gezeigt, wie stark Wygotski die soziale Dimension des Lernens herausstellt. Ich möchte Bruffees Arbeiten aufgreifen und Ihnen Wygotskis Voraussetzungen erläutern.

Wygotski verfolgt anhand der frühesten Handlungen eines Kindes den angeborenen sozialen Charakter des Lernvorgangs. Greift beispielsweise ein noch nicht sprechendes Kind nach einem Löffel, der außerhalb seiner Reichweite liegt, dann versucht es, sich mit dem Gegenstand irgendwie in Beziehung zu setzen, um ihn kennenzulernen. Aber der Gegenstand ist weder kooperativ noch entgegenkommend. Wie es Objekte eben immer tun, bleibt er an seinem Platz und verweigert sich den Bemühungen des Kindes, Bekanntschaft zu machen. Der schillernde Silberlöffel bleibt unbeweglich liegen, die Kinderhand streckt sich nach ihm aus und tastet ins Leere.

Es kommt solange kein Kontakt zustande, bis Mutter oder Vater eingreift und den begehrten Löffel näherrückt. Das Kind hebt ihn auf, lächelt ihn an, schlägt mit ihm auf den Tisch und steckt ihn in den Mund. Indem ein noch nicht sprechendes Kind nach einem Objekt greift, lernt es, daß es eine Mitteilung aussendet, daß nämlich das Deuten auf einen Gegenstand immer wieder einen Erwachsenen zu einer Reaktion, einer Antwort veranlaßt. Die Hand nach einem Gegenstand auszustrecken ist tatsächlich der erste Schritt, um zu lernen, wie man auf etwas zeigt (und damit auch benennt – später wird die Sprache diese Zeigefunktion übernehmen). Das Kind bestimmt, daß die Anstrengung, etwas zu greifen, keinesfalls

nur der Versuch ist, an ein Objekt zu kommen; es ist mehr, es ist auch die Anstrengung, eine andere Person zu erreichen. Wygotskis Ansatz besteht nun darin, daß nicht einfach nur eine direkte Beziehung zwischen einem Subjekt und einem Objekt – hier zwischen Kind und Löffel – den Lernvorgang bestimmt. Vielmehr bezieht das Lernen andere Personen als dritte Komponente mit ein. Selbst in einem so unkomplizierten Akt wie dem, mit einem Objekt Bekanntschaft zu machen, ist die vermittelnde Person von Bedeutung.

Sprechen lernen heißt Bezeichnen lernen – zuerst mit dem Zeigefinger, dann mit der Sprache. Auf ganz grundlegender Ebene ist Sprache darum eine andere Form des Zeigens. Die fundamentale Qualität des Wissens besteht für das noch sprachlose Kind darin, daß der Weg von ihm zu einem Objekt immer über eine Person verläuft. Und immer sollte ein kooperativer Erwachsener dafür sorgen, daß es gelingt. „Nach dem sprachlosen Stadium ist die Sprache das Mittel, um den Weg zum Objekt zu finden", sagt Bruffee.

Begreifen Sie nun die wichtige Bedeutung der Eltern beim Erwerb der Sprache und des Wissens? Sprache und Wissenserwerb sind ihrem Wesen nach soziale, auf Zusammenarbeit angewiesene Prozesse. Eltern haben bei der Entwicklung des Kindes eine weitaus aktivere und motivierendere Aufgabe zu übernehmen, als viele bisher wahrhaben wollten. Pädagogen wissen heute, daß Lernen während des ganzen Lebens – einschließlich des Lernens in der Schule, angefangen von der Grundschule bis hin zu höheren Schulen – von sozialen Systemen unterstützt werden muß. Das bedeutet, daß immer andere Menschen als Handelnde in den Lernprozeß mit einbezogen werden müssen. Wir lernen nicht dadurch, daß wir uns hinsetzen und den wortgewandten Reden anderer zuhören. Wir lernen erst, wenn wir jemand in ein Gespräch einbeziehen, und durch ihn unser Grundbedürfnis nach

Kommunikation, nach zwischenmenschlichem Austausch erfüllt wird. Während ihrer Entwicklung, betont Wygotski, brauchen Kinder die Sprache, um in ihrer Umwelt zurechtzukommen. Je komplizierter die Handlung ist, die eine Situation verlangt . . . desto bedeutender ist die Sprache, um die Handlung als Ganzes verarbeiten zu können.

Pflegen Eltern keine aktive Gesprächskultur in der Familie - sei es, daß sie nur wenig Zeit finden, sich mit ihren Kindern regelmäßig zu unterhalten, oder daß sie Fernsehgeräten, Radios und Schallplatten die zentrale Rolle überlassen oder daß sie die Kinder einfach in ihre Kinderzimmer scheuchen, wo sie allein sitzen -, dann vertun Eltern kostbare Gelegenheiten, dem Kind zu helfen, das Lernen in seiner eigentlichen Form zu üben. Denn das Gespräch ist der Weg zum Wissen.

Die soziale, gesprächsbezogene Dimension des Lernens ist so wesentlich, daß ein Kind selbst dann, wenn es allein ist, auf Sprache zurückgreift. Wygotski beschreibt ein anderes faszinierendes Experiment, in dem ein vier- oder fünfjähriges Mädchen versucht, an eine Süßigkeit hoch oben auf einem Regal heranzukommen. Sie lernt von allein, wie sie dazu einen Stock und einen Schemel einsetzt, wobei ein Wissenschaftler in ihrer Nähe sitzt und sich Notizen über das macht, was sie bei dieser Aktion vor sich hinsagt. Allein die Tatsache, daß sie spricht, ist interessant. Denn sie spricht weder zum Gegenstand, der begehrten Süßigkeit, noch zu den Werkzeugen, die ihr zur Verfügung stehen. Manchmal scheint es, als richte sie ihre Worte an eine Person, zum Beispiel an den Wissenschaftler, der sich mit ihr in einem Raum aufhält. Aber meist spricht sie zu sich selbst. Sie wendet sich an ihre eigene Person, als sei sie eine andere Person und ist sich selbst Sprecher und Zuhörer zugleich.

Ahnen Sie schon, worauf das hinausläuft? Das Kind macht in diesem Fall aus einer einsamen Aufgabe eine Zusammenarbeit mit sich selbst. Wygotski meint, daß im Verlauf der weiteren Entwicklung das Kind lernt, das soziale, nach außen gerichtete Sprechen nach innen zu wenden. Anstatt einen Erwachsenen um Hilfe zu bitten, hilft es sich selbst. Einmal mehr können wir eine Begründung für die zentrale Rolle der Eltern bei der Entwicklung der Lernfähigkeit des Kindes ableiten. Hält sich ein Erwachsener während der Entwicklung seines Kindes als ständiger Ansprechpartner bereit, übt das Kind die überaus wichtige Fertigkeit zu einer nach innen gerichteten sozialen Rede ein. Wenn Eltern Gesprächssituationen eine Ordnung geben - informell, spontan, liebend und aufmerksam -, sorgen sie für ein Denkmodell, das in Lernprozessen ganz wesentlich ist.

Das Problem unter der Lupe

Die Fähigkeit, sich auszudrücken - die kommunikative Kompetenz - hat sehr viel mit Dialog zu tun. Wir sind moderne Eltern in einer fortschrittlichen Gesellschaft - was tun wir für die Kommunikation in unserer Familie?

„Mein Vater arbeitet die ganze Zeit", erzählt Kati den Autoren von „The Working Parent Dilemma" (Das Dilemma arbeitender Eltern), „er geht gegen sieben Uhr morgens weg und kommt nicht vor sieben Uhr abends zurück. Bis dahin haben wir schon gegessen, und er ißt dann allein, meistens beim Fernsehen. Sogar am Wochenende geht er ins Büro." Ein anderes Kind beklagte: „Jeder meint, meine Mama ist großartig, weil sie hart arbeitet und sehr nett ist. Sie reist überall herum, um mit Leuten zu reden. Der einzige, für den sie keine Zeit hat, bin ich." Anscheinend laufen wir Gefahr, Gespräche in unserer Familie zu vernachlässigen. Nicht nur Theoretiker halten uns dies vor, sondern auch unsere eigenen Kinder. Wir unterschätzen offensichtlich gemeinsames Reden, sowohl in unseren Familien als auch in unseren Erziehungsprogrammen. Dazu einige Beispiele:

Da ist Tim, ein elfjähriger Junge. Er wurde in der Schule zweimal nicht versetzt, weil er im Lesen eine schlechte Note bekam. Er nimmt jeden Donnerstag und Samstag an einem Lese-Arbeitskreis teil. Seine Mutter ist alleinerziehend und hat eine sichere Beamtenstelle. Sie ist um die Fortschritte ihres Sohnes sehr besorgt und greift tief in die Tasche, um ihm die allwöchentlichen Sitzungen bei einem Psychologen und zweimal pro Woche die Lernhilfen zu bieten. Aber sie selbst redet nicht viel mit ihrem Sohn. Tims Betreuer bemerkte sein Interesse für Blumen und Gemüse, daraufhin wählte er als Beispiel für einen langen A-Laut das Wort Radieschen. Tim machte wider Erwarten ein verdutztes Gesicht. Noch nie hatte er etwas von Radieschen gehört; er hatte keine Ahnung, wie es aussieht, wie es wächst oder wie es schmeckt. Im Gegensatz zu Bambussprossen oder Boreng ist ein Radieschen nicht gerade ein exotisches Gemüse. Der Betreuer fand, ein elfjähriges Kind sollte es kennen.

War er denn noch nie im Supermarkt gewesen? Hatte seine Mutter oder sein älterer Bruder denn niemals auf die Büschel mit den kleinen roten Kugeln und den grünen Stengeln und Blättern im Gemüsestand gedeutet?

In der folgenden Woche brachte der Betreuer Tim ein Radieschen aus seinem Garten mit; und zum ersten Mal in seinem Leben probierte Tim ein Radieschen, schmeckte das Aroma und mußte wegen des unerwartet scharfen Geschmacks auf der Zunge nach Luft schnappen. Nach einem ausführlichen Gespräch über Aussaat säte er ein paar Radieschensamen in einem großen Blumentopf ein. Dabei entzifferte er mit gebannter Aufmerksamkeit die schwierige Gebrauchsanweisung auf der Saattüte. In der folgenden Sitzung schrieb er einen ganzen Abschnitt über seine neue Erfahrung nieder und las ihn anschließend laut

vor. Als die Sämlinge einen Monat später aus der Erde hervorbrachen, war Tim außer sich vor Freude.

Ein weiterer Fall. In einem Vorstadtstadtgebiet betreute ein Lehrer eine Gruppe von dreijährigen Kindern. Eines Morgens, es hatte gerade geschneit, bastelte jedes Kind eine Winterszenerie mit Buntpapier, Klebstoff und etwas weißem Waschpulver. Da fragte ein kleiner Junge: „Was ist das denn für weißes Zeug?" Kein Kind war in der Lage, den Inhalt des Waschpulverpakets zu benennen. Zwar wußten alle Kinder, daß sie Waschmaschinen zu Hause stehen hatten, sie wußten auch, daß ihre Eltern sie recht häufig benutzten. Aber niemand aus der ganzen Klasse stand schon einmal dabei, niemandem ist bisher der Zusammenhang zwischen dem Zustrom von weißem Pulver, dem sofort einsetzenden Aufschäumen und dem Surren und Klopfen der Waschmaschine erklärt worden. Niemand hatte Worte für diese alltägliche Einzelheit und Erfahrung, folglich konnte sie sich niemand erklären. Obwohl die Kinder sicher schon einmal gesehen haben, wie Waschpulver benutzt wird, hat aller Wahrscheinlichkeit nach keiner der Eltern ein Wort darüber verloren. Diese Unkenntnis hatte natürlich zur Folge, daß die nachgereichte sprachliche Erklärung nur wenig Eindruck machte.

Am nächsten Tag besuchte der Betreuer mit den Kindern eine Reinigung. Die Gruppe sprach über das „Wunder der Waschmaschine" und machte beim nächsten Treffen gemeinsam eine Geschichte daraus.

Der Sinn dieser Anekdoten ist natürlich weder die Bedeutung von Radieschen noch von Waschpulver, sondern etwas Grundsätzliches: Sie zeigen das Problem von Kindern unserer Zeit und machen unsere Rolle als Eltern und Lehrer deutlich. Heute müssen wir unseren Kindern helfen, etwas über unsere unverständlich gewordene Welt zu erfahren. Tim und die kleinen Mätze aus dem Kindergarten gehören zu der ständig wachsenden Gruppe sprachlich verarmter

Kinder. Moderne Eltern üben mit ihren Kindern Rechtschreibung und Lesen oder lesen ihnen etwas vor, aber außerhalb dieser oftmals nicht ganz angstfreien Lernsituationen bleiben die Kinder ziemlich häufig sich selbst überlassen. Sie müssen sich ohne sprachliche Hilfestellung von Erwachsenen mit neuen Erfahrungen auseinandersetzen, sie brauchen aber die Sprache, die diese Erfahrungen erst verständlich werden läßt. Machen wir uns nichts vor: Für die Lese- und Schreibfähigkeit eines Kindes sind Erfahrungen mitsamt den erklärenden, in der Situation selbst gesprochenen Wörtern viel grundlegender als formale Unterweisungen in Lesen und Schreiben.

Den Kindern, die ich hier als Beispielfälle herausgegriffen habe, fehlen häufige und regelmäßige Gespräche mit Erwachsenen. Tag für Tag müssen Eltern und Lehrer die Sprache lenken und gestalten; ein Kind will versorgt sein - auch mit Sprache. Je mehr Erfahrungen ein Kind mit Sprache sammelt, bevor es lesen und schreiben lernt, desto leichter fällt es ihm später, die Bedeutung eines Wortes auf einer gedruckten Seite zu verstehen.

Gespräche, gemeinsame Erfahrungen, aktiver Austausch von Gedanken und Ideen: wie sonst als durch die Hilfe der Erwachsenen sollte ein Kind seine Eindrücke verarbeiten, seine von Sprache erfüllte Umwelt erfahren, seinen nötigen Wortschatz und die Fähigkeit zu kritischem Denken entwickeln? Wie viele Eltern nehmen im Alltag die Gelegenheit zum Zwiegespräch wahr, das zu praktischem Umgang mit Sprache ermutigt, das kritisches Denken anregt, das die persönlichen Ängste und Probleme des Kindes zur Sprache bringt? Kurz, wie viele Eltern und Lehrer nehmen sich wirklich die Zeit, mit Kindern zu reden? Innerhalb der Familie wird nicht diskutiert, beklagt die Grundschullehrerin Clarissa F. Dillon. Die traurige Konsequenz: „Die mündliche Ausdrucksfähigkeit des Kindes verfällt zusehends. . . . Die Familien sind kleiner gewor-

den, und oft verbringen sie nur wenig Zeit zusammen. Unter diesen Umständen können die Kinder nicht gerade viel von den Erwachsenen lernen . . .“

Zur Überraschung der Erzieher mangelt es sogar bei den meisten gutmeinenden Erwachsenen an Gesprächen mit Kindern. Ebenso bedenklich ist das fehlende Bewußtsein für den Wert des Sprechens; schließlich bereitet es das Kind auf Lesen, Schreiben und nicht zuletzt auf die Fähigkeit klar zu denken vor.

Die Wissenschaft stellt klar heraus, daß Sprechen ein Schlüsselelement in der sozialen und intellektuellen Entwicklung des Kindes ist und sein Bewußtsein für die Sprache formt. Demnach zielen meine Bemühungen auf folgende grundlegende Voraussetzung: Erwachsene sollten Kindern helfen, sich Sprache aktiv, durch eigenes Sprechen, anzueignen. Dazu sollten sie über alles mit ihm reden, was es seinen Möglichkeiten entsprechend auffassen kann – über seine Art zu spielen, über alltägliche Ereignisse, Fernsehsendungen, Träume, Bücher, Radieschen und Waschpulver. Indem Eltern ihre Kinder dazu anhalten, ihre eigene Sicht der Erlebnisse auszudrücken, legen sie die Grundlage für die Lese- und Schreibfähigkeit. Sprache verleiht den Erlebnissen Dauer, Sprache verbindet Menschen, und im Sprechen lernt das Kind viel über die Sprache selbst und über den richtigen Satzbau. Später werden dann Bücher diese Spracherfahrungen festigen. Aber auch weiterhin wird neben Büchern das regelmäßige Gespräch mit Gleichaltrigen, mit den Eltern oder anderen Erwachsenen seine Funktion als Ventil für Nöte und Ängste der Heranwachsenden nicht verlieren.

Was können Eltern tun?

Wer träumt nicht von dieser schönen Idylle? Eltern regen ihre Kinder immer wieder zu spontanen Gesprächen an und nehmen sie als gleichwertige Gesprächspartner wahr. „Eltern gehen auf die sprachlichen Anstrengungen ihrer Kinder ein und antworten ihnen mit Bedacht. Sie unterstützen es, wenn Kinder sich in bereits laufende Gespräche von Erwachsenen einschalten und daran teilnehmen wollen. Intuitiv wissen sie, daß ein Kind nur durch Sprechen und Zuhören auch zuhören und sprechen lernt. Sie versuchen nachzuvollziehen, was das Kind sagen will, und sobald die Situation es erfordert, füllen sie die Lücke aus." Jedenfalls malt Judith N. Newman, Herausgeberin eines Buchs mit dem Titel „Whole Language Theory in Use" (Ganzheitliche Sprachtheorie im Einsatz) dieses rosige Bild der Eltern-Kind-Beziehung. Doch das Bild stimmt nicht mit meinen Beobachtungen überein.

Viele Eltern, das ist wahr, erreichen einiges von dem, was Newman bestätigt – aber nur manchmal. Gleichwohl können wir viel aus diesen Beispielen lernen. Später werde ich Gespräche zwischen Eltern und Kindern zitieren, die Newman und andere aufgezeichnet haben, um Ihnen Modelle für Ihre eigenen Dialoge zu geben. Wie dem auch sei, im 20. Jahrhundert hat der Druck des immer komplexeren Lebens dazu geführt, daß wir für die Sprachentwicklung unserer Kinder weniger Zeit aufwenden, besonders wenn die Kinder über drei und vier Jahre alt sind. Was wir instinktiv am Laufstall oder neben dem Kindersitz tun, geben viele von uns auf, sobald das Kind älter ist. Auch Newman unterliegt diesem Mißverständnis: Lohnende Ziele sollte man nicht als bereits erreichten Zustand ausgeben. Der Strom von Klagen über die beschränkten kommunikativen Fähigkeiten der Kinder reißt unterdessen nicht ab.

Manchmal vermeiden wir ein Gespräch, weil wir meinen, ein Kind wolle ein Ding auch einmal ganz für sich allein entdecken und nicht die Meinung eines Erwachsenen hören; oder weil wir emotionsgeladene Gesprächsthemen lieber vermeiden. Aber darin erliegen wir einem Irrtum. Ein Kind kann nämlich gerade durch das, was es nicht weiß, verletzt werden, vermutet der Kinderpsychologe Dr. Charles E. Schäfer. Vermeiden wir empfindliche Themen, dann signalisieren wir, daß wir nur ungern darüber reden, deshalb kappen wir die Kommunikation lieber. Als Folge „werden Kinder ängstlich, verwirrt und schlecht darauf vorbereitet, im Leben mit Streß und Hindernissen fertigzuwerden", betont Schäfer.

Was kann eine Mutter oder ein Vater also tun? Sie können dem Kind helfen, seine Sprachfertigkeiten zu entwickeln, damit es besser lesen und schreiben kann. Befolgen Sie einige dieser einfachen Empfehlungen in der eigenen Familie.

Elf Faustregeln
für Gespräche innerhalb der Familie

1. Bringen Sie sich aktiv ins Spiel Ihrer Kinder ein.
2. Stellen Sie oft Fragen und ermutigen Sie Ihr Kind, selber Fragen zu stellen.
3. Hören Sie mit Überlegung den Antworten zu.
4. Erzählen und lesen Sie Geschichten; spielen Sie Geschichten; besprechen Sie Geschichten.
5. Besprechen Sie die schönsten und die schlechtesten Momente eines Tages.
6. Besprechen Sie die verschiedenen Möglichkeiten, wenn Sie mit Ihrem Kind Entscheidungen angehen. Fragen Sie dann, warum es diese oder jene Wahl getroffen hat.
7. Essen Sie wann immer möglich mit der ganzen Familie. Unterhalten Sie sich während der Mahlzeiten miteinander.
8. Schalten Sie auf einem Familienausflug das Autoradio aus.

9. Schalten Sie das Fernsehgerät aus, wenn die Familie beisammen ist.
10. Erlauben Sie es nicht, daß jemand in Anwesenheit einer anderen Person einen Kopfhörer aufsetzt.
11. Vermeiden Sie Telefongespräche, wenn sich eine andere Person im gleichen Raum aufhält.

Erscheint Ihnen das alles als Selbstverständlichkeit? Sie können sicher sein, daß dies in vielen Familien nicht der Fall ist. Viele Familien, die ich beobachtet habe, kehren diese Grundsätze ins genaue Gegenteil um. Das gilt besonders für Telefone, Radios und Musikanlagen, Fernsehgeräte und andere Wunder der modernen Technik. Ich schlage nun keinesfalls reaktionäre Töne an – in Kapitel 8 werden Sie lesen, daß ich neue Medien durchaus nützlich finde, um Sprache zu lernen und Sprache anzuwenden. Natürlich haben Fernsehsendungen, Rockmusik und lange Telefongespräche ihren Platz in unserem Leben. Nur sollten sie nur einen Bruchteil des gesamten Tagesablaufs ausmachen.

Wie Sie sicher im letzten Kapitel gesehen haben, bin ich nicht der Ansicht, daß es der Bindung des Kindes zu seinen Eltern und seiner Entwicklung dient, wenn man das Kleinkind außerhalb der Familie oder der weiteren familiären Umwelt allzu intensiv den verschiedenen vorschulischen Institutionen bzw. organisierten Aktivitäten anvertraut. Verwechseln Sie nicht Ihre eigenen Bedürfnisse – das Bedürfnis nach einer Arbeitsstelle, nach weiterer Ausbildung oder einfach nur tagsüber längere Zeit die Sorgen los zu sein oder persönliche Ziele verfolgen zu können – mit den Bedürfnissen des Kindes. Berufstätige Eltern sollten sich fragen, ob ein Lese-, Mal-, Schwimm- oder Judokurs den Wünschen und Bedürfnissen eines drei- oder vierjährigen Kindes ebenso zugute kommt wie den Eltern die dadurch für sie freiwerdende Zeit.

Schickt man junge Kinder in Schulungsprogramme, schreibt Valerie H. Singer an die New York Times, „setzt man voraus, daß die tägliche langfristige Trennung keine schädlichen Auswirkungen für Kinder oder Eltern nach sich zieht." Bitter beklagt sie, daß „eine Kindergärtnerin, die Dreijährige zur Schulreife führen will, in Wirklichkeit Passivität und Unterdrückung von Spontaneität und Eigeninitiative damit erreicht. Beides ignoriert lebenswichtige Bedürfnisse des heranwachsenden Kindes."

Was können Eltern tun? Ich kenne die Schnellebigkeit unserer Zeit, die finanzielle Bürde vieler junger Familien, das Bedürfnis nach persönlicher Entfaltung. All das zwingt Eltern zur Konzentration auf die Karriere, zur Weiterbildung und zur Übernahme gesellschaftlicher Verpflichtungen. Solche Anforderungen verlangen – unvermeidlich – eine Kinderbetreuung und -zerstreuung jenseits der Familie. Trotzdem müssen wir uns hier der Frage stellen, ob wir davon wirklich so ausgiebig wie möglich Gebrauch machen? Wie können berufstätige Eltern zu Hause ein Umfeld schaffen, in dem ihr Kind die wichtige Erfahrung, wie man lernt, machen kann – eine Erfahrung, die in der Schule vorausgesetzt wird. Wie können Sie aus eigenen Kräften Ihre Kinder anregen, Sprache zu erlernen?

In den übrigen Kapiteln dieses Buchs werden Sie Vorschläge finden, wie Sie zu Hause und in eigener Regie ein Lernprogramm realisieren können, das Ihr Kind in spontane Gespräche einbezieht. Vergessen Sie nicht, was ein Fachmann in Sachen Kindersprache, Roger Brown, dazu schreibt: „Vertrauen Sie darauf, daß Ihr Kind mehr versteht als es sagen kann . . . Bemühen Sie sich vor allem um Verständigung. Lassen Sie sich nicht von diesem gemeinsamen Ziel ablenken. Konzentrieren Sie sich darauf, miteinander zu sprechen, und alles andere wird sich daraus ergeben." Diesem ausgezeichneten Rat fügt Jerome Bruner hinzu: „Die beste Übung für ein erfolgreiches Gespräch besteht darin, sich auf ein Gespräch einzulassen. Geben Sie dem Kind seine Chance."

3
Nicht nur Gute-Nacht-Geschichten

Ein Gespräch ist keine Einbahnstraße. In diesem Kapitel möchte ich beide Seiten betrachten, die sich im Gespräch begegnen: Eltern und Kinder. Ich möchte aufzeigen, auf welche Weise sie in einen Dialog eintreten können, die Grundvoraussetzung dafür, daß Kinder Wörter und Sätze zur Information anderer einzusetzen lernen. Natürlich ist der Austausch mit einem noch nicht sprachgewandten Kind im strengen Sinne kein Dialog. Trotzdem können sich allein durch die Art, wie Sie mit Ihrem Kleinkind reden, Muster einprägen; Muster, die den Erwerb von Wörtern, Sprachregeln und Gesprächen begünstigen. Beachten Sie auch die Art, in der Ihr Kind sich Ihnen mitteilt, dann können Sie Ihr Jüngstes dem gemeinsamen Ziel näherbringen, Partner im gemeinsamen Gespräch zu sein.

Spracherwerb hängt von zwei Seiten ab, er ist Interaktion, so Professor Jean Berko Gleason vom Fachbereich Psychologie an der Universität in Boston. Es reicht noch nicht, wenn ein normales Kind sich lernbereit zeigt; es braucht auch „eine erfahrene Person, die es in ein Gespräch einbezieht, es braucht einige Objekte in der Welt, die zum Gesprächsgegenstand werden." Wir schauen uns im Folgenden an, wie wir das Kleinkind auf dem Weg des Austauschs, der Begegnung, der Kommunikation mit der Welt bekannt machen.

Babysprache: Eltern zum Kind

Überall auf der Welt haben Wissenschaftler die Sprache, die Eltern bei Ihrem Kind einsetzen, bis ins Detail geprüft, zergliedert, analysiert, mit Etiketten versehen, in Graphiken dargestellt und in Tabellen aufgelistet. Die Ergebnisse dieser Studien zeigen uns die Merkmale der geglückten Gespräche mit noch nicht sprechenden Kindern sowie die Gründe, warum wir die Babysprache so lange beibehalten, bis unser Kind und wir sie nicht mehr nötig haben. Einflußreiche Wissenschaftler wie zum Beispiel Frank Kaplan oder das Zentrum für Kleinkindforschung an der Universität in Princeton haben Bedenken gegenüber der Babysprache, die Eltern im Gespräch mit ihren Babys einsetzen, geäußert. „Reden Sie nicht in der Babysprache!" warnt Kaplan. „Da Sie mit den ersten babyhaften Worten so viel Anklang bei Ihrem Kind finden, werden Sie leicht in Versuchung geraten, diese zu wiederholen. Tun Sie das nicht! Mit Sicherheit wird es Ihrem Kind nicht helfen, sprechen zu lernen. Denn es imitiert wiederum nur Ihre Babysprache."

Ich will nicht ungerecht sein, doch glaube ich nicht, daß diese Wissenschaftler über jene besonderen Qualitäten der frühen Kommunikation zwischen Eltern und Kind sprechen, die ich im Weiteren ausführlicher erklären will, wie zum Beispiel veränderte Stimmlage, einfache Sätze, Wiederholungen und Erweiterungen. Ich denke, sie reden über die witzigen Verniedlichungen, die wir im Gefühl der Komplizenschaft mit unserem Kind erfinden und damit das Standardvokabular ersetzen: Tut-Tut anstatt „Auto"; Aua-Aua anstatt „wehtun" oder „verletzen"; Pipi und A-a für Ausscheidungsfunktionen. Trotzdem: Kein einziges dieser Wörter, kein noch so vereinfachter Satzbau wie „Baby sieht Wau-wau", „Lilli will Puppi spielen?" kann verhindern, daß Ihr Kind sprechen lernt. Alle Kinder geben die Babysprache früher oder später auf; von einem Achtjährigen hörte ich noch nie „Pipi machen" – außer im Spaß, oder gegenüber kleineren Kindern.

Deshalb würde ich sagen, beherzigen Sie solche Ratschläge nicht. Neben dem Vergnügen, das Eltern und Kinder an der Babysprache haben, erfüllt sie auch eine nicht unwichtige Funktion: Sie überbrückt die Lücke zwischen den Lauten noch sprachunkundiger Kinder und der Erwachsenensprache. Was Kaplan und seine Kollegen dabei allerdings zu Recht vermissen, ist folgendes: Wir setzen die Babysprache tatsächlich nicht dazu ein, Kindern die Sprache beizubringen, obwohl wir eigentlich genau das bezwecken wollen. Natürlich versuchen wir, Wörter zu lehren, wenn wir sie immer und immer wieder sagen wie: „Vogel. Vogel. Schau mal, ein Vogel", oder wenn wir sehr vereinfachte Sätze bilden, um uns mit sprechwilligen Kindern zu verständigen. Aber es gibt sicher praktischere Wege, als Kinder mit einigen zurückgebliebenen Wort- und Satzformen zu lehren, wie man in der Welt der Erwachsenen miteinander spricht. Allein schon aus logischen Gründen wird Ihnen deutlich, daß nicht vorrangig und ausschließlich Babysprache angewandt wird, um Kindern das Sprechen beizubringen. Im letzten Kapitel haben Sie erfahren, daß Kindern die Neigung, Sprache eigenständig zu erlernen, angeboren ist. Ein Glück für die Babys: Wären sie zum Erlernen der Sprache nur auf ihre Babysprache

angewiesen, dann hätten sie ihre Schwierigkeiten!

Wenn die Babysprache nicht das wesentliche Mittel ist, Kindern das Sprechen beizubringen, was ist es dann? Babysprache ist eine Art soziales Werkzeug, mit dem die Kommunikation und das gegenseitige Verstehen verbessert werden kann. Eltern dient die Babysprache dazu, „zwei Köpfe zu einem gemeinsamen Thema zu vereinen", wie der Psychologe Roger Brown aus Harvard klarsichtig pointiert. Diese Ebene der Kommunikation ist wichtig, weil ein Vater oder eine Mutter hier versucht, sich in die sprachlichen und geistigen Fertigkeiten des Kindes einzufinden.

In der Babysprache richtet sich die Redeweise der Mutter oder des Vaters nach der des Kindes. Sobald das Kind zeigt, daß der Erwachsene sich ihm verständlich machen soll, paßt die Mutter sich in ihrer Sprechweise dem Kind an. In einer Studie findet eine Mutter die richtigen Worte dafür:

„Oft denke ich an die Zeit zurück, als mein Sohn zwei Jahre alt war. Ich murmele ihm irgend etwas zu und denke gar nicht darüber nach, ob er es verstehen kann oder nicht. Und das passiert mir meistens gerade dann, wenn er keinerlei Anstalten macht zu antworten."

Ich glaube, eines wird deutlich: Der Mutter ist bewußt, daß sie eine besondere Art der Sprache braucht, um mit ihrem Jüngsten zu reden. Sinnvollerweise wollen Erwachsene mit der Babysprache Kommunikation sichern. Sobald sie an ihren Kindern Zeichen von Verwirrung und fehlender Antwortmöglichkeit wahrnehmen, versuchen sie, das Niveau der sprachlichen Eingabe an die Verständnismöglichkeiten des Kinds anzugleichen.

Beobachtet man Mutter und Kind beim gemeinsamen Spiel, wird deutlich, daß Kinder Signale geben. Zum Beispiel will ein Kind, das einen Ball hält und undefinierbare Laute von sich gibt, der Mutter eine wiederholte Einwortfolge entlocken: „Ball,

Ball". Das ist ein Beispiel für eine ganz bestimmte Art der Babysprache. Die Einwortfolge verbindet einen Gegenstand mit seiner Bezeichnung. Bringt das Kind einem Gegenstand besondere Aufmerksamkeit entgegen, greift es nach ihm oder betastet es ihn – oder wiederholt es auch das Wort Ball –, wird die Mutter wahrscheinlich das Wort zu einem ganzen Satz erweitern: „Siehst du den Ball?", oder „Das ist ein Ball." Und niemand wird diese Sätze für Babysprache halten.

Wie gelang der Mutter die Überleitung? Als sie erkannte, daß ihr Kind sie verstand, rückte sie die Gesprächsebene eine Stufe höher. „Und das ist immer der Fall", sagt Professor Brown, „denn ganz sicher kommt es Eltern auf die Verständigung an. Aber sie geben sich nicht zufrieden, ihre Mitteilungen immer nur in dieselben Muster zu bringen." Nun kommt der entscheidende Punkt, ich überlasse ihn Professor Brown: „Eine ausführliche Studie über die Beziehung zwischen Mutter und Kind zeigt, daß die geglückte Kommunikation auf der jeweils erreichten Ebene nicht haltmacht, sondern diese Ebene wiederum nur als Startrampe für weitere Versuche dient, bis sich das Kind immer mehr der Erwachsenensprache annähert."

Ein schönes Bild: Mit Hilfe der Babysprache bemühen sich Eltern um Verständigung mit dem Kind, um dann zusammen mit ihm auf eine höhere Stufe der Verständigung zu gelangen. Eine aufschlußreiche Studie zu diesem Thema bringt den Nachweis, daß Säuglinge mit der beginnenden Sprachfertigkeit die Laute produzieren, die ihre Eltern danach in der Babysprache einsetzen. Hier sind es interessanterweise erst einmal die Eltern, die nachsprechen; sie wiederholen die Laute des Kinds, die am meisten der Sprache ähneln – zum Beispiel Papa – und unterstellen diesen willkürlichen Lautexperimenten des Säuglings eine Bedeutung. Das Kind merkt, wie die Mutter oder der Vater auf solche Laute intensiver

reagieren als auf andere – und aufgrund dieses Erfolgserlebnisses wiederholt das Baby seine Äußerung. Babysprache bekommt so ihren Sinn.

Weiter unten finden Sie eine Liste mit wissenswerten Bausteinen der Babysprache, die für Eltern und Kinder gedacht ist. Nicht, daß ich denke, Sie würden die Babysprache nicht beherrschen – Ihr guter Elterninstinkt läßt Sie viele dieser Techniken schon lange nutzen –, sondern ich möchte Sie bestätigen und Ihnen eventuell vorhandene Unsicherheiten nehmen. Peter und Jill de Villiers tun recht daran, die Sinnlosigkeit des Unternehmens aufzudecken, daß „Wissenschaftler Eltern darüber belehren wollen, wie sie ihren Kindern das Sprechen beibringen sollen – tatsächlich haben es weder Eltern noch Kinder nötig." Mit folgenden Übungen möchte ich Ihre didaktischen Fähigkeiten unterstützen. Außerdem interessieren Sie sich bestimmt für die Wirkungen Ihrer Übungen auf den kommunikativen Fortschritt Ihres Kinds. Einige davon werden Sie später in der selbständigen Sprachproduktion des Kinds wiederfinden können.

Mutter oder Vater spricht:
Warum Babysprache?

1. *Sprechen mit hoher Stimme.* Säuglinge können unterschiedliche Tonhöhen wahrnehmen und auf sie reagieren. Dabei kann man erhöhten Herzschlag und lebhafte Augenbewegungen feststellen, die Babys schließen die Augen oder drehen ihren Kopf. Anhand von Experimenten läßt sich die Tonsequenz bestimmen, auf die ein Baby am stärksten reagiert; es sind jene hohen Töne, die wir in der Babysprache formen. Zu anderen Erwachsenen sprechen wir in einem sehr viel tieferen Tonbereich, auf den Babys gar nicht achten würden. Interessanterweise passen Babys ihre eigenen Laute den unsrigen an, wenn wir in verschiedenen Tonhöhen

zu ihnen sprechen. Wahrscheinlich hat unsere hochgezogene Stimme in der Babysprache den Zweck, die Aufmerksamkeit des Kinds zu gewinnen und zu halten. In dieser Weise prägen wir den Begriff von Kommunikation; Kommunikation ist ein soziales Phänomen: man spricht mit Menschen, die einem aufmerksam zuhören.

2. *Muster für Rhythmen.* Ganz sicher gehören auch Lieder, Reime und Sprachspiele zu Ihren kommunikativen Annäherungsversuchen, um zu Ihrem Baby eine Verbindung zustande zu bringen. Schon Neugeborene bewegen ihren Körper in Übereinstimmung mit der Stimme eines Erwachsenen, wenn er rhythmisch spricht. Rhythmen, gleichmäßige Geräusche und Lieder haben auf Babys eine unglaublich beruhigende Wirkung, in jedem Kinderzimmer und in jeder Sprache steigern sie den zwischenmenschlichen Bezug. Hören Sie einmal spielenden Kindern zu, Sie werden merken, daß sie ganz offensichtlich Sprach-Singsang, Rhythmen und Sprachspiele für ihre eigene Sprachproduktion und ihre Verständigung untereinander nutzen.

3. *Einfachheit und Wiederholung.* Wenn wir mit Kindern reden, sollten wir uns auf ihre Fertigkeiten einstellen und die Satzstrukturen dem Verständnis unseres Kindes entsprechend vereinfachen. Zu einem sieben- oder achtmonatigen Kleinkind können Sie so kompliziert reden, wie Sie Lust haben, es versteht Ihre Wörter sowieso noch nicht. Reden Sie aber zu 18 oder 28 Monate alten Kindern, sollte Ihre Sprechweise sehr einfach sein. Wählen Sie kurze, einfache Sätze, sobald Ihr Kind die ersten Anzeichen von Verständnis zeigt. Nun wird der Gebrauch von Einwort-Äußerungen ganz wichtig. Damit benennen Sie Gegenstände und geben dem Kind Wörter für Gegenstände in seiner Umgebung, die es mit seinem Erleben verbinden kann. Wann Sie auf Wie-

derholung und Einfachheit zurückgreifen sollen, erfahren Sie von Ihrem Kind selbst, aus seinen Wortspielen, aus seiner Aufmerksamkeit, sobald Sie Gegenstände benennen, aus seinen Fragen – wenngleich noch in Form unartikulierter Laute – nach der Bezeichnung vertrauter Gegenstände und aus seinen Anstrengungen, Wörter nachzusprechen.

4. *Direkte verbale Anreize.* Mit „direkt" meine ich hier die Worte und Klänge, die einzig dem Kind gelten. Wir wissen, daß die Menge der Gespräche, die ein Kind immer und überall umgeben, an sich keinen bemerkenswerten Einfluß hat. Spricht dagegen die Mutter oder der Vater direkt zu dem Kind, bewirkt ein solcher Austausch zwischen Eltern und Kind Außerordentliches.

1973 hat ein aufsehenerregendes Experiment mit neun bis 18 Monate alten Kindern gezeigt, daß die sprachlichen Fähigkeiten sich genau zu dem Zeitpunkt verbesserten, als die Mutter ihr Kind mit direkten verbalen Anreizen versorgte. Richtet die Mutter ihre Worte nicht direkt an das Kind, ist Sprache längst nicht so wertvoll – das Kind bleibt unter Umständen in seiner sprachlichen Entwicklung sogar zurück.

Was bedeutet das? Einfach nur auf die Sprache zu vertrauen, die unser Kind immer schon umgibt, bringt uns sprachwissenschaftlich gesehen keine Pluspunkte ein. Widmen Sie sich aber beim Sprechen ausschließlich Ihrem Kind, sprechen Sie ganz direkt mit ihm, dann wird es einmal ein kompetenter Sprachteilnehmer. Was wollen Sie mehr an Beweisen, wie wichtig es ist, mit Kindern zu sprechen!

Von vier Monate alten Kindern wissen wir, daß sie auf die Stimme der Mutter meist mit einem eigenen Laut reagieren. Er folgt nach etwa zehn Sekunden, wiederum gefolgt von einem Lächeln. Also können Sie mit Sprachlauten, die Sie direkt an Ihr Kind richten, nicht nur zu

Nachahmung anreizen, sondern auch zu etwas Neuartigem, nämlich zu einem Lächeln. Welch eine Belohnung für die Eltern!

5. *Flüstersprache.* Wie eine hochgezogene Stimme hat auch Flüstern eine soziale Funktion: Es erregt die Aufmerksamkeit Ihres Kindes. Flüstern ist ein weiteres Mittel, die Möglichkeiten menschlicher Rede zu erweitern und sie für das Kind zu gestalten.

6. *Muster für die Betonung.* Wenn Sie Ihre Stimme in bestimmter Art und Weise mal anheben, mal dämpfen, merkt Ihr Kind, daß das Gesagte ihm gilt – denn zu Erwachsenen reden wir kaum mit hochgezogener Stimme, es sei denn, wir stellen eine Frage. Reden wir dagegen mit zwei Jahre alten Kindern, so lassen wir einfache Äußerungen und sanfte Ermahnungen oft mit einer etwas erhobenen Stimme enden. Manche Experten glauben, daß diese besondere Satzmelodie dem Kind signalisiert, wann es antworten soll. Anhand Ihrer Satzmelodie kann es genau die Wörter und Sätze erkennen, die nur für seine Ohren bestimmt sind. Andere Wissenschaftler glauben, daß ein Kind erst Sprachmuster lernt, bevor es zu sprechen lernt. Hören Sie ein Kind einmal aus einiger Entfernung babbeln, und Sie werden erstaunt sein, wie sehr dies nach natürlicher Sprache klingt, auch wenn Sie keine einzelnen Wörter erkennen können.

Beachten Sie diese Tips, wie Sie mit Ihren noch sprachunkundigen Kindern reden, dann gelingt die Kommunikation garantiert. Sie werden die Aufmerksamkeit Ihres Kindes erregen und halten können; es wird Ihnen ganz ruhig sein Gesicht zuwenden. Nehmen Sie Augenkontakt mit ihm auf. All das sind bereits wesentliche Merkmale des Gesprächs, die ein ganzes Leben lang gelten werden.

Sinn und Zweck der Kindersprache

Die Laute, das Quäken und andere Ausdrucksweisen des Säuglings stehen der Erwachsenensprache in nichts nach; das fand der britische Sprachwissenschaftler Michael Halliday heraus, als er die frühe Entwicklungsphase seines Sohnes Nigel beobachtete. Wie wichtig ist es eigentlich, mit unserem Kind in seiner ersten Lebenszeit zu sprechen?

Von Anfang an haben Erwachsene einen wesentlichen Einfluß auf die Sprache des Kindes. Sie übersetzen die Laute des Kindes in Begriffe der Erwachsenensprache. Ist Ihnen bewußt, daß ein Kind im Augenblick des Sprechens überhaupt nicht weiß, was es von sich gibt? Erst der Erwachsene macht seine Äußerungen zu einer Botschaft; eine Mitteilung, die in der Erwachsenensprache erst produziert wird. Und hierin liegt die bedeutende Aufgabe einer Mutter und eines Vaters: Sie sind Übersetzer, Interpret und Bedeutungsproduzent.

Jede Äußerung, ob von Kindern, ob von Erwachsenen, umfaßt eine ganze Reihe von Funktionen, d. h. wir sprechen in einer ganz bestimmten Absicht. Unsere Äußerung hat Ziel und Zweck, sie will etwas Bestimmtes erreichen. Halliday hat diese Absichten nach fortschreitendem Schwierigkeitsgrad zusammengestellt. Ich habe sie aufgegriffen und möchte sie hier aufführen. Sie sind als Hilfe gedacht, den Ausdrucksformen Ihres Kindes, das erst allmählich in die Sprache hineinwächst, Sinn zu geben.

**Sprachgebrauch der Kleinkinder:
was wollen sie uns sagen?**

1. *Die Absicht: „Ich will diesen Gegenstand."* Das Kind möchte etwas haben, dabei ist es ihm gleichgültig, wer es ihm gibt.

2. *Die Absicht: „Tu, was ich dir sage."* Das Kind richtet die Äußerung an eine bestimmte Person, um Einfluß auf sie zu nehmen. Das ist ein Versuch, Herrschaft

über das Verhalten anderer schon im frühesten Kindesalter auszuüben! Kinder sehen bald, wie wir sie mit Sprache kontrollieren und lernen den Trick ziemlich schnell zu übernehmen. (Leider werden sie ihn auch nicht so schnell wieder vergessen. Warten Sie ab, bis das Kind zum Teenager herangewachsen ist, und Sie werden mich verstehen.) Bei dieser Absicht können Sie zwei typische Arten von Kommunikation erkennen. Einmal will Ihr Kind seine eigenen Forderungen geltend machen, wie zum Beispiel „Laß uns spielen", „Laß uns nach Hause gehen", aber auch allgemeinere wie „Mach das noch einmal" oder „Hör damit auf".

3. *Die Absicht: „Wir machen das gemeinsam."* Das Kind beabsichtigt dabei, mit Menschen und Gegenständen, die es umgeben, in Kontakt zu kommen. Es kann andere begrüßen, es kann Menschen, vor allem Mama und Papa, mit Namen nennen, und es kann reagieren, wenn es angesprochen wird, vielleicht sogar schon mit einem „Ja".

4. *Die Absicht: „Das bin ich."* Mit dieser Sprachfunktion reflektiert das Kind die Entwicklung seiner Persönlichkeit. Es demonstriert seine Eigenheiten, es zeigt Vorlieben, Interesse oder Ablehnung sowie Gefühlsäußerungen usw. Hier macht das Kind deutlich, daß es sich von seiner Umgebung unterscheidet.

5. *Die Absicht: „Ich will wissen, warum."* Setzt Ihr Kind eine Äußerung zu diesem Zweck ein, will es etwas über die Welt um sich herum lernen. Auf der elementarsten Stufe dieser Absicht will das Kind die Namen der Gegenstände erfahren. Bezeichnungen haben einen wesentlichen Anteil daran, daß ein Kind seine Umwelt erfassen kann. Dank der Bezeichnungen bekommt die Welt eine bestimmte Ordnung, sie klassifizieren Objekte - eine lebensnotwendige Denkfähigkeit. Es ist die Grundlage für alle späteren Fragen, die das Kind einmal stellen wird.

6. *Die Absicht: „Lassen wir es wahr werden."* Hier erkennen wir, daß Sprache die Welt so wiedergibt, wie unser Kind sie in seinem eigenen Verstand entworfen hat. Damit ist Kommunikation ein Spiegelbild von erdachten Geschichten und Märchen, von dem, was das Kind wünscht, fürchtet und wahr machen möchte. Während das Kind diese Art Ausdruck immer weiter ausbildet, nimmt es verschiedene Charaktere an und erschafft einzigartige Umgebungen für sein Spiel.

7. *Die Absicht: „Ich habe eine Neuigkeit für Dich."* Der Sprachgebrauch erreicht hier seinen höchsten Entwicklungsstand. Erwarten Sie ihn nicht, bevor Ihr Kind in seiner sprachlichen Entwicklung die anderen Äußerungsabsichten beherrscht. Kinder sind noch nicht zu der fortgeschrittenen Vorstellung fähig, daß Wörter und Sätze Informationen übermitteln können, die andere noch nicht wissen, aber wissen wollen. Sprache gibt Information, so sehen die Erwachsenen meistens die Funktion der Sprache, die Schule sieht hier den entscheidenden Zweck jeder Mitteilung.

Sie ahnen sicherlich schon, was für Probleme an dieser Stelle auftauchen können. Vielleicht kennt ein Kind diese Sprachfunktion noch gar nicht, obwohl sie ihm schon abverlangt wird. Ein weiteres Problem liegt darin, daß Kinder einen völlig anderen Blick auf die Sprache haben, das ihnen die Fähigkeit noch fehlt, Wörter als reine Information zu gebrauchen. „In der Tat ist das einer der Gründe für die Schwierigkeit, das Bild der Sprache zu deuten, das ein ganz kleines Kind verinnerlicht hat", stellt Halliday heraus.

Lassen Sie uns einige Lehren daraus ziehen, die Ihnen sicherlich schon bekannt vorkommen. Denken Sie immer daran, daß wir hier über Kommunikation, das heißt über Mitteilungen im weitesten Sinne sprechen. Demnach macht sich Ihr Kind zuerst mit Körpersprache und Lauten verständlich, bevor Sie Wörter und Sätze erwarten können. Der Weg bis zu dem Punkt, an dem Ihrem Kind diese Sprachfunktionen und ihre Anwendung bewußt werden, ist weder geradlinig noch vorhersagbar. Einige Ausdrucksmöglichkeiten erscheinen vor anderen; andere treten hervor und verschwinden wieder, um erneut aufzutauchen. Bei einigen Kindern werden die Äußerungsabsichten sicherlich in ganz anderer Reihenfolge auftreten. Sie sollten nie einen schnurgeraden Entwicklungsverlauf erwarten; jedes Kind ist so besonders, so verschieden, seine genetischen Anlagen, und die Anreize der Umwelt wirken jeweils anders zusammen und laufen nicht nach einem bestimmten Schema ab.

Mit dieser Zusammenfassung will ich Ihnen gleichwohl Anhaltspunkte mit auf den Weg geben, wie Sie die kommunikativen Signale Ihres Jüngsten - verbal oder nicht - verstehen und beantworten können. Sind Sie sich der verschiedenen Möglichkeiten bewußt, können Sie sich ganz darauf konzentrieren, was Ihr Kind Ihnen damit sagen will.

Wenn Ihr Kind auf einen Gegenstand zeigt oder nach ihm quäkt, will es vielleicht mehr damit zu erkennen geben als nur den Versuch, es in seinen Besitz zu bringen. Ihr Jüngstes signalisiert möglicherweise die Funktion „Tu was ich dir sage". Die Bewegungen und Laute stellen vielleicht die Funktion „Spiel mit mir" dar, auch wenn Sie diese Möglickeit nicht erwogen haben. Sie geben ihm also den Ball und denken, das Bedürfnis Ihres Kinds erfüllt zu haben, aber es scheint immer noch unzufrieden zu sein; dann müssen Sie eine andere Möglichkeit in Betracht ziehen.

Sicherlich ist es frustrierend, wenn das Kind an einem Spielzeug nicht mehr interessiert ist oder ihm eine Sache ganz offensichtlich mißfällt, die der Erwachsene für vergnüglich hält. Aber warten Sie einen Moment, bevor Sie die Hände über dem Kopf zusammenschlagen oder verärgert und zornig reagieren. In einem solchen Fall nutzt Ihr Kind Kommunikation nicht selten dazu, die Grenzen seiner Persönlichkeit abzustecken; sie sollten dieses Bedürfnis achten und ihm den nötigen Freiraum zugestehen. Mißbrauchen Sie die Muskeln der Sprachorgane auch nicht für unnötige Scharmützel zwischen zwei verschiedenen Temperamenten. Vielleicht wird Ihr Kind etwas später die neue teure Puppe wieder aufheben, die es kurz zuvor widerwillig abwies, oder es wird der Großmutter zum Abschied winken und ihr ein neugelerntes Wort vorführen, obwohl es sich vorher mit aller Kraft dagegen gesträubt hat. Sicher ist es nicht leicht, wenn Ihr Kind sich widersprüchlich verhält; aber bedenken Sie, daß es nicht notwendigerweise eine gewollte Trotzreaktion ist und auch nicht heißt, daß es Sie in Verlegenheit oder zur Weißglut bringen will; sehen Sie es einfach als persönlichkeitsbildenden Einsatz von Sprache und Kommunikation, durch den sich das Kind selbst bestätigen will.

Kinder kennen sehr wohl ihre eigenen sprachlichen Ausdrucksmöglichkeiten. Aber wir mißverstehen sie manchmal, weil wir nicht wissen, welche Sprachfunktion dahinter steht. Es kann sein, daß ein Kind Kommunikation gebraucht, um etwas Ausgedachtes darzustellen, und dabei nicht unbedingt die Absicht hat, etwas wirklichkeitsgetreu mitzuteilen. Das bedeutet keinesfalls mangelnden Realitätssinn. Eine Freundin meiner Tochter Melissa besaß eine erstaunliche Vorstellungskraft und konstruierte immer neue Szenen und Ereignisse, die meine Frau und ich als Ausflüge ins Reich der Phantasie genießen konnten. Die Eltern des Kindes verstanden dies ganz anders. Sobald wir einen besonders originellen Teil aus dem Gespräch über erfundene Leute, Plätze und Ereignisse wiederholen wollten, bemerkte die Mutter stets: „Jennifer lügt."

Ich will damit sagen, daß Sie sich besser auf die Signale Ihres Kinds einstellen können, wenn Sie die verschiedenen Absichten in seinem sprachlichen und psychologischen Schachspiel erkannt haben.

Der Sprachschwamm

Vergleicht man die normale Sprachentwicklung mit fehlgehenden kommunikativen Prozessen, so gewinnt man außergewöhnliche Einblicke, wieviel dazu gehört, normal sprechende Kinder großzuziehen. Ich sprach darüber mit Dr. Richard Culotta, dem Direktor des bekannten „Speech and Communication Disorder Program" (Forschungsprogramm für Sprach- und Kommunikationsstörungen) an der Universität von Kentucky. Er sagt: „Ein Kind ist wie ein Schwamm, der Sprache aufsaugt. Obwohl ein solcher Schwamm unglaublich viele sprachliche Möglichkeiten hat, bildet er seine Fertigkeiten nicht aus, wenn wir ihn auswringen, sondern wenn wir ihn viel Flüssigkeit aufsaugen lassen."

Culotta sieht Eltern hierbei in der Funktion einer Datenbank; sie ergänzen die vielfältigen Erlebnisse im Leben des Kindes mit Worten und füllen sein Sprachsystem auf. Wo soll man anfangen? Beim Einfachen. „Beginnen Sie mit Selbstgesprächen und begleiten Sie Ihre Handlungen mit parallelem Sprechen", empfiehlt Culotta. Das sind brauchbare Vorschläge:

1. Selbst-Reportage:
Darunter verstehe ich den Redefluß, der unsere jeweiligen Handlungen beschreibt. Unser Kind kann die Sprache auf die konkrete Situation beziehen, sei es zu Hause, auf der Straße oder beim Einkaufen.

„Siehst du, was Mama macht? Mama steht am Herd und setzt Wasser zum Kochen auf. Hier vorne steht der Kochtopf auf der Platte. Siehst du das Wasser? Mama gibt die Kartoffeln hinein. Siehst du die runden Kartoffeln? Benni mag Kartoffeln, nicht wahr? Komm näher und schau mal, wie das Wasser brodelt. Siehst du es? Das

Wasser ist sehr heiß! Jetzt kocht Benni auch Kartoffeln. Nimm deinen kleinen roten Topf. Zeig mir mal deinen Kochtopf. Gut. Das ist Bennis Kochtopf. Ja, Bennis Kochtopf."

2. Kind-Reportage:
Das heißt, Sie beschreiben nicht Ihre eigenen Handlungen, sondern die Ihres Kindes:

„Spielst du mit Papas Hut? Das ist Opas alter Filzhut. Er hat eine breite Krempe und eine kleine rote Feder. Du setzt Opas Hut auf deinen Kopf. Wo ist Betti? Da ist sie! Ich kann dich sehen! Der Hut ist dir zu groß, oder? Das ist ein großer Hut. Jetzt setz ihn mal deiner Puppe auf. Sieht Püppi mit diesem großen Hut nicht lustig aus? Wie lustig sie damit aussieht! Warum setzt du nicht Bettis Strickhut auf Püppis Kopf?"

Erläutern wir das erste Modell, den Redestrom als „Selbstgespräch". Hier wird dem Kind mehr als nur Kartoffeln aufgetischt. Die ständige Wortproduktion versorgt das Kind mit wertvollen Daten. Sie bieten ihm Sprache an, auch wenn es nicht alles verstehen kann. Achten Sie bei Ihren Kommentaren besonders darauf, Gegenstände zu benennen. Im Beispiel hat die Mutter drei Begriffe genannt – Wasser, Kochtopf, Kartoffeln. Die Art, wie sie redet – einfache Sätze und Erweiterungen, zusammen mit besonderer Betonung – signalisieren dem Kind: Kommunikation gilt in diesem Fall ausschließlich mir.

Zum andern – nicht ganz so offensichtlich, aber darum nicht weniger wichtig – ordnet die Mutter mit ihrem „Selbstgespräch" die Wörter und Sätze eindeutig den Erlebnissen und der Umgebung des Kindes zu. Sie benennt die Kartoffeln und verbindet sie mit der Welt ihres Kinds, seinem Geschmack und seinen Vorlieben. Sie macht ihr Kind auf die Bewegungen des Wassers im Kochtopf aufmerksam und spricht eine Warnung vor dem heißen Wasser aus. Sie läßt das Kind die Handlung mit seinem

Spielzeug nachvollziehen, wobei sie sich bemüht, die Wörter unmittelbar in die Handlung einzubinden. Die direkte Verbindung von Wort und Handlung ist für Mutter und Väter ein ganz wichtiger Punkt. Ich werde noch oft darauf zurückkommen.

Beim Selbstgespräch wie auch beim parallelen Sprechen, bezieht die Mutter das Kind mit in die Sprechhandlung ein. Sie stellt Fragen wie „Siehst du? ... Siehst du die Kartoffeln? Siehst du das Wasser?" All diese Fragen laden das Kind zu einer Antwort ein, es kann mit Körpersprache antworten, durch Kopfnicken, mit Girren oder Wörtern. Benni redet zwar nicht, aber er nimmt ganz sicher am Dialog teil. Die Mutter gibt ihm Gelegenheit, so wie er kann und will zu antworten. Sie redet direkt mit ihrem Sohn, nicht über ihn hinweg.

Jeden Tag wird Ihr Jüngstes von Sinneswahrnehmungen geradezu überhäuft. Wie kann es diese überhaupt verarbeiten? Teilweise helfen die genetischen, körperlichen und geistigen Anlagen, den Ansturm der äußeren Welt in seinem Innern in eine gewisse Ordnung zu bringen. Außerdem verfügt das Kind über einen inneren sprachlichen Filter. Die Psychologin Elissa Newport und ihre Kollegen an der Universität von Kalifornien, San Diego, sind der Ansicht, daß „ein Kind über Mittel verfügt, die Flut der einströmenden sprachlichen Daten zu begrenzen und zu organisieren. Einige Eingaben filtert das Kind aus, andere nimmt es wiederum auf."

Ohne Beistand eines Erwachsenen, der auf die Vielfalt der Erfahrungen aufmerksam macht, entgehen einem Kind viele Gelegenheiten, etwas zu lernen und Sprache zu entwickeln. Unzählige Momente, die ungenutzt verstreichen - ein zitternder Spatz im Regen; eine Möwe, die auf das Wasser herabstößt; ein Feuerwehrwagen, der mit Sirenengeheul die Straße hinabbraust; Kartoffeln, die in einem Topf mit Wasser kochen -, es sei denn, Vater oder Mutter stellen sie in den Mittelpunkt, fassen sie in

Sprache und setzen kleine Glanzlichter. Selbst in den mittellosesten Häusern verfügen Eltern über Mittel, die Menge und die Qualität der Erfahrungen ihres Kinds zu bereichern, nämlich durch Gespräche.

Genau das fehlt den Kindern, die ich im vorigen Kapitel beschrieben habe; der kleine Tim, der nicht wußte, was ein Radieschen ist, und die Kinder im Kindergarten, denen Waschmaschinen und Waschpulver ein Rätsel waren. All das sind Kinder, die einen Erwachsenen nötig hätten, der ihnen hilft, sich auf Momente des täglichen Lebens zu konzentrieren, sie zu erkunden und in Sprache zu fassen.

Eltern müssen nichts weiter tun, als einen Blick für die Welt um sich herum zu entwickeln. Einige Eltern entdecken überall kleine Kostbarkeiten in der nächsten Umgebung des Kindes. Jede einzelne Erfahrung bietet einen Quell sprachlicher Möglichkeiten, ist reich an Möglichkeiten für Gespräche und Leben. Andere Eltern müssen erst einen Blick für die Vielfalt des Lebens entwickeln. Aber das läßt sich lernen.

Eltern, die ihrem Kind bei der Entfaltung seiner Sprachfähigkeiten behilflich sein wollen, müssen sich stets selbst befragen. Welche Erfahrungen kann ich heute im Leben meines Kindes in den Mittelpunkt rükken? Welche Erlebnisse, seien sie auch noch so alltäglich, könnte ich durch Sprache und Handlung beleben? Wie öffne ich meinem Kind das Tor zu unbekannten Erfahrungen? Einfühlungsvermögen, Aufmerksamkeit und Interesse: all das macht aus zunächst unscheinbaren Augenblicken unvergeßliche Erlebnisse.

In den folgenden Kapiteln betrachte ich einige typische Alltagssituationen detaillierter, um Ihnen zu helfen, die geeigneten Gesprächsanlässe darin wahrzunehmen. Allerdings müssen Sie für die alltäglichen Ereignisse offen sein, weil sie zum Sprechen einladen. Außerdem müssen Sie bereit sein, aus jenen Ereignissen Sinn zu machen und ihnen Glanz zu verleihen. Das Ganze ist eine Medaille mit zwei Seiten: Ereignis und Sprache gehören zusammen.

Dr. Culotta gibt einige hilfreiche Anhaltspunkte für die Entwicklung der kindlichen Sprachfertigkeiten:

1. *Zeigen Sie Ihrem Kind, daß ein Ding mehrere Konzepte in sich birgt.* Denken Sie an die Mutter aus dem Beispiel zum parallelen Sprechen, sie behandelt zwei Konzepte gleichzeitig; zum einen den Gegensatz groß und klein, zum andern, daß Hüte auf Köpfe passen sollten. Wörter und Vorstellungen sind wertvoller als einfache Worterklärungen.
2. *Benennen und beschreiben Sie Eigenschaften.* Beachten Sie einmal, wie Bettis Mutter charakteristische Merkmale des Hutes anspricht, um ein Bedeutungskonzept zu geben. Ein Hut kann eine Krempe oder eine Feder haben, er kann aus Filz oder aus Wolle sein.
3. *Weisen Sie Ihr Kind auf Unterschiede hin.* Zu den Schlüsselelementen des kritischen Denkens gehört die Fähigkeit zu erkennen, wo miteinander vergleichbare Dinge Unterschiede aufweisen. Die Mutter hat in der Unterhaltung ausdrücklich beschrieben, worin die beiden Hüte sich unterscheiden. Der eine Hut ist groß, der andere klein; der eine ist aus Filz, der andere aus Wolle; der eine gehört dem Großvater, der andere Betti.
4. *Verallgemeinern Sie.* Zum kritischen Denken gehört die Fähigkeit zu verallgemeinern. Gehen Sie mit den Bedeutungen über den je spezifischen Fall hinaus und wenden Sie die Information in einem weitergehenden Sinn an, ungefähr so, als wollten Sie den besonderen Fall zu einer Regel, zu einem Prinzip ausweiten. Die Mutter aus unserem Beispielgespräch veranlaßt ihr Kind zu der Beobachtung, daß man Hüte auf den Kopf setzt und daß die jeweilige Hutgröße der Grund dafür ist, daß einige passen und andere nicht. Im Verlauf des Gesprächs legt die Mutter ihrem Kind diese Wahrnehmung nahe. Die Diskussion, ob ein Kind zuerst über das Konzept, die Vorstellung verfügt und daraufhin über die Sprache oder umgekehrt, können wir getrost den Wissenschaftlern überlassen. Wie dem auch sei, ohne Sprache jedenfalls bleibt das Konzept chaotisch.

Satzgerüste

Ein Kind wächst immer mehr in die Sprache hinein und macht in seiner sprachlichen Entwicklung immer größere Fortschritte. Manchmal müssen Eltern dem Kind helfen, möglichst genau das zu sagen, was es meint. Betrachten Sie das folgende Gespräch zwischen Halliday und seinem Sohn Nigel, zwischen einem 20 Monate alten Kind und einem Erwachsenen. Halliday selbst hielt es fest. Vor dem Gespräch besuchte Nigel den Zoo, wo eine Ziege die Futterverpackung, die Nigel ihr hingehalten hat, fressen wollte. Der Wärter erklärte daraufhin, die Ziege dürfe die Verpackung nicht fressen, da es ihr nicht bekommen würde.

Nigel: Will Deckel essen
Vater: Wer wollte den Deckel essen?
Nigel: Will Deckel essen
Vater: Wer wollte den Deckel essen?
Nigel: Ziege ... Mann hat nein gesagt ... Ziege will Deckel essen ... Mann hat nein gesagt

Nach einiger Zeit, während Nigel zu Bett gebracht wurde:

Nigel: Ziege will Deckel essen ... Mann hat nein gesagt
Mutter: Warum hat der Mann nein gesagt?
Nigel: Ziege darf nicht Deckel essen ... (schüttelt den Kopf) ist Futter
Mutter: Die Ziege darf den Deckel nicht essen; das ist kein Futter
Nigel: Ziege will Deckel essen ... Mann hat

nein gesagt ... Ziege darf nicht Deckel essen ... (schüttelt den Kopf) ist Futter

Sie können sehen, wie geschickt die Eltern Nigel anreizen, seine Äußerungen zu erweitern. Jerome Bruner nennt diese Technik Gerüsttechnik. Das ist ein treffendes Bild. Sie kennen Baugerüste als Stützen, die nur vorübergehend aufgebaut sind, um Handwerker und Materialien so lange beim Hausbau, bei Ausbesserungsarbeiten oder Malerarbeiten zu halten, bis die Bauphase abgeschlossen ist. Auch das Gerüst, das Nigel angeboten wurde, ist zum Aufbau da – zum Aufbau der Sprache, selbstverständlich. Es ist als vorübergehende Stütze gedacht, um Wörter und Konzepte aufzubauen. Vater oder Mutter helfen dem Kind, aus dem Erlebnis und der Sprachkenntnis ein größeres Bauwerk von Bedeutung – im zweifachen Sinn – zu konstruieren.

Warum ist das Gespräch zwischen Eltern und Kind hier ganz besonders gut gelungen? Sowohl der Vater als auch die Mutter greifen die unvollständigen Äußerungen ihres Kindes auf und erweitern sie zu ganzen Sätzen; gleichzeitig bemühen sie sich, seinen Beobachtungen zu folgen und entsprechend auf sie zu reagieren. Sie zeigen Nigel, ob sie ihn verstanden haben oder nicht; sie lassen ihn Begriffe wiederholen, damit er sie selbst erklären kann; sie vervollständigen unvollständige Äußerungen, sobald sie erkannt haben, was ihr Kind sagen will – die Eltern stellen eine Rückkoppelung her, wie es wissenschaftlich heißt. Durch Rückkoppelung kann sich der Sprachschwamm des Kindes wieder mit Wörtern vollsaugen. Anhand von Gesprächen führen Nigels Eltern vor, wie eng Sprache und Gedanken zusammengehören.

Fragen sind ein Hauptbestandteil der Gerüsttechnik. Drei von vier Bemerkungen der Hallidays sind Fragen; Fragen, die das Kind ermuntern, in seinem Gedächtnis nachzuforschen und seine eigene Sprache zu aktivieren. Im weiteren Verlauf nehmen die Eltern hauptsächlich die Sprache des Kindes in ihren Formulierungen auf: Sie wählen ziemlich genau die Wörter, die das Kind ihnen vorgibt. Der Vater fragt nach weiteren Informationen: Er versucht, ohne Umschweife an die Tatsachen heranzukommen. Die Fragen der Mutter dringen zu tiefergehenden Denkfähigkeiten vor. Kann das Kind erklären, warum der Mann das Füttern verboten hat? Die Antwort hierauf erfordert mehr als schlichtes Erinnern. Nigel wird aufgefordert zu zeigen, ob er die Information in jener Situation verstanden und verarbeitet hat. Die Gerüsttechnik ist eine Fertigkeit, die Sie in der Praxis, durch Zuhören und Sprechen lernen. Sie ist eine nützliche Vorgehensweise für die alltäglichen Gespräche. Lassen Sie uns überlegen, ob wir nicht einige Punkte verallgemeinern können, so daß Sie diese Technik problemlos auf Ihren Alltag übertragen können.

Gerüste für Kleinkinder

1. *Stellen Sie Fragen.* Formulieren Sie Fragen, die Ihrem Kind helfen, seine Erlebnisse in Worte zu kleiden. Auf die verschiedenen Fragen werde ich noch zurückkommen, aber Sie sollen hier schon wissen, daß Ihre Fragen um etwas bitten sollten: um weitere Information, um Wiederholungen, Ergänzungen, Erklärungen oder um kritisches Nachdenken. Sie können sogar kurze Zusammenfassungen geben wie „Jetzt kochst du Kartoffeln in deinem kleinen roten Kochtopf, verstehst du?"; Ihr Kind kann sehr gut Ihre ganze Äußerung zusammenfassen, auch wenn es nicht mehr sagt als „Kartoffeln im Topf". Trotz solcher Verkürzung hat es gezeigt, daß es Sie verstanden hat.

2. *Wiederholen Sie Ihre Frage.* Falls Sie keine klärende Antwort bekommen haben, stellen Sie nach einer kleinen Pause dieselbe Frage noch einmal. Vermeiden Sie auf jeden Fall, die Frage völlig umzuformulieren. Wenn Sie einen Satz anders

aufbauen, muß das Kind, das noch auf die Ausgangsfrage eine Antwort sucht, erst einmal umdenken, um sich auf die nachfolgende Frage einzustellen.

3. *Um Ihrem Kind bei der Bedeutungsbildung zu helfen, sollten Sie auf nonverbale Kommunikation, auf Verständigung ohne Worte, zurückgreifen.* Nehmen Sie die Gesten, die Körpersprache und die Laute Ihres Kindes zu Hilfe, um zu bestimmen, was es ausdrücken will und mit welchen Informationen sie helfen können. Wie schon erwähnt, dient Nigels Kopfschütteln als wichtiger Hinweis. Er kann oder will nicht „kein Futter" sagen. Statt dessen schüttelt er den Kopf, um die gesuchte Verneinung zu signalisieren. Nigels Mutter nimmt seine Körpersprache als Signal, die Bedeutung durch Wörter zu ergänzen, woraufhin sie sagt: „Das ist kein Futter."

4. *Interpretieren Sie die Absicht Ihres Kindes und formulieren Sie, was Ihr Kind sagen will.* Bei der Gerüsttechnik kommt es nicht zuletzt darauf an, dem Kind zu zeigen, was es mitteilt. Fragen stellen, um Wiederholungen bitten, selber Sätze wiederholen, all das sind Mittel zu diesem Zweck. Während Sie Ihrem Kind ein Sprachgerüst bauen, sollte das, was Sie sagen, auf dem Gesprächszusammenhang aufbauen, den Ihr Kind vorgibt. Versuchen Sie zu verstehen, was Ihr Kind im jeweiligen Moment ausdrücken will. Bringen Sie daraufhin eine Antwort ein, die darauf Bezug nimmt, um das Gespräch in Gang zu halten. Zerstreute Antworten wie „Oho!" oder „Soso!" sind völlig fehl am Platz.

In den meisten Fällen erweitern Sie mit Ihren Antworten, die wenigen Worte Ihres Kindes zu vollständigen Sätzen. Wenn Nigel vorher gesagt hat: „Ziege darf nicht Deckel essen ... ist Futter", ergänzt seine Mutter: „Die Ziege darf den Deckel nicht essen. Das ist kein Futter." Ihr Kind könnte zum Beispiel sagen: „Vogel fliegt"; und Sie könnten diese Zweiwortfolge aufgreifen und ergänzen: „Ja, der Vogel fliegt in sein Nest." Was die Erweiterungen nun genau bewirken, können Wissenschaftler noch nicht mit aller Bestimmtheit sagen. Erweitern sie die grammatischen Kenntnisse, indem sie einen korrekten Satz bilden? Entwickeln sie die Wahrnehmung von Einzelheiten im Gespräch?

Es gibt noch eine weitere Möglichkeit, außer vorgegebene Sätze aufzugreifen und zu erweitern. Wie eine interessante Studie ergab, gewinnen Kinder ganz erheblich an Sprache hinzu, wenn Erwachsene einen passenden Kommentar anbieten. Das Kind, das sagte „Vogel fliegt", wird zum Beispiel hören können: „Ja, dem Vogel ist kalt, und er will nach Hause in sein warmes Nest." Zwei Experten für Kindersprache, Peter A. und Jill G. de Villiers glauben sogar, daß „die Vielfalt und Fülle der sprachlichen Äußerungen der Eltern für das Kind wichtiger sein können als ihre ständigen Erweiterungen."

5. *Korrigieren Sie das Kind nicht!* In dieser frühen Phase des Spracherwerbs ist es sinnlos, Fehler zu verbessern. Nigels Vater setzt das Verb nur in die passende Zeitform und ergänzt das Subjekt der Äußerung „will Deckel essen". Der Satz des Vaters lautet: „Wer wollte den Deckel essen?" Deshalb haben wir bei diesem Gespräch eher den Eindruck, daß er mit seiner Frage Informationen haben möchte als daß er vorrangig auf korrekte Grammatik achtet. (Mehr über den Umgang mit Fehlern erfahren Sie in Kapitel 6.)

Ein weiteres Beispiel für die Gerüsttechnik stammt von Judith M. Newman. Beachten Sie, daß die Mutter in diesem Fall eine noch aktivere Rolle im Gespräch übernimmt als Nigels Eltern. Der zweieinhalb Jahre alte Christoph spielt auf dem Küchenboden mit einem Puzzle, während seine Mutter den Abwasch macht:

Mutter: Du kannst dort spielen (1)

Christoph: Spiel hier. (2)

Mutter: Gut. Aber ich muß erst noch den Abwasch machen. Spiel schon mal alleine. (3)

Christoph: Alleine spielen? (4)

Mutter: Mhmm ... (5)

Christoph: Guck mal, der Korb ist, der Korb ist alles kaputtgemacht! Hilf. Will helfen. Ich helfe dir. Will ... (6)

Mutter: Ich brauche keine Hilfe. (7)

Christoph: Ich will lieber ... (8)

Mutter: Mir scheint, du bist hier der, der Hilfe braucht, nicht ich. (9)

Christoph (stöhnt) (10)

Mutter: Brauchst du meine Hilfe? (11)

Christoph: JA! ICH BRAUCH HILFE! (12)

Mutter: Was soll ich dir helfen? (13)

Christoph: Diese, diese, diese passen nicht. (14)

Mutter: Ich suche dir mal die passenden Teile aus. (15)

Christoph: Nein. Weiß nicht. Hab eins. Nein! (16)

Mutter: Wenn du nicht mehr damit spielen willst, räum es zusammen; willst du weiterspielen, laß es liegen. (17)

Christoph: LASS ES! Laß das liegen. Hab den Klotz vergessen. Hab alle meine ... und deine. Die da sind meine. Das muß so herum. (18)

Mutter: Jetzt kommt aber ein schwieriges Teil. Willst du dieses Teil haben, oder lieber ein anderes? (19)

Christoph: Ähm, ähm. Guck mal. Die beiden. Denken ... Willst du Hilfe? Will keine Hilfe. Will alleine puzzeln. Hab ein Puzzle, hab zwei. (20)

Es fällt uns nicht schwer, die wichtige Rolle der Mutter in diesem Gespräch zu erkennen. Sie baut es auf, folgt dabei den Äußerungen des Kindes und bringt das Gespräch in die richtige Richtung, damit sowohl die Muter als auch das Kind zum Ziel kommen.

Betrachten Sie zunächst den Anfang des Gesprächs. Nachdem die Mutter die anfängliche Aufforderung Christophs, sich neben ihn zu setzen, auf einen späteren Zeitpunkt verschoben hatte, mußte er erst einmal Wörter für die neue Situation finden. Seine Frage „Alleine spielen?" zeigt, daß er diesen Teil des Gesprächs verstanden hat. Die Mutter bestätigt es mit einem zustimmenden Laut, „Mhmmm ..." Diese einfache Sprechhandlung zwischen den beiden baut eine wesentliche Bedingung auf: Die Gesprächspartner verstehen sich gegenseitig.

Als nächstes sehen Sie, daß die Mutter Christophs Schlüsselworte aufgreift. In Äußerung 6 wiederholt er offensichtlich einen Gesprächsteil, den er vorher schon häufiger gehört hat: „Ich helfe dir". Geht man von der sprachlichen Oberfläche aus, dann bietet er der Mutter seine Hilfe an, aber in der Tiefenstruktur meint er, selber Hilfe nötig zu haben; er kann seine Absicht nur noch nicht in Sprache übersetzen. Zuerst sagt Christoph: „Hilf"; dann scheint er die Richtung umzukehren und kommt zu einer Äußerung, als würde er der Mutter assistieren wollen. An dieser Stelle ist es von entscheidender Bedeutung, daß die Mutter die Äußerung ihres Sohnes ganz wörtlich nimmt - sie versteht es als Angebot - und zeigt ihm auch, wie sie es verstanden hat. Der Satz „Ich brauche keine Hilfe" bestätigt, daß sie seine Wörter verstanden hat. Diese Rückkoppelung ist eine sehr wichtige Kontrolle für Ihr Kind. Es realisiert vom Gesagten, was auf der Oberfläche der Sprache erscheint - und was es gegebenenfalls eigentlich sagen wollte - was noch aus der Tiefenstruktur in die Sprache übersetzt werden muß.

Nachdem die Mutter nun also die Absicht Christophs offen zur Kenntnis genommen hat, kehrt sie zu seinem früheren Hinweis, daß Hilfe gebraucht wird, zurück und macht die Bemerkung 9. Das Stöhnen des Kindes ist hier Antwort genug. Es will zum Ausdruck bringen: „Ja, du hast recht; ich brauche Deine Hilfe." Aber die Mutter möchte diesen Satz von ihm selbst hören. Darum stellt sie ihm in 11 diesbezüglich eine Frage. Und beide kommen gemeinsam ans Ziel: Christoph formuliert sein Bedürfnis mit den Worten: „Ja! Ich brauch Hilfe!"

Zweifellos weiß die Mutter ganz genau, wobei er Hilfe braucht – die Situation ist klar –, aber sie gibt sich damit nicht zufrieden. Sie fordert ihr Kind auf, mehr aus seinen sprachlichen Ressourcen zu schöpfen. Mit Frage 13 veranlaßt die Mutter das Kind, Sprache mit seinen persönlichen Bedürfnissen zu verbinden. Sie besteht darauf, daß das Kind seine Vorstellungen erweitert. Im weiteren Verlauf der Unterhaltung interpretiert Christophs Mutter das Gesagte, gibt Bedeutung und kommentiert die Bemerkungen ihres Kindes, um weitere Antworten zu neuen Fragen auszubauen. Beachten Sie auch, wie das Kind den Äußerungen der Mutter Wörter und Satzteile entnimmt, die ihm helfen, seine eigene Darstellung zu konstruieren. Die Mutter baut ein Gerüst nach Maß, und das Kind klettert daran empor; ganz seinen Bedürfnissen und seinem Lerntempo entsprechend.

Fragen über Fragen

Bevor wir uns wieder dem Gerüstbau und dem Fragenstellen zuwenden, möchte ich untersuchen, welche Anforderungen wir stellen, wenn wir Fragen in gewohnter Weise formulieren. Fragen sind bedeutende Bestandteile der Gerüsttechnik. Mit den verschiedenen Entwicklungsphasen Ihres Kindes werden Sie Ihre Fragestellungen verändern; Sie werden weiterführende Gedanken anregen und Informationen gewinnen wollen. Offensichtlich antworten Kleinkinder häufig deshalb nicht auf Fragen, weil sie zu kompliziert sind. Trotzdem stelle ich Ihnen hier schon einmal einen Überblick über mögliche Frageformen zusammen. Sie können dann dem jeweiligen Entwicklungsstand entsprechend auf sie zurückgreifen.

Pädagogen teilen die Fragen in offene und geschlossene Fragen. Offene Fragen sind breit und lassen eine Vielfalt an Antworten zu. „Was hast du heute im Park gemacht?" oder „Warum möchtest du gerne spazierengehen?" gehören zu dieser Gruppe; das Kind formuliert die Antwort in eigenen Worten. In unserem Beispiel stellte Nigels Mutter die offene Frage: „Warum sagte der Mann nein?" Angesichts der Ereignisse stehen dem Kind mehrere Antwortmöglichkeiten zur Verfügung, die alle gleichermaßen zutreffen; daß der Mann gemein sei, daß die Ziege beißen würde oder daß der Mann Nigel ausgeschimpft hätte. Offene Fragen lassen mehrere mögliche Antworten zu. Wählen Sie eine offene Frage, wenn Sie nicht eine ganz bestimmte Antwort haben wollen.

Geschlossene Fragen engen die Antwortmöglichkeiten ein, da sie auf eine ganz bestimmte Information abzielen. Die Frage von Nigels Vater: „Wer wollte den Deckel essen?" oder die von Christophs Mutter: „Brauchst du Hilfe?" sind solche geschlossenen Fragen.

Man kann nicht sagen, welche Art der Frage besser ist. Jede erfüllt ihren Zweck. Bei der Formulierung offener oder geschlossener Fragen sollte Ihnen die Bedeutung der strukturierenden, für die sogenannten W-Fragen typischen Wörter „wer", „was", „wann", „wo", „wie", „warum" deutlich sein.

Fragewörter und was sie bedeuten

Wer/was . . . . „Welche Person meinst du?/ Welches Ding meinst du?"

Was . . . . „Sage mir den Inhalt der Frage."

Wann . . . . . . „Zu welcher Zeit?"

Wo . . . . „An welchem Ort?"

Wie . . . . „In welcher Weise tat er es? Bei welchem Vorgang?"

Warum . . . . . „Aus welchem Grund, zu welchem Zweck?"

Obwohl ein Kleinkind mit größter Wahrscheinlichkeit nicht alle Bedeutungsnuancen dieser Fragen verstehen wird, stellen Erwachsene gewisse Erwartungen an die Antworten, die solche Wörter hervorrufen. Wenn das Kind älter wird, erwarten wir von ihm, daß es versteht, worauf die Frage abzielt.

Jede Frage stellt eine bestimmte Anforderung an die Antwort. Meistens fragen W-Fragen sehr präzise nach etwas Bestimmtem. Bei „wer" oder „was" erwartet man einen Namen für eine Person oder einen Gegenstand, bei „wann" eine Zeitangabe, bei „wo" eine Ortsangabe.

„Warum", „wie" und (manchmal) „was" legen die Antwort nicht ganz fest. Erwarten Sie von Ihrem Kind eine bestimmte Antwort oder einen bestimmten Gedankengang, führt das Wort „warum" leicht in die falsche Richtung. Denn es kann ja gar nicht so genau wissen, was Sie sich eigentlich vorstellen.

Vielleicht hätte Nigels Mutter jede der möglichen Antworten auf die Frage „Warum sagte der Mann nein?" akzeptiert. Damit probiere Sie auf gut Glück, Information zu erhalten. „Warum" signalisiert: „Erzähl mir, was deiner Beurteilung und Erfahrung nach der Grund für diese Situation ist."

Die W-Fragen eignen sich gut, kritisches Denken anzuregen. Sie erlauben dem Kind, mehrere Möglichkeiten zu erwägen und sich aufgrund eigener Urteile zu entscheiden. Die Frage „warum" ist deshalb oft eine gute Frage, weil sie mehrere gültige Antwortmöglichkeiten nebeneinanderstellt. „Warum" signalisiert: „Es gibt nicht eine einzig richtige Antwort hierauf. Sag, was du denkst, und wir können vielleicht eine Übereinstimmung erzielen."

Kinder lernen die W-Fragen schon im dritten Lebensjahr. Das gilt insbesondere für „warum". „Warum" fordert aber Informationen über Ursache und Wirkung, Sinn und Zweck sowie Art und Weise - schwierige Konzepte für Vorschulkinder. Deshalb

antworten die Kinder so oft unpassend auf diese Fragen („Warum möchtest du das haben?" „Das ist eine Puppe.") und stellen selber so viele unbeantwortbare Warum-Fragen („Oh, da fährt der Bus gerade ab!" „Warum der Bus?") Kleine Kinder wissen oft nicht, wie sie „warum" gebrauchen sollen.

Ein Grund mehr für Sie, diese Fragen regelmäßig zu stellen und auf sie regelmäßig zu antworten - gleichgültig, wie abwegig sie Ihnen erscheinen mögen. Nur in Gesprächen können Kinder lernen, komplizierte Frageworte zu meistern. Von allein wissen Kinder weder, wann sie eine Warum-Frage wählen, noch wie sie auf diese Frage eine gültige Antwort liefern sollen, betonen die beiden Linguisten Peter A. und Jill G. de Villiers. Sie meinen: „Ein Kind muß an vielen Gesprächen teilnehmen, in denen Warum-Fragen gestellt und beantwortet werden. Nur so lernen sie zu verstehen, was mit dem Wort ‚warum' gemeint ist."

Einmal mehr ist dies eine Aufgabe für Sie! Wer sonst könnte dem Kind die nötige Spracherfahrung für viele Fragen bieten? Wenn wir uns später Fragen zu Geschichten zuwenden, werden Sie sehen, wie tiefgreifend Fragen sein können. An dieser Stelle konzentrieren wir uns zunächst auf Fragen des Typs „Warum ist Frau Muff vor der Spinne weggelaufen?" oder „Was möchtest du Papa von unserem Spaziergang im Park erzählen?" „Wie backst du denn deine sogenannten Sandkuchen?" Achten Sie einmal darauf, wieviel mehr diese Fragen wissen wollen als Fragen wie „Magst du Frau Muff?" „Hat Dir der Nachmittag im Park gefallen?" oder „Macht es dir Spaß, Kuchen zu backen?" Die drei ersten Fragen verlangen eine selbständig formulierte Antwort, während bei den drei letzten ein kurzes Ja oder Nein genügt - womit eine Unterhaltung schnell beendet wäre. Vergessen Sie diese Art von Fragen; sie regen weder zum Nachdenken an, noch tragen Sie zur Sprachbildung bei. Und das Gespräch gerät durch sie leicht in eine Sackgasse.

Die Wörter „wie" und „warum" sind dagegen sehr nützlich; aber leider neigen viele Eltern dazu, sie zu mißbrauchen. Ob bewußt oder nicht, nicht immer wird tatsächlich nach Informationen gefragt. Nur allzu oft werden sie in einem vorwurfsvollen Ton hervorgebracht und stehen für Anklagen. Dann kann man sie gar nicht beantworten. Was für Informationen erwarten wir denn von unserem Kind, wenn wir fragen: „Warum hast du dein Spielzeug zerbrochen?" oder „Wie konntest du nur eine solche Unordnung machen?" In der Tat, derartige Fragen werfen dem Kind ein ungehöriges Verhalten vor, das es sich mit großer Wahrscheinlichkeit selber nicht erklären kann. Und wenn das Kind tatsächlich antwortet, wird es noch für frech gehalten, gleichgültig, wie sehr es sich um eine Antwort bemüht.

So verstanden – oder besser mißverstanden –, führen diese Fragen unweigerlich zum Konflikt. Natürlich dürfen Sie sich über Ihr Kind ärgern und es ihm auch zeigen, aber nehmen Sie sich in einem solchen Fall zu Herzen, was der ausgezeichnete Kinderpsychologe Chaim Ginott empfiehlt. Beschreiben Sie das Verhalten des Kindes; verurteilen Sie es nicht gleich. „Du hast dein Spielzeug zerbrochen; jetzt wirst du nicht mehr damit spielen können", oder „Du hast eine fürchterliche Unordnung angerichtet, und ich mag das ganz und gar nicht!" sind direkte und angemessene Aussagen. Fragewörter bringen Sie in solchen Situationen nicht weiter.

Offensichtlich dienen Fragesätze bei uns Erwachsenen mehr als nur dem reinen Informationsbedürfnis. Sie eignen sich, ein schwieriges Problem zu umkreisen, das, direkt angesprochen, zu unangenehm, zu abwegig, zu unhöflich oder einfach zu plump wirken würde. Die sozialen Bedingungen der Kommunikation – Autoritätsgefälle beispielsweise   erfordern oft, heikle Aussagen in Fragen zu kleiden.

Bis zu diesem Punkt haben wir hauptsächlich Fragen betrachtet, die von Eltern gestellt werden. Ein guter Gesprächspartner sein heißt aber auch, den Fragen Ihres Kindes Aufmerksamkeit zu schenken. Im Laufe der Entwicklung lernen Kinder sehr schnell, was mit Sprache möglich ist; ihr Repertoire an Fragen wird immer reichhaltiger. Es tauchen Kategorien von Fragen auf, die Lisa Durkin uns in ihrem nützlichen und vergnüglichen Buch „Parents and Kids together" (Eltern und Kinder) präsentiert; sicherlich können auch Sie diese Kategorien brauchen:

Wie antworten Sie auf Fragen Ihres Kindes? Aufrichtig. Ernsthaft. Mit Bedacht. Es ist kein Fehler, seine Unwissenheit zuzugeben und zu sagen, daß Sie keine Antwort wissen. Werden Sie nicht nervös, wenn Ihr Kind fragt, warum der Himmel blau ist, und Sie nicht antworten können. Sagen Sie einfach: „Schau, ich weiß nicht, warum der Himmel blau ist. Aber ich wette, daß uns ein Buch aus der Bücherei diese Frage beantworten kann. Laß uns mal planen, wann wir dort vorbeischauen."

Wenn Ihr Kind fragt: „Wirst du bald sterben?" schwindeln Sie nicht. Sagen Sie: „Jeder stirbt früher oder später; aber normalerweise wissen wir nicht, wann. Das gehört zum Leben. Aber ich werde nicht so bald sterben, das ist sicher!"

Wenn mein Kind eine Pseudofrage stellt – so nennt Durkin eine Scheinfrage –, würde ich versuchen, Informationen zu geben, obwohl das Kind sie vielleicht nicht erwartet. Nichts beweist Ihrem Kind so deutlich Ihr Interesse, wie eine Antwort auf seine Fragen.

Auf die Frage: „Warum muß ich ins Bett gehen?" würde ich etwa so antworten: „Acht Uhr ist eine wirklich gute Schlafzeit für dich, dann bist du morgen gut ausgeschlafen. Vielleicht darfst du Samstagabend ein bißchen länger aufbleiben, wenn du am nächsten Morgen nichts vorhast."

Eine Frage wie: „Weißt du, daß wir heute im Kindergarten Theater gespielt haben?" würde ich beantworten: „Das weiß ich, aber ich habe ganz vergessen, dich danach zu fragen. Setz dich gleich auf meinen Schoß und erzähl mir, was für ein Stück ihr geübt habt!" Auf diese Frage: „Findest du mein neues Kleid schön?" wäre eine mögliche Antwort: „Ich finde es wunderschön, besonders wegen der kleinen Maus auf dem Kragen. Und warum gefällt es dir?"

Es bleibt keinesfalls nur den Eltern vorbehalten, Fragen zu stellen, die mehr beabsichtigen, als eine einfache Information zu erfahren. Es sind – wie das Beiwort „Pseudo" (Schein) bereits verrät – Fragen, die eigentlich etwas anderes hervorlocken wollen. Das Motiv dieser Fragen ist verborgen. Auch Kinder kommen sehr bald auf diesen Trick, und je älter sie werden, desto geschickter werden sie. Versuchen Sie zu lernen, auf die eigentliche Bedeutung der Fragen zu hören, damit Sie das Kind mit Ihrem Gespräch erreichen können. Das klingt einfacher, als es immer ist. Denn um auf die wahre Bedeutung einzugehen, müssen Sie erst einmal herausfinden, was die wahre Bedeutung sein kann. Und vielleicht weiß selbst Ihr Kind noch nicht, worauf es hinaus will.

Aber Sie wissen bereits, daß es versteckte Fragen gibt und können eine Sensibilität dafür entwickeln. Das kann auf jeden Fall Mißverständnissen und Konflikten vorbeugen und daran erinnern, daß das Wichtigste an der Sprache das gemeinsame Gespräch ist. Sagt Ihr kleines Mädchen beim Abendessen vielleicht: „Warum müssen wir jetzt essen?", obwohl sie eigentlich Hunger haben müßte, will sie vielleicht damit sagen: „Im Fernsehen läuft gerade ein Tierfilm, und ich möchte ihn sehen"; oder sie könnte Ihnen nachtragen, daß sie am Nachmittag nicht länger bei Kathrin spielen durfte. Sie will gegebenenfalls auch zum Ausdruck bringen, daß es ihr nicht gut geht und sie keinen Bissen hinunterbekommt.

Aus zwei Gründen ist es schwierig, bei dieser Art Fragen nach einer bestimmten Empfehlung zu verfahren. Erstens sind die Motive verborgen und nicht immer klar erkennbar, zudem entzieht sich das Kind eventuellen Nachfragen. Oftmals mag die Frage wirklich seltsam anmuten, und obwohl Sie sicher sind, daß sich unter der Oberfläche etwas anderes verbirgt, bleibt sie doch unergründlich. Zweitens stellt jede Situation besondere Anforderungen, je nach Sinn und Zweck der Unterhaltung, je nach Umständen und je nach Stimmung der Gesprächsteilnehmer.

Da hilft nur eines: Haben Sie ein Ohr für Ihr Kind, entwickeln Sie einen sechsten Sinn für die andere Bedeutung solcher Fragen. Vielleicht fällt Ihrem Kind auch nur das passende Wort nicht ein, und das ist der ganze Grund für eine rätselhafte Äußerung. Das Kind meint eine Sache, sagt aber eine andere, wobei der Erwachsene die sprachliche Oberfläche für bare Münze nimmt und nicht bedenkt, daß es ein Ding mit zwei Seiten ist.

In einer solchen Situation würde ich zunächst prüfen, ob mein Kind krank wäre. Habe ich mich vergewissert, daß es ihm gut geht, würde ich überlegen, welche andere Bedeutung seinem Verhalten zugrunde liegen könnte. Auf keinen Fall würde ich die Geduld verlieren: „Wir essen immer um diese Zeit! Also benimm dich und sei keine Nervensäge. Iß jetzt!" Eine derartige Antwort führt zu nichts.

Gibt es noch andere Antworten? Je nachdem, wie alt mein Kind ist und wie ich die Situation verstehe, probiere ich es mit folgenden: „Bist du mir noch böse, weil ich dich so früh von Kathrin abgeholt habe? Vielleicht können wir uns darauf einigen, euch morgen länger zusammen spielen zu lassen. Aber Du weißt auch, daß wir gegen sechs Uhr Hunger bekommen. Es ist für uns die günstigste Zeit zum Essen, weil wir dann alle zu Hause sind." „Ich wette, du möchtest jetzt lieber den Tierfilm anschauen, nicht wahr? Aber du hast heute schon ziemlich viel ferngesehen. Du hast wirklich genug gehabt. Und wir möchten doch alle zusammen essen. Morgen kannst du wieder etwas anschauen."

Ich kann natürlich nicht versprechen, daß Ihr Kind solche Antworten ohne jeden Widerspruch akzeptiert. Aber zumindest legen Sie damit Ihre Karten offen auf den Tisch. Besteht das Kind weiterhin darauf, nichts zu essen, würde ich es auf keinen Fall dazu zwingen; ich würde es aber bitten, am Tisch sitzen zu bleiben, bis alle gegessen haben. (Meiner Erfahrung nach wird die Ich-will-aber-nichts-essen-Strategie schnell aufgegeben, wenn das Kind anderen beim Essen zuschaut.)

Übungen zur Gerüsttechnik

Nachdem Sie nun so viel über die Technik des Gerüstebauens gehört haben, haben Sie bestimmt Spaß daran, es selbst einmal auszuprobieren.

Weiter unten gebe ich ein Gespräch zwischen einem erfahrenen „Gerüstebauer" und einem Kind wieder; nur habe ich die Beiträge der Mutter oder des Vaters ausgelassen, so daß Sie nur die Äußerungen des Kindes lesen. Versetzen Sie sich an die Stelle der Eltern – was würden Sie sagen, um das Gespräch in Gang zu halten? Welchen Kommentar würden Sie abgeben, welche Fragen würden Sie stellen? Setzen Sie einfach Ihre Antworten ein.

1. Übung (19 Monate altes Kind)

Rachel: Eine Fliege. Große Fliege!
Mutter:
Rachel: Auf Tür.
Mutter:
Rachel: Fliege auf Tür. Da oben!
Mutter:
Rachel: Mama macht Tür auf.
  (Die Mutter öffnet die Tür.)
Mutter:
Rachel: Fliege fliegt weg. Fliege ganz weg!

Der tatsächliche Dialog

Rachel: Eine Fliege. Große Fliege!
Mutter: Wo ist die Fliege!
Rachel: Auf Tür.
Mutter: Die Fliege sitzt auf der Tür?
Rachel: Fliege auf Tür. Da oben!
Mutter: Was soll Mama tun?
Rachel: Mama macht Tür auf.
Mutter: Und wo ist die Fliege jetzt?
Rachel: Fliege fliegt weg. Fliege ganz weg!

Sehen Sie, wie verständig die Mutter hier mit den Fragen umgeht? Mit vier kurzen einfachen Fragen regt sie ihr Kind an, sich über das Gesehene Gedanken zu machen. Die zweite Frage erweitert die Zweiwortfolge „Auf Tür" zu dem vollständigen Satz: „Die Fliege sitzt auf der Tür." Und sie erreicht das erwünschte Ziel: Rachel erweitert ihre vorherige Aussage um das Subjekt „Fliege". Die beiden letzten Fragen fordern Rachel zum eigenständigen Denken auf. Die Mutter fragt nach einem Vorschlag, den Rachel daraufhin auch macht. (An dieser Stelle sind Ja- oder Nein-Antworten sinnlos.) Danach greift die Mutter auf die Sinneswahrnehmungen zurück und fragt nach einer kurzen Beschreibung, die Rachel in zutreffender Weise liefert.

Lassen Sie uns eine weitere Übung machen. In folgendem Beispiel sagt Johannes Kavier anstatt Klavier; mit Jojo meint er sich selbst.

2. Übung (Johannes ist 18½ Monate alt)

Johannes: (deutet auf das Klavier) Will Kavier
Vater:
Johannes: Will Kavier spielen
Vater:
Johannes: Will Kavier spielen
Vater:
Johannes: Musik machen. Kaviermusik machen. (Nachdem er auf die Tastatur geschlagen hat) Kavier spricht

Vater:
Johannes: Lampe spricht
Vater:
Johannes: Teppich spricht nicht
Vater:
Johannes: Papa spricht, Jojo spricht
Vater:
Johannes: (mit lauter Stimme) Nicht Kavier hauen!
Vater:
Joahnnes: Mann hat repariert
Vater:
Johannes: (kopfschüttelnd) Nicht Kavier hauen!
Vater:
Johannes: Darf Kavier nicht hauen, geht kaputt
Vater:
Johannes: (kopfschüttelnd) Jojo kann nicht kaputtmachen

Der tatsächliche Dialog

Johannes: (deutet auf das Klavier) Will Kavier
Vater: Das ist ein Klavier. Willst du Klavier spielen?
Johannes: Will Kavier spielen
Vater: Warum willst du Klavier spielen?
Johannes: Will Kavier spielen
Vater: Warum? Willst du Musik machen?
Johannes: Musik machen, Kaviermusik machen. (Nachdem er auf die Tastatur geschlagen hat) Kavier spricht
Vater: Eigentlich nicht. Das Klavier macht Musik. Es kann nicht sprechen.
Johannes: Lampe spricht
Vater: Nein, die Lampe spricht auch nicht.
Johannes: Teppich spricht nicht

Vater: Das ist richtig, der Teppich kann auch nicht sprechen.
Johannes: Papa spricht, Jojo spricht
Vater: Du bist ein schlauer kleiner Kerl. Papa spricht und Jojo spricht. Menschen sprechen.
Johannes: (mit lauter Stimme) Nicht Kavier hauen!
Vater: Wer hat dir gesagt, das Klavier nicht zu hauen?
Johannes: Mann hat repariert
Vater: War es der Mann, der heute das Klavier repariert hat? Hat er dir gesagt, das Klavier nicht zu hauen?
Johannes: (kopfschuttelnd) Nicht Kavier hauen!
Vater: Warum darfst du das Klavier nicht hauen?
Johannes: Darf Kavier nicht hauen, geht kaputt
Vater: Schon richtig, aber so schnell wirst du es nicht kleinkriegen. Du kannst es nicht kaputtmachen.
Johannes: (kopfschüttelnd) Jojo kann nicht kaputtmachen

Die Nachfragen, Erweiterungen und Wiederholungen laden das Kind in diesem geglückten kleinen Dialog dazu ein, Gesprächspartner zu sein. Und es lohnt sich; Johannes verbindet die gegenwärtige Situation mit einer vergangenen, mit Bezeichnungen klassifiziert er die Gegenstände in seiner Umgebung – er unterscheidet zwischen Klavier, Lampe, Teppich, Menschen – und er verknüpft sie mit eigenen Erlebnissen. Die geschickten Fragen des Vaters bilden für das Kind ein Gerüst, an dem es zu höheren Sprachebenen aufsteigt.

4
Lies mit mir, sprich mit mir

Vielen Eltern liegt daran, daß ihr Kind gut lesen lernt, deshalb verwenden sie viel Zeit auf das Vorlesen. Im Verlaufe eines Tages bereitet kaum eine Zeit mehr Freude, als die vertraulichen Momente, wenn man es sich in einem Sessel, auf dem Boden oder im Bett bequem macht, ein Lieblingsbuch des Kindes zur Hand nimmt und sieht, wie seine Augen gebannt auf die Buchseiten schauen, während die vertraute Stimme des Vaters oder der Mutter den Zauber einer Geschichte verbreitet. Die Eltern genießen die Freude des kleinen aufmerksamen Wesens, das auf ihrem Schoß sitzt oder sich an sie schmiegt; ihr Kind genießt die Melodie ihrer Stimme, ganz von ihr und der Geschichte in den Bann gezogen, ganz versunken in die Abbildungen des Buchs.

Doch es geht bei all dem um viel mehr als um lautes Lesen; Sie teilen mit Ihrem Kind ein wundervolles Buch. Eines ist sicher, wir alle, ob Leser, ob Hörer, lieben das Leseerlebnis, und ich werde es auch nicht unter Wert handeln. Nur, versetzen Sie sich einmal in die Situation eines tatendurstigen Vorschulkindes, das vor Neugier und Energie schier platzen will, und stellen Sie sich vor, was eine typische Vorlesesituation bedeuten kann – stillsitzen (oder gerade nicht), still zuhören, still die Bilder anschauen – kurz, eine Enttäuschung.

Wie viele andere Eltern auch haben wir versucht, das Vorlesen als Beruhigungsmittel vor dem Schlafen – als berühmte Gute-

Nacht-Geschichte – einzusetzen. Aber unser Sohn Joseph wollte die Regeln einfach nicht einhalten. „Hör auf, so viele Fragen zu stellen und hör zu, dann wirst du schon erfahren, wie die Geschichte weitergeht!", „Bitte, Joseph, unterbrich doch nicht immer!" – ich weiß nicht, wie oft wir diese Worte gesagt haben, bis uns klar wurde, wie ungeeignet unsere „Regeln" wohl sein müssen. Josephs Augen wollten jeden Quadratzentimeter der Seite abtasten, seine Blicke sprangen hierhin und dorthin, von einer Ecke in die andere, von oben nach unten, vom Rand zur Mitte und zurück. Er versuchte, den Bildern Informationen zu entlocken, und die ein oder zwei Sätze unterhalb der Illustration befriedigten ihn nicht immer. Mit seinen Fragen tastete er sich zu Bewertungen vor, zu Bestätigungen, zu einem Urteil, das er auch von anderen geteilt wissen wollte – kurz, er tastete sich zu all dem vor, was unsere täglichen Gespräche bieten können.

Ich denke, Sie machen einen großen Fortschritt, wenn Sie die Vorlesestunde in eine aktive, dynamische, auf gegenseitigen Austausch bauende Übung verwandeln – die Fragen des Kindes sind dann keine Störfaktoren mehr, sondern wertvolle Anregung. Ohne weiteres können wir unterbrochene Sätze nochmals lesen, was unser Argument, den Zusammenhang zu verlieren, entkräftet. Die Fragen unseres Kindes zeigen uns, wie es sich mit Gedanken und

Wörtern beschäftigt; lesen wir ohne Unterbrechungen, können wir das gar nicht so gut wahrnehmen. Auch unsere Fragen zu einer Geschichte oder einer einzelnen Seite können Wörter mit Vorstellungen, Bilder mit Sätzen eingehender verbinden und die Fähigkeit zu kritischem Denken erweitern. Aber das Wichtigste ist, eine neue entspannte Gesprächsatmosphäre zu finden, um mit dem Kind zum gegenseitigen Vergnügen zu reden und seinen Gedankengängen zuzuhören.

Eltern als Leselehrer

Bevor wir überlegen, wie Sie mit Ihrem Sohn oder mit Ihrer Tochter ein Buch erkunden, lassen Sie mich eine wichtige Frage beantworten. Wie können Sie Ihrem Kind helfen, ein guter Leser, eine gute Leserin zu werden? Erwarten Sie nun keine Anweisung, wie Sie bei sich zu Hause eine Lesestunde abhalten sollen. Vielleicht biegt sich Ihr Bücherregal schon vor lauter Ratgebern, denen ich nicht noch einen hinzufügen brauche. Wann, wo, warum und wie man Lesen lehren solle, können Sie anderen Quellen entnehmen.

Allerdings will ich Ihnen sagen, was Sie bei der Vorbereitung zum Lesen mit Ihrem Jüngsten nicht tun sollten. Sie wissen bereits aus dem Anfangskapitel, was ich von Eltern halte, die zu richtigen Lehrern werden, und von durchstrukturierten Lernsituationen, in denen ein Kind sich nicht entfalten kann.

Meine Empfehlung wird Sie daher nicht überraschen. Erteilen Sie Ihrem Kind auf keinen Fall Leseunterricht! Nichts wird Sie und Ihr Kind unglücklicher machen, als vor Bildkarten mit den dazugehörigen Vokabeln zu sitzen, oder sich an den Lauten von Silbenkombinationen entlangzuhangeln, oder die einzelnen Buchstaben des Alphabets Revue passieren zu lassen. Oder möchten Sie einen einfallslosen Text traktieren und wirklichkeitsfremde Leseübungen ohne jeglichen Ausdruck, ohne Gespür für Sinn und Bedeutung anhören? Ihr Kind würde das Lesen bald hassen lernen. Und Sie kaum weniger.

Sie hören die Stimme eines Lehrers, eines Vaters und eines Autors, der Bücher darüber schreibt, wie man die Leseleistung verbessern kann: Lehren Sie Ihr Kind nicht lesen.

Trotzdem können Sie Ihr Kind sehr wirksam auf das Lesen vorbereiten. Und zu diesem Zweck möchte ich Ihnen Hilfestellungen geben. Es kann nicht Ihre Aufgabe sein, an einem Tisch zu sitzen und über Wörtern zu schwitzen. Wörter, die Spaß machen sollen, aber unter Anleitung allzu eifriger, wohlmeinender Eltern zu frustrierenden und quälenden Ungeheuern geraten.

Ich weiß, wieviel Ihnen daran liegt, daß Ihr Kind ein guter Leser wird; ich kenne auch Ihre Zweifel daran, ob die Schule wirklich alles für den Lernerfolg tun kann. Vielleicht haben Sie und ich dieselben finsteren Berichte gelesen. Eine Studie der „National Association of Educational Progress" fand 1984 heraus, daß viele Sechsjährige nicht in der Lage sind, kurzen Anleitungen zu folgen oder einfache Bilder zu beschreiben; selbst dann nicht, wenn sie bereits ausformulierte Sätze aus einer Liste heraussuchen und sie den entsprechenden Illustrationen zuordnen sollen. „Wenn den Kindern solch grundlegende Leseübungen mißlingen, dann droht ihnen auch später in der Schule der Mißerfolg", gibt der amerikanische Erziehungsminister William J. Bennett, zu verstehen. Ganze 40% können nicht einmal die Seiten, auf denen eine bestimmte Information zu finden ist, heraussuchen, weder können sie Gedanken miteinander verbinden, noch Aussagen verallgemeinern.

Angesichts derartig erschreckender Statistiken, die das Gespenst des Analphabetentums real erscheinen lassen, angesichts der Tatsache, daß Ihr Kind in immer noch überfüllten Klassen nur eins unter vielen ist, denken Sie mit Recht, daß es besser ist, etwas zu tun als gar nichts zu tun. Darin bin ich völlig Ihrer Meinung, nur geht es mir um die Qualität dieses Etwas. Ich weiß nicht, wie viele populäre Bücher mit dem Motto „Lehren Sie Ihr Kleinkind das Lesen" Sie bereits durchgeblättert haben, aber ich kann mit Sicherheit sagen, daß diese Bücher ausnahmslos eine komplizierte Lernaufgabe sträflich vereinfachen. Ich empfehle Ihnen, Ihren Kindern etwas zu geben, was niemand sonst ihnen geben kann: Geben Sie ihm regelmäßig die Möglichkeit, sich in Gesprächen einzuüben, damit bereiten Sie Ihr Kind auf das Lernen am besten vor. Es wird in der Schule wie ein Blitz lesen lernen. Ich hoffe, Sie werden nicht ungeduldig mit mir, wenn ich diesen Punkt immer wieder so stark betone.

Das soll nun nicht heißen, ein Kleinkind könne oder wolle vor der Einschulung nicht lesen. Sie wissen selber, wie neugierig Kinder sein können. Ob dem Vorschulkind wirklich ein entscheidender Vorteil aus seiner frühen Lesefertigkeit erwächst, hat die Forschung bisher nicht feststellen können. Einige Studien zeigen, daß bei Kindern von annähernd gleicher Intelligenz im selben Unterricht die jüngeren weniger Fortschritte machen als die älteren. Das scheint eher an dem Problem zu liegen, wie lange ein Kind einer Sache Aufmerksamkeit entgegenbringen kann. Jedenfalls führt erzwungenes Lernen zu emotionaler Ablehnung.

Zwei meiner Kinder konnten vor Schulbeginn lesen – sie lernten es freiwillig und ohne jegliche Unterweisung zu Hause. Selbstverständlich beantworteten wir ihnen sämtliche Fragen über das Lesen, als sie sich darin versuchten. Unser zweites Kind, Joseph, lernte im Rahmen eines geregelten Lernprogramms lesen. Aus allen sind tüchtige Leser geworden. Ich glaube nicht, daß diejenigen, die früher lesen lernen, einen entscheidenden Vorteil haben.

Was meiner Ansicht nach entscheidend zum Erfolg beiträgt, ist die Beständigkeit, mit der wir unser Kind in Alltagssituationen an die Sprache heranführen und ihm den Reichtum der Sprache in der jeweiligen Situation eröffnen. Zeigen wir ihm, wie Sprache einen großen Teil unseres Lebens einnimmt. Eine frühe Studie (1925) ergab, daß von mehr als 500 begabten Vorschulkindern, die bereits lesen gelernt haben, der Großteil lediglich über eine Starthilfe verfügte. Das bedeutet nichts anderes, als daß organisierte (formale) Leseprogramme im Vorschulalter für die späteren Leseleistungen in der Schule nicht ausschlaggebend sind.

Viele Eltern und leider auch viele Lehrer verstehen unter Leseunterricht, Kinder gedruckte Wörter lernen zu lassen, die bestimmte Objekte bezeichnen und deren Stelle einnehmen. Daher der geistlose Drill, allgegenwärtige Worttafeln und Bilderkarten zu entziffern. Dabei bleibt der gewünschte Erfolg oft aus; denn obwohl ein Kind das Wort richtig lesen kann, vermag es damit noch nicht, das Wort richtig anzuwenden. Es braucht noch Hilfe, die Wortbedeutung zu erkennen und sie in einen sinnvollen Satzzusammenhang zu bringen, so Professor Anderson, Direktor des „Center of the Study of Reading" (Zentrum für Leseforschung).

Das Wort ist erst dann ein sinnvolles Sprachzeichen, wenn die Laut- oder Buchstabenfolge und der Sachverhalt (die außersprachliche Wirklichkeit) miteinander verbunden werden; diese Verbindung kommt durch die Bedeutung zustande. Ein sprachliches Zeichen ist mehr als eine Laut- oder Buchstabenfolge, es ist Sprachkörper und Bedeutung; erst so kann es auf Gegenstände und Sachverhalte, auf Gedanken und Phantasien verweisen. Es ist Aufgabe der Eltern, ihre Kinder durch alltägliche Gespräche den Zusammenhang von Wort, Bedeutung und Weltwissen erkennen zu lassen.

Vielleicht haben Sie Steven Spielbergs Verfilmung von Alice Walkers Roman „Die

Farbe Lila" gesehen. Darin kommen Leseszenen vor, in der die Heldin wie nach einer plötzlichen Eingebung lesen kann. Jeder Gegenstand in ihrer Umgebung wird mit einem kleinen Etikett versehen – Fenster, Stühle, Arme, Beine, Tische, Wolken, Regen, einfach alles! Als ich diese Filmszene sah, seufzte ich mißmutig auf. Ich weiß nicht, wie vielen Eltern ich schon bei dieser unsinnigen Etikettierung der Wirklichkeit zuschauen mußte. Mir schaudert bei dem Gedanken, wie viele sich die Erfahrung der Heldin wohl erneut zum Vorbild nehmen werden, weil sie meinen, so müßte Lesen gelernt werden.

Was ist aber so falsch an der Methode, mit Wortkarten lesen zu lernen? Zwar führt sie zu keinen längerfristigen Schädigungen, doch es reicht eben nicht, vereinzelte, aus dem Zusammenhang gerissene Wörter zu entziffern. Es kommt darauf an, die sprachliche Bedeutung eines Worts und die Möglichkeiten, die es bietet, kennenzulernen. Dies habe ich oben erläutert.

Mir fällt es überhaupt nicht schwer, die Gedanken zu verstehen, die zu dieser visuellen Wortlehrmethode führen. Indem wir unentwegt die Dinge mit einem Wort benennen, wollen wir unserem Kind helfen, allmählich die verschiedenen Vorstellungen auseinanderzuhalten. Sobald unser Kind auf einen Gegenstand zeigt oder ihn hochhält, sagen wir „Schuh", „Puppe" oder „Mütze". Wir denken also, um Erfahrung und Sprache miteinander zu verbinden, sei es sicher nützlich, das Wort zu hören. Ebenso nützlich sei es, wenn das Kind eine grafische Darstellung mit dem Ding verbindet, wofür das Wort steht. Wir meinen, auf diese Weise ein wichtiges Konzept, nämlich die Repräsentation durch Zeichen, zu verdeutlichen: Objekte werden durch Wörter und Zeichen symbolisiert.

Aber bevor Sie sich auf diese Vorgehensweise einlassen, sollten Sie einen Blick auf einige Ergebnisse der Leseforschung werfen. Daraus geht nämlich hervor, daß Worttafeln zwar nützlich sind, aber nicht viel zur Lesefähigkeit beitragen. Die Zeit, die Sie mit Ihrem Kind verbringen, ist zu kostbar, als daß Sie mit solchen nicht gerade anregenden Methoden angefüllt werden müßte. Rudolph Flesch, der Autor des provokativen Buchs „Why Jonny Can't Read" (Warum Fritzchen nicht lesen kann), geht sogar noch weiter. Er ist davon überzeugt, daß die Methode, mit Worttafeln lesen zu lernen, genau ins Gegenteil umschlagen kann. In dieser Unterrichtsmethode sieht er eine Hauptursache für den Verfall der allgemeinen Lesefähigkeit, weil sie zu sehr auf das Sehen, auf das Schriftbild fixiert ist und Wörter daher erst dann in den Wortschatz aufgenommen werden, wenn sie schriftlich wahrgenommen wurden.

Ein zweiter, noch stärkerer Einwand betrifft den Gedanken, der hinter einer solchen Methode steht. Es wird nämlich angenommen, das Wesentliche im Lesen sei, ein gedrucktes oder geschriebenes Wort, die Repräsentation, mit dem bezeichneten Gegenstand gleichzusetzen. Und diese Annahme ist falsch. Denn ein sprachliches Zeichen zu lesen heißt, Buchstabe und Bedeutung zu lesen. Die Bedeutung ergibt sich aber erst aus dem Zusammenhang mehrerer Wörter, Sätze und Abschnitte. Lesen ist ein anderer Vorgang als einfach die Bedeutungen einzelner, voneinander unabhängiger Wörter zu addieren – Lesen heißt im Wesentlichen: Verstehen. Anerkannte Wissenschaftler wie Nancy E. Taylor von der „Catholic University of America" verwerfen unsere traditionelle Methode, mit Worttafeln Gegenstände zu etikettieren, als vergebliche Liebesmühe. An diesen „unfunktionalen grafischen Repräsentationen", wie Taylor sagt, haben Kinder kaum Interesse. Das geschriebene Wort „Fenster" über dem entsprechenden Gegenstand ist sinnlos: Das Kind kann ihm keine wertvolle Information entnehmen, die sein Wissen bereichert.

Zur Verdeutlichung ziehe ich einen Vergleich heran. Denken Sie an den menschlichen Organismus. Auch wenn Herz, Leber, Lunge, Gehirn je eine Einheit für sich bilden, ist unser Wesen in Wirklichkcit mehr als die Summe unserer einzelnen Teile. Kein Rechenkalkül mit Stücken und Einzelteilen bietet uns Einblick in unsere komplizierte Natur. Wir sind durch das Zusammenspiel von Zellen und Organen sowie von unzähligen Kräften bestimmt, die dem Blick verborgen bleiben, von Geist, Seele, Gefühl, Hoffnung, Willen. All das macht das menschliche Wesen aus.

Und ebenso sind auch bedruckte Buchseiten mehr als die Summe ihrer Teile. Wörter haben eine Bedeutung, weil sie mit anderen Wörtern in Zusammenhang stehen. Sätze und Abschnitte beinhalten Vorstellungen und Gedanken, die immer mehr aussagen als die einzelnen Wörter, aus denen sie bestehen. Man versteht ein Wort, einen Text nur im Kontext.

Wissenschaftler beobachten, wie Kinder oft selbst Wörter erfinden und sie an die Stelle der vorgefundenen setzen, um eine Bedeutung zu bilden. In gewisser Weise erschaffen sie sich ihren eigenen Text und nehmen Bücher als Ausgangspunkt für ihre Kreationen. Die Bedeutung, die ein Kind einem Buch entnimmt, hat mit seinen emotionalen, sprachlichen, psychischen Erfahrungen ebensoviel zu tun wie mit der Absicht des Autors.

Auf Fenster und Stühle geheftete Etiketten können Kindern Wörter zeigen, keinesfalls jedoch die Bedeutung von Texten. Nebenbei bemerkt: Ich meine, daß Kinder in unserer Welt voller Zeichen genug Unterweisung bekommen, gedruckte Wörter mit Gegenständen zu verbinden. Falls wir nichts weiter vermitteln wollen, als daß gedruckte Repräsentationen für Objekte stehen, vertun wir nur unsere Zeit, denn unsere Kinder lernen es, bevor wir es ihnen beibringen. Ihr kleincr Junge weiß, daß zwei gelbe Bögen McDonald's signalisieren, daß eine weiße geschwungene Schrift auf rotem Grund Coca Cola heißt, daß STOP auf ei-

nem sechseckigen rot-weißen Schild bedeutet, stehen zu bleiben.

Obwohl diese Zeichen nicht im Zusammenhang mit anderen Wörtern auftauchen, werden sie in einem nichtsprachlichen Zusammenhang wahrgenommen. Wenn Sie die Buchstaben c-o-c-a-c-o-l-a auf irgendein beliebiges Stück Papier schreiben, wird Ihr Kind nicht die leiseste Ahnung haben, was sie bedeuten, obwohl es dieselben Buchstaben auf dem typischen Untergrund wiedererkennen kann. Genau das ist der Punkt. Der typische Schriftzug, die geschwungenen Linien des Untergrunds sind Merkmale, die mit dem Wort in Zusammenhang gebracht werden und zum Wiedererkennen beitragen.

Sind die Wörter aus dem vertrauten visuellen Zusammenhang herausgenommen und absichtlich durch andere Wörter ersetzt worden, lesen die Kinder sie falsch; das ergab eine Studie aus dem Jahre 1980. Druckt man das Wort STOP auf das McDonald's Zeichen, liest ein Kind anstatt „STOP" „McDonald's". Dieser Sachverhalt untermauert die Empfehlung, die Aufmerksamkeit des Kindes auf Texte zu lenken. Lassen Sie Ihr Kind die grafischen Merkmale von Wörtern wahrnehmen, weil Ihr Kind dann nach und nach einen Begriff davon bekommt, daß sowohl die Wörter als auch die begleitenden Bilder Bedeutungen tragen. Behalten Sie dabei im Blick, daß Wörter, wie Ihr Kind sie später in Sätzen antreffen wird, neuartige, unbildliche Repräsentationen sind.

Sie können entscheidend zur Lesefähigkeit Ihres Kindes beitragen, indem Sie ihm zeigen, daß Wörter Bedeutungsträger sind. Denn es gehört zur Lese- und Schreibfähigkeit, eine Bedeutung unabhängig vom visuellen Zusammenhang im Kontext anderer Wörter, Sätze und Abschnitte zu erkennen. Das Wort Bäckerei muß auch ohne die Brezeln auf der Brottüte, ohne den verführerischen Geruch gelesen werden; es muß auch dann erkannt werden, wenn es zwischen anderen Wörtern steht. Ein Kind muß erst eine Vorstellung davon gewinnen, daß Texte die Funktion haben, Bedeutungen zu vermitteln. Diese Funktion ist für Kinder keinesfalls offensichtlich, Erwachsene müssen sie deutlich machen. Die maßgebliche Verbindung schaffen Sie nicht, indem Sie Wörter und Gegenstände zusammenbringen, sondern indem Sie die Aufmerksamkeit auf die Wörter lenken und deren Bedeutung herausstellen. Das tun Sie, wenn Sie über Wörter reden und über das, was sie bedeuten. Dann sind Sie genau der Leselehrer, den Ihr Kind braucht.

Noch etwas spricht gegen ein Leseprogramm für zu Hause. Wollten Sie tatsächlich versuchen, Ihr Kind in die Lehre von den Lauten einzuführen, müßten Sie das, was Sie selbst instinktiv richtig machen, erst selbst mit viel Zeitaufwand lernen, Sie müßten es in eine Abfolge einzelner Schritte untergliedern.

Es ist wahrhaftig keine leichte Aufgabe, einem Kind das Lesen beizubringen und seine Sache gut zu machen. Viele Förderprogramme für zu Hause bestehen meist aus Anleitungen zur formalen Unterweisung von Vorschulkindern. Ein Wissenschaftler ist sogar auf ein Programm gestoßen, in dem Eltern mit ihren Kindern täglich 37 verschiedene Übungsaktivitäten durchführen sollten! Stellen Sie sich nur vor, 37 durchstrukturierte Aufgaben in Ihren ohnehin schon vollen Tag hineinzuzwängen! Interessanterweise fand Nancy Taylor, die dazu eine Untersuchung durchführte, keinen Beweis für einen besonderen Lernerfolg. Was folgerte sie daraus? Etwas, das uns schon bekannt erscheint: Es liegt am Familienleben - der Erwerb der Lese- und Schreibfähigkeit ist Teil des sozialen Miteinanders innerhalb der Familie und „keine speziell einzurichtende Abfolge von Unterrichtssituationen, die Eltern ihrem Tagesplan hinzufügen müssen, um ihren Kindern das Lesen beizubringen".

Sie wissen, daß die Lehrer Ihres Kindes nicht perfekt sind. Aber überlegen Sie, ob Sie selbst die Kompetenz und die Begabung haben, das zu erreichen, wonach viele erfahrene Erzieher ihr ganzes Leben lang streben und was sie mit unterschiedlichem Erfolg nur nach beachtlicher Ausbildung erreichen?

Verstehen Sie mich bitte nicht falsch. Förderprogramme für zu Hause sind nicht von Natur aus schlecht. Dieses Buch ist tatsächlich ebenfalls eines, aber es wurde geschrieben, damit Sie sich durch regelmäßige Gespräche eingehend mit Ihrem Kind befassen können.

Vertun Sie nicht Ihre kostbare Zeit mit Rezeptbüchern, mit denen Sie Ihr Kind in den Grundlagen des Lesens unterweisen - es sei denn, Sie wollen als Lehrer Karriere machen. Und selbst dann würde ich Ihnen empfehlen, sich auf andere sprachformende Übungen zu konzentrieren und dem Lehrer seine Arbeit überlassen.

Welche Fähigkeiten können Sie fördern? Es sind die grundlegenden sprachlichen Fähigkeiten, die Fähigkeit für zwischenmenschlichen Austausch, die alltägliche Sprechfähigkeit und Gesprächsbereitschaft. Niemand außer Ihnen kann ein Kind dazu erziehen. Sie können sicher sein, daß die Lehrerinnen ihr Bestes tun, um Ihrem Kind das Lesen beizubringen. Aber Sie können die Menschen an einer Hand abzählen, die sich darum bemühen, daß Ihr Kind seine Sprache auch wirklich beherrscht. Leider ist dies so, denn die sprachliche Kompetenz ist die wirkungsvollste Vorbereitung auf das Lesen.

Was können Sie tun, um Ihr Kind auf das Lesen im Schulunterricht vorzubereiten? Der einzig wirklich wichtige Beitrag, so belegen die zahlreichen Untersuchungen, ist die Schaffung eines positiven Umfelds in der Familie. In einem solchen Umfeld können wir eine Reihe von Merkmalen finden, die für die Lesekompetenz wichtig sind. „In allen Formen des Spracherwerbs ist die kommunikative Interaktion, der Austausch im Gespräch, der ausschlaggebende Faktor", schreibt Professor Taylor.

Esther Milner hat bei Grundschulkindern den Zusammenhang zwischen ihrer Lesefertigkeit und den Interaktionsmustern in den Familien untersucht. Dabei ergab sich, daß die Kinder beim Lesen am besten abschneiden, die in ihrer Familie viele sprachliche Anregungen bekommen und oft in Gespräche verwickelt werden.

Lassen Sie uns gemeinsam einige Merkmale der Umgebung betrachten, die Ihr Kind auf das Lesen vorbereitet und seine Lernfähigkeit garantiert steigert.

1. *Eine Umgebung, in der es mit Texten konfrontiert ist.* Kinder, die frühzeitig lesen lernen, haben zu Hause leicht Zugang zu einer ganzen Bandbreite von Gedrucktem. Dazu gehören Kinderbücher, Alphabetbücher, illustrierte Bücher, Taschenbücher und Zeitschriften wie auch weniger offensichtliche Quellen wie Programmzeitschriften und Reklame, Kochbücher, Zeitungen und Telefonbücher, ebenso die Standardausstattung an Dosen, Tüten und Gläsern im Küchenregal sowie Fläschchen und Dosen im Badezimmer.

Ein Schlüsselelement für die spätere Lesefähigkeit ist es, daß das Kind über den Einsatz und die Nutzung von Texten Bescheid weiß und den praktischen Umgang mit Büchern kennt: wie man Bücher aufschlägt, daß man die Seiten von der rechten Seite auf die linke umblättert und die Buchstaben von links nach rechts liest; zu wissen, daß die weißen Lücken die Wörter voneinander abgrenzen und einzelne Wörter inmitten anderer Wörter zu erkennen. Auch die Kenntnis der Begriffe „Wort", „Laut" und „Buchstabe" ist hilfreich. Glauben Sie nicht, das alles sei noch zu abstrakt für Ihr Kind. Obwohl ein Buchstabe kein Ding ist wie ein Stuhl oder eine Puppe, kann Ihr Kind mit der Abstraktheit der Sprache umgehen. Die Wissenschaft hat gezeigt, daß schon

kleine Kinder, so unterschiedlich sie sich auch entwickeln mögen, diese Konzepte erfassen können.

2. *Eine Familie, in der Lesen zum Leben gehört.* Es reicht nicht, Ihr Kind mit Texten zu sättigen. Sie sollten die Texte vor den Augen Ihres Kindes auch gebrauchen. Ihr Kind soll erfahren, daß Lesen eine dynamische Tätigkeit ist und Menschen sie in ihr tägliches Leben einbeziehen.

Selbstverständlich spielt das Vorlesen eine bedeutende Rolle, aber es ist weder der einzige noch der einfachste Weg, Ihrem Kind zu zeigen, daß Texte eine Bedeutung tragen. Eine Müslitüte, eine Orangensaftflasche, ein Verbandskasten oder ein Rezept auf der Verpackung geben Ihrem Kind unschätzbare Gelegenheiten, bei denen gelesen wird. Sprechen Sie über solche Etiketten, lesen Sie die Aufschrift vor, und erklären Sie die darin enthaltene Information. Sie werden sehen, wie Ihr Kind die Produkte kennt, lange bevor es einen durchgehenden Text lesen kann. So bringen Sie Ihrem Kind etwas ganz Entscheidendes bei; Sie zeigen, daß Wörter mit einer Bedeutung verbunden sind. Wir brauchen Texte, um Gedanken und Vorstellungen zu repräsentieren; wir lesen sie, um daraus Informationen zu gewinnen.

Lassen Sie mich auf die Bedeutung von informellen Lernsituationen zurückkommen, die so viel wertvoller sind als alle formalen Lehrversuche zu Hause. Die Wissenschaft hebt immer wieder hervor, daß gerade die informellen Erfahrungen den unmittelbaren Zugang zum Charakter von Texten ermöglichen. M. M. Clark zeigt in seinem Buch „Young Fluent Readers" (Fließend lesen in jungen Jahren), daß beiläufig gewonnene Erfahrungen mehr bewirken als systematisch hervorgerufene. In einer materialreichen Studie fand er heraus, daß Kinder ihr Vorwissen ausschließlich in informellen Alltagssituationen gelernt haben. Der informelle

Umgang mit Texten entwickelt sich ganz natürlich, weil er als eine neben anderen Aktivitäten – beispielsweise Schilder und Plakate lesen oder Namen schreiben – in das Sozialgefüge, in dem das Kind aufwächst, miteinbezogen ist.

Professor Frank Smith, einer der bedeutendsten amerikanischen Wissenschaftler auf dem Gebiet des Leseunterrichts, betont, daß die Gestaltung des „Umfelds von Texten" ein wesentliches Mittel ist, mit dem Kinder die Funktionen von geschriebener Sprache verstehen lernen. Für ihn gibt es nur einen einzigen Weg, wie man Kindern verdeutlichen kann, daß Texte eine Bedeutung tragen. Der Erwachsene sollte Kindern vorlesen oder sie beobachten lassen, wie er selbst auf Texte reagiert. Smith meint noch etwas anderes, als Bücher und Geschichten vorzulesen. Er meint Situationen, in denen einem Kind gesagt wird: „Dieses Zeichen heißt „Stop", „Jenes Wort heißt „Junge"", „Das ist Erdbeermarmelade" oder „Da ist der Bus zum Bahnhof". Weiter sagt er: „Reklame im Fernsehen kann das gleiche tun – sie verkündet nicht nur Namen, einzigartige Eigenschaften und Besonderheiten des Produkts in Wort und Schrift, sondern stellt auch noch vor, was man damit macht."

Damit will ich den Wert des Vorlesens keinesfalls in Frage stellen. Untersuchungen ergaben, daß Eltern, die ihren Kindern regelmäßig vorlesen, dadurch den Spracherwerb als Teil der gesamten Entwicklung erleichtern. Durch das Vorlesen lernen die Kinder etwas über die Besonderheiten der geschriebenen Sprache, ihre Strukturen, ihren Rhythmus, Satzmuster und Konventionen. Aber ich wollte Sie auf die vielen anderen Zusammenhänge aufmerksam machen, auf den Kontext der nichtsprachlichen Umgebung, in dem uns Wörter ins Auge springen.

Lesen Sie Ihren Kindern Verpackungsaufschriften vor. Dies ist nur ein Akt im Stück „Wir leben mit Schrift", das zu Hause aufgeführt werden kann. Mütter und Väter sollten auch selber lesen. Gehören Sie zu den Menschen, die sich am liebsten mit dem Lesen beschäftigen, so kann sich Ihr Kind glücklich schätzen. Denn Sie werden keine Schwierigkeiten haben, ihm Ihre Freude am Lesen zu vermitteln. Aber achten Sie auch darauf, daß Ihr Kind Sie lesen sieht. Es spielt keine Rolle, was Sie lesen – eine Modezeitschrift, eine Zeitschrift über Politik oder Wirtschaft oder eine Zeitung, einen Brief, einen Roman oder ein Rezept. Anstatt auf die Zeit vor dem Schlafen zu warten, wenn Sie sich zurückziehen und sich in eine Lektüre vertiefen können, sollten Sie sich schon vor dem Abendessen zehn oder 15 Minuten lang Zeit zum Lesen lassen, damit Ihre Jüngsten Ihnen dabei zuschauen können. Vielleicht gesellt sich Ihr Kind mit einem Buch dazu. Sprechen Sie über das, was Sie gerade lesen. Sie selbst sind ihm ein Vorbild im Lesen, das er nachahmen soll. Ihr Kind wird Ihnen ansehen, daß Lesen ein Vergnügen ist, daß gedruckte Wörter Gedanken mitteilen und daß Bücher in Ihrem Leben wichtig sind.

3. *Eltern, die die Abenteuer ihres Kindes mit Texten ergänzen.* Im eigentlichen Sinn rede ich hier über die Qualität der Interaktion zwischen Eltern und Kind, wenn sie über eine mit Wörtern und Bildern bedruckte Seite sprechen. Aber ich muß hier etwas ausholen, weil wir über diesen Punkt auf dem Weg zur Könnerschaft im Lesen so viel wissen. Nancy Taylor warnt uns: „Daß Gedrucktes eine Bedeutung trägt, hängt nicht vom Zufall ab, sondern von der Interaktion mit Erwachsenen."

Zwei Faktoren greifen hier ineinander. Der erste ist die Geschicklichkeit, dem angehenden Leser die richtigen Arten von Erfahrungen und Informationen zu bieten. Der zweite ist die Geschicklichkeit, das Niveau der Interessen und Fähigkeiten Ihres Kindes zu erkennen. Beides beeinflußt das Lesen von Texten. Je mehr es Ihnen gelingt, die bereits erreichten und noch möglichen Fähigkeiten Ihres Kindes ausfindig zu machen, desto besser wird es lesen und schreiben lernen.

Es erfordert einige Aufmerksamkeit, das Gefälle zwischen der tatsächlichen Fertigkeit und dem aktuellen Stand herauszufinden. Wygotski nennt es „die Zone der nächsten Entwicklung". Falls sich Ihr Kind noch nicht für Texte interessiert, entspricht dieses Ansinnen vielleicht noch nicht seinem Entwicklungsstand. An dieser Stelle stehen wir wieder vor einem heiklen Problem. Denn die Art, wie Kinder sich in diesen Situationen „Eltern, Buch, Kind" verhalten, beeinflußt wiederum das Verhalten der Eltern gegenüber ihrem Kind. Mit anderen Worten, Eltern könnten auf das Lesen keine Mühe mehr verwenden wollen, falls sich das Kind allem Anschein nach nicht dafür interessiert.

Aber wie soll man „Interesse" definieren? Die Gefahr liegt nahe, das Desinteresse an einer bestimmten Form von Texten gleich auf jeglichen Umgang mit Texten zu übertragen und das Thema erst einmal abzuhaken. Vielleicht ist Ihr Kind noch nicht reif für das, was Sie ihm zeigen wollen. Vielleicht kann etwas anderes sein Interesse besser wecken. Vielleicht bietet sich zu einem anderen Zeitpunkt eine günstigere Gelegenheit. Lassen Sie vor allem nicht zu, daß unrealistische Erwartungen das Verhältnis zu Ihrem Kind belasten.

Eltern, die Texte zu Abenteuererlebnissen der Kinder werden lassen, sind auch Eltern, die konsequent auf die Fragen ihres Kindes antworten. Kleine Leser verlangen ständig nach mehr Information über die wahrgenommenen Texte; Untersuchungen zeigen, daß die Bereitschaft der Eltern, auf Fragen zu antworten, entscheidend zu frühen Leseerfolgen bei-

trägt. Wahrscheinlich brauche ich Ihnen nicht zu sagen, daß Kinder Erwachsene mit Fragen über den Inhalt der Seiten geradezu bestürmen können. Es ist sicher nicht immer leicht, offen für diese Fragen zu sein und sie immer erschöpfend zu beantworten; aber sie sind für erfolgreiches Lernen unentbehrlich.

4. *Papier und Stifte sollten leicht zugänglich sein.* Kinder machen gern Schriftzeichen nach. Kinder, die Gelegenheit hatten zu kritzeln, zu zeichnen und zu schreiben, lernen früher lesen. Wissenschaftler sehen hier einen ursächlichen Zusammenhang. Vorschulkinder entwickeln ihr Interesse am Lesen und Schreiben oft aus ihrem Drang heraus, Erwachsene nachzuahmen. Professor William Teale von der La Trobe Universität in Viktoria (Australien) spricht sogar vom „Papier-und-Bleistift-Faktor"; er versichert, daß erste Erfahrungen im Umgang mit Stift und Papier das Lesenlernen unterstützen.

Sie können verschiedenes Schreibwerkzeug ja ohne großen Aufwand bereithalten. Wir haben beispielsweise eine Schublade mit Stiften und Papier aller Art – weißes Papier und getöntes, liniertes und unliniertes, verschiedene Formate, Karteikarten, Etiketten zum Aufkleben, Briefpapier und Notizblöcke, auch Papierservietten – einfache Bleistifte, wasserlösliche Filzstifte, harte und weiche Zeichenstifte, Buntstifte und Kugelschreiber. Die Kinder können jederzeit an die Schublade gehen, um etwas schriftlich festzuhalten. Außerdem hat jedes Kind seine kleine Tafel und Kreide. Spät abends hinterlassen wir darauf kleine Mitteilungen und schauen am nächsten Morgen neugierig nach der Antwort. Sicher finden Kinder auch an Schreibmaschine, Stempelset und Stempelkissen Gefallen. Und je mehr Sie über die Kritzeleien und die Zeichnungen und kleinen Briefe Ihrer Kinder reden, desto mehr fördern Sie die Lesefähigkeit.

Wie Sie sehen, sind meine Tips durchaus

realisierbar. Und sie liegen innerhalb der Möglichkeiten aufgeschlossener Eltern. Entscheidend ist die Qualität ihrer Anregungen. Und in der Zeit, die Sie sich im Verlauf des Tages für Ihr Kind freihalten, ist viel erreichbar. Natürlich wäre es besser, daß Sie noch mehr Stunden, noch mehr Minuten mit Ihrem Kleinkind verbringen und dadurch die Zeit reduzieren, die es im Kindergarten oder in der Obhut eines Babysitters verbringt. Aber Sie selbst haben ja auch eigene Bedürfnisse zu befriedigen, was solche Bedingungen verhindert. Doch Sie werden schon, daß Sie die vorgesehene Zeit produktiver einsetzen können, wenn Sie mehr Aufmerksamkeit darauf verwenden.

Das waren die wesentlichen Punkte, wie Sie Ihr Kind auf das Lesen vorbereiten können. Die Zusammenfassung überlasse ich Margaret Meek vom Londoner Institut für Erziehung: „Das, was einen erfolgreichen Anfänger ausmacht, ist weder ein gelehrtes Elternhaus noch die Abstammung aus einer Mittelschichtfamilie ... noch eine hohe Intelligenz, scharfe Augen, gutes Gehör, Rechtshändigkeit, nicht einmal ein ausgesprochen umfangreiches Vokabular. Ausschlaggebend ist allein die Unterstützung eines Erwachsenen, der dem Kind zeigt, was ein Buch ist und wie man schreibt, der ihm hilft, das Lesen zu entdecken und der auch Erwartungen an das Kind stellt.“

Zusammen lesen, zusammen reden

Die Sprache von Eltern enthält immer bestimmte Muster, ganz gleich ob sie dem Kind ein Buch vorlesen oder ob sie mit ihm zusammen die Bilder anschauen. Worüber sprechen Sie, wenn Sie mit einem kleinen Kind über ein Buch reden? Ich möchte Ihnen hier einige Empfehlungen geben, aus denen Sie, je nach Alter und Fähigkeiten Ihres Kindes auswählen sollten.

Als Beispiel ziehe ich das Buch „The Marvelous Mud Washing Machine" von Patty Wolcott heran („Die wunderbare Schlamm-Waschmaschine", dieses Buch ist im deutschen Sprachraum nicht erhältlich, dies ist aber für das Verständnis des Folgenden nicht wesentlich, Anm. d. Ü.). In einfachen Sätzen, Wiederholungen und mit witzigen, aber realistischen Zeichnungen erzählt das Buch die Geschichte eines Jungen, der sich über und über schmutzig gemacht hat und erst in einer fantastischen Waschanlage glücklich sauber wird. Diese Maschine ähnelt einer Autowaschanlage. Der Junge sitzt in einem grünen Wagen, der automatisch auf einer Spur fährt; Wasser spritzt ihm entgegen und Seifenblasen hüllen ihn ein, überdimensionale Bürsten schrubben ihn ab, und Shampoo aus einer riesigen Flasche schäumt seine Haare ein; noch mehr Wasser spült ihn ab, und ein elektrischer Trockner vollendet schließlich das Werk – ein wahres Vergnügen für Kinder. Was könnte lustiger sein, als selber in einer Autowaschanlage abgeschrubbt zu werden?

Es gibt ganz allgemein drei Ansatzpunkte für das Gespräch mit einem Kind über ein Buch: vor dem Lesen, während des Lesens und nach dem Lesen. (In Kapitel 9 finden Sie eine Zusammenstellung von beliebten Büchern für Vorschul- und Grundschulkinder sowie einige Gesprächsvorschläge.)

Vor dem Lesen
Sie können mit Ihrem Kind über den Inhalt eines Buches reden, bevor es dies gelesen hat; so vermeiden Sie, daß Ihr Kind das Interesse verliert, daß es verwirrt oder abgelenkt wird. Sie sollten jedes Buch, das Ihr Kind lesen möchte, im voraus selbst lesen. Haben Sie keine Zeit, sich ausführlich damit zu beschäftigen, dann lesen Sie zumindest die ersten und die letzten Seiten, überfliegen Sie den Rest und achten Sie auf Besonderheiten im Text und in der Sprache, so daß Sie einen ungefähren Einblick in das Buch gewinnen. Nicht jedes Buch, das un-

ter der Rubrik Kinderbuch rangiert, muß sich allein deswegen auch für Ihr Kind eignen. Es gibt eine Menge Plunder darunter; zu langatmige Bücher, zu komplizierte Bücher, allzu realistische Bücher und solche, die zu traurig oder zu abwegig sind. Folgende Punkte können Ihnen bei den Gesprächen eine Hilfe sein:

- Reden Sie über den Titel und das Titelbild. Die Texte und Illustrationen auf dem Umschlag bieten einen guten Einstieg in ein neues Buch. Beispielsweise könnten Sie fragen: „Was macht der kleine Junge, den du auf dem Umschlag siehst? Warum sieht er so fröhlich aus? Warum ist die Maschine wohl wunderbar?" Vergessen Sie auch nicht, den Autor oder die Autorin zu nennen, damit Ihr Kind sieht, daß Bücher von Menschen geschrieben werden.
- Sprechen Sie über die Konzepte und Charaktere aus dem Buch und verbinden Sie diese mit den Erfahrungen, die Ihr Kind bereits gemacht hat. „Der Junge in diesem Buch hat sich ziemlich schmutzig gemacht. Warst du auch schon einmal so schmutzig? Und wie haben wir dich wieder sauberbekommen? In diesem Buch wird der Junge auf sehr ungewöhnliche Weise gewaschen. Wie würde der sich denn zu Hause sauberbekommen?" Mit solchen oder ähnlichen Fragen öffnen Sie den Vorhang für aufmerksames Lesen. Sie helfen dem Kind, seinen Blick auf wichtige Einzelheiten zu konzentrieren.
- Ermutigen Sie Ihr Kind, neue Wörter und Begriffe zu lernen. Sie sollten auf Sprache und Vorstellungen gleichermaßen achten. Taucht ein wichtiges Wort auf, dessen Bedeutung Ihr Kind vielleicht stutzen läßt? In Wolcotts Buch wäscht zwar angeblich eine Waschmaschine den Schmutz von dem kleinen Jungen ab, aber Ihr Kind stellt sich unter Waschmaschine normalerweise etwas anderes vor und würde die Maschine aus der Geschichte nicht mit

diesem Begriff in Zusammenhang bringen. Wolcotts Maschine ist eher eine Autowaschanlage. Fragen über Wörter lassen Ihr Kind aufhorchen und bereiten es vor, aufmerksam zu lesen. Sie könnten einwerfen: „Dieses Wort bedeutet Waschmaschine. Du kennst doch die Waschmaschine, die wir unten im Keller haben? Was für eine Maschine ist denn eine Schlamm-Waschmaschine? Wozu kann man sie gebrauchen? Du wirst staunen, was in dieser Geschichte steht!"
- Ermutigen Sie Ihr Kind, Fragen zu stellen. Möglicherweise platzt Ihr Kind vor Neugierde und möchte am liebsten alle Fragen auf einmal behandelt wissen. In einigen Fällen sollten Sie eine Frage direkt beantworten, in anderen hingegen antworten: „Laß uns die Geschichte lesen, dann werden wir es zusammen herausfinden."

Während des Lesens

Während des Lesens sollte es Ihre Absicht sein, einen Austausch zwischen Ihrem Kind, seinen Gedanken und Vorstellungen einerseits und den Wörtern und Bildern im Buch andererseits zu ermöglichen.

- Lesen Sie die Worte auf einer Buchseite und lenken Sie die Aufmerksamkeit auf deren Bedeutung. Der Text in „Die wunderbare Schlamm-Waschmaschine" ist sehr einfach – es gibt nur zehn Wörter; beispielsweise wird ein Satz oben auf jeder Seite wiederholt: „Waschen, waschen, waschen, wasch." Sie können auf jedes Wort zeigen und Ihrem Kind ganz genau sagen, was es bedeutet. Ein älteres Kind kann daran Freude haben, das Wort „wasch" innerhalb der anderen Wörter herauszusuchen. Sie können auch auf einer Seite Wörter finden, die nicht unbedingt zum Textteil des Autors, sondern zu den Illustrationen gehören. So sehen Sie auf einer Seite in Wolcotts Buch das Wort EIN als Leuchtsignal dafür, daß die

Waschmaschine läuft; auf einem Gerüst mit einer ungeheuren Bürste erscheint das Wort SEIFE. Versäumen Sie nicht, sich mit Ihrem Kind diese Wörter genauer anzusehen.

- Reden Sie über die Illustrationen auf der Seite. Sehr oft erzählen die Illustrationen eine Geschichte für sich. Sie unterstützen meistens die Geschichte im Text, die der Autor geschrieben hat, können aber ebensogut über den Hauptstrang der Geschichte hinausreichen. In unserem Beispiel tragen die Bilder die Geschichte. Lassen Sie die Bilder aus, verpassen Sie viel von dem Vergnügen – und viel Information. Auf einer Seite ist beispielsweise zu sehen, wie eine Mutter einen kleinen Jungen, der sich von Kopf bis Fuß schmutzig gemacht hat, unter dem Gartenschlauch abspritzen will, aber der Junge läuft weg. Ein großes Fragezeichen schwebt über dem Kopf der Mutter. Auf der Seite steht kein einziges Wort. Sie werden Ihrem Kind bei der Interpretation dieser Seite etwas helfen müssen, wenn es, je nach Alter, das Fragezeichen vielleicht nicht von einem Haken unterscheiden kann. „Wo geht der Junge denn deiner Meinung nach hin? Was denkt die Mutter wohl? Mit dem Fragezeichen – so heißt die geschlängelte Linie über dem Kopf der Mutter – mit dem Fragezeichen zeigt der Autor, daß die Mutter sich fragt, was ihr Junge tut. Was könnte sie sich fragen?"

Wenn Sie über die einzelnen Seiten sprechen, sollten Sie auf ihren Schatz an Warum- und Wie-Fragen zurückgreifen. „Warum badet der Junge in der seltsamen Maschine? Warum sagt der Junge ‚Schöner wunderbarer Schlamm; wunderbar schöner Schlamm'? Warum sagt die Mutter ‚Ganz schön wunderlicher Junge', sobald sie ihn sieht?" All diese anregenden Fragen bieten sich hier an. Viele Bücher, vor allem Bilderbücher für kleine Kinder, beinhalten gar keinen Text. Sie verlangen geradezu danach, von Ihnen und Ihrem Kind mit Geschichten umgarnt zu werden.

- Reden Sie, bevor Sie umblättern, über das, was sich möglicherweise auf der nächsten Seite ereignet. Folgen voraussehen zu können ist eine wichtige Fähigkeit, um an der Lese- und Schreibfähigkeit in der Welt der Erwachsenen teilzuhaben. Dieses Kennzeichen kritischen Denkens können Sie schon früh üben. Im Grunde brauchen Sie nur zu fragen, „Was passiert wohl als nächstes?" Antwortet Ihr Kind, fragen Sie „Warum?" oder „Was könnte außerdem noch passieren?" Fragen in dieser Art werden originellen Antworten Tür und Tor öffnen.
- Verbinden Sie das Buch mit dem Leben Ihres Kinds. Fast jeder Denkakt beruht auf Vergleichen. Wenn Sie Ihr Kind auffordern, sich mit dem Jungen in der Geschichte zu vergleichen – zum Beispiel wie es sich selbst den Schmutz abwäscht und wie es der Junge im Buch macht, üben Sie dieses wichtige Muster ein. Außerdem helfen Sie, ein Ereignis, das auf einer einzelnen Buchseite präsentiert wird, in einen neuen Kontext zu stellen; damit weisen Sie auf eine weitere bedeutende Fähigkeit zum kritischen Denken hin. So können Sie Texte und wirkliches Leben aufeinander beziehen.

Nach dem Lesen

Sobald Kinder über Gelesenes reden, entwickeln sie die entscheidenden Fähigkeiten für ihre spätere Lesefertigkeit. Nachdem man das Buch durchgegangen ist und beiseite gelegt hat, sollten Sie mit dem Kind weiter über den Inhalt sprechen. Dadurch fördern Sie die Fähigkeit, sich an Details zu erinnern. Jeder Lesetest in der Grundschule prüft im übrigen diese Fertigkeit, und Sie und Ihr Kind können sie ganz informell, durch Sprechen in entspannter Atmosphäre ausbilden und pflegen. Außerdem legen Sie die Grundzüge für spätere Leseerlebnisse. Sie bieten durch Ihr Verhalten dem Kind ein Modell für die Haltungen und Einstellungen, die wir uns im weiteren Verlauf der Entwicklung von unserem Kind erhoffen: Es soll Lust am Lesen bekommen. Unsere Wertschätzung von Büchern geben wir an unsere Kinder weiter, wenn wir über Bücher sprechen und ihnen vorführen, daß sie ein Teil unseres Lebens sind.

- Unterhalten Sie sich über Menschen, Ereignisse und Ideen aus dem Buch. Machen Sie aber aus den Gesprächen keinen Test. Plagen Sie nicht sich und das Kind mit einer peinlich genauen Auflistung von Details! Sie sollten nur sehen können, daß Ihr Jüngstes den Hauptgedanken versteht und sich an einige wesentliche Merkmale der Erzählung erinnert. Über „Die wunderbare Schlamm-Waschmaschine" könnte man beispielsweise mit folgenden Fragestellungen ein Gespräch in Gang bringen: „Wie ist der Junge denn so schmutzig geworden? Womit versuchte seine Mutter, ihn wieder sauberzumachen? Warum hat sie sich gewundert, als er wegging? Wie hat die Waschmaschine ihn denn saubergemacht?" Diese letzte Frage ist besonders interessant: Für ein Kind ist es meist schwierig, sich an die genaue Abfolge von Ereignissen zu erinnern. Zögern Sie nicht, sich wieder in den Text zu versenken, um die vergessene Information nachzulesen.
- Verbinden Sie die Einzelheiten aus dem Buch mit Einzelheiten aus der unmittelbaren Welt Ihres Kindes. Die Denkfähigkeiten des Kindes werden trainiert, wenn ein Gegenstand oder eine Vorstellung in einen anderen Zusammenhang gestellt werden muß. (Ich behandle dieses Thema ausführlicher in einem späteren Kapitel). Die meisten Kinder heute haben schon einmal eine Autowaschanlage gesehen. Ich würde beispielsweise die Maschine aus dem Buch mit einer solchen Autowaschanlage vergleichen, die meine Tochter und mein Sohn aus dem Wageninneren kennengelernt haben, als wir durch Seifenschaum und künstlichen Sprühregen fuhren. Ich würde auch über Gefühle und Werte, die das Buch wiedergibt, reden und mein Kind seine eigene Erfahrung darin widerspiegeln oder widerlegen lassen. „Kannst du dir vorstellen, wie der Junge sich fühlte, als er im Matsch spielte? Wie fühlst du dich, wenn du im Matsch spielst? Warum hat die Mutter ihn nicht ausgeschimpft, als sie sah, wie schmutzig er sich gemacht hat?"
- Regen Sie die Vorstellungskraft Ihres Kindes an. Eine Geschichte regt die Phantasie an, besonders, wenn Ihr Kind und Sie sich darüber unterhalten (lesen Sie hierzu auch Kapitel 9). „Wie würde es dir gefallen, in einer wunderbaren Schlamm-Waschmaschine gewaschen zu werden? Wann wärst du schmutzig genug, das nötig zu haben? Kannst du dir noch andere wunderbare Maschinen vorstellen?"

Über Bücher reden

In diesem Kapitel geht es mir darum zu zeigen, wie wichtig es ist, mit einem Kind über Bücher zu reden. Anhand einiger Beispiele möchte ich Ihnen verdeutlichen, wie ein typisches Wort- und Bilderbuch zu einem Schlüssel für Gespräche und Sprachschulung werden kann. Ich habe dazu das Buch „Familie Berenstains Bärenbaby" ausgewählt.

Ganz offensichtlich ist dieses Buch ideal für Gespräche geeignet. Die Bilder laden direkt dazu ein. Der Text, der die Illustrationen begleitet, ist sehr allgemein gehalten und bezieht sich nicht auf die Einzelheiten. Nachdem sie die Wörter „Da gab es allerhand interessante Dinge im Bärenland zu sehen" vorgelesen haben, könnten Sie fragen. „Was macht der kleine Bär hier?" Ihr

Kind kann darauf aufs Geratewohl ein Bild auf der Seite heraussuchen und darüber erzählen. Ich halte es aber für besser, wenn Sie mit einer Szene in der oberen linken Ekke beginnen und geradewegs von einer zur anderen übergehen, bis Ihr Kind bei dem Bild am Ende der Reihe angekommen ist. Dann gehen sie eine Reihe tiefer und beginnen wieder mit dem Bild ganz links. Lassen Sie Ihr Kind die Bilder von links nach rechts anschauen, betrachten Sie beide die Bilder in genau dieser Reihenfolge. Denn es ist die gleiche Abfolge wie beim Lesen. Mit dieser Übung bereiten Sie Ihr Kind auf das Lesestadium vor; spätestens wenn Ihr Kind gedruckte Wörter sieht, lernt es, den Blick von links nach rechts auf der Seite entlanggleiten zu lassen. Unterstützen Sie diese Bewegung schon bei Bilderbüchern, wenn Sie mit Ihrem Kind eine Seite untersuchen.

Fragen dieser Art regen die Fähigkeit des Kinds an, etwas mit Sprache zu beschreiben. Ich nenne sie die „Schau-hin-und-erzähl-Fragen". Das Kind schaut sich ein Bild an und erzählt in seinen eigenen Worten das, was das Bild den Augen erzählt. Diese Fragen sind einerseits einfach, weil sie keine schwierigen Denkprozesse erfordern. Doch so einfach sie auch sein mögen, simpel sind sie nicht. Sie greifen tief in den Sprachschatz des Kinds hinein und können lebendige, kreative Antworten herausziehen; dadurch gewinnt Ihr Kind Vertrauen in seine Fähigkeiten. Zudem gebraucht es seinen Verstand hierbei.

Einmal fragte ich meinen Sohn Saul, was der kleine Bär im Bärenland mache. Da ich Saul angeleitet habe, sich die Bilder von links nach rechts anzuschauen, ließ er in Gedanken jede einzelne Szene mit sichtlichem Vergnügen in derselben Reihenfolge wie im Buch vorbeiziehen.

„Er fängt einen Schmetterling.
Er angelt Fische.
Und schaut zu, wie die Spinne ein Spinnennetz webt.

Er sitzt nachts draußen und schaut den Mond an.
Er kann unter Wasser schwimmen und viele Fische sehen.
Er balanciert auf einem Baumstamm und fängt Fische.
Er kann mit einem kleinen Boot auf dem Wasser rudern.
Er läßt einen Drachen steigen."

Als ich nachfragte, was der kleine Bär am liebsten gemacht hat und warum, ergab sich ein lebhaftes Gespräch. „Er mag am liebsten Fische fangen, weil er viele Fische gefangen hat und weil das Spaß macht."

Ich fragte daraufhin: „Was würdest du denn am liebsten tun?"

„Am liebsten würde ich auch Fische fangen."

„Und warum?"

„Ich habe noch nie Fische gefangen und möchte es einmal versuchen. Aber zuerst brauche ich eine Angelrute."

„Und warum mag er Angeln so gern, er macht doch noch so viele andere Sachen?"

„Wenn man viele Fische fängt, freut man sich sehr."

„Was möchtest du noch gerne versuchen?"

„Ich möchte tauchen. Es ist bestimmt lustig, den Fischen beim Schwimmen zuzusehen. (Pause) Ich habe so viele Ideen im Kopf!"

„Was willst du denn nicht so gerne tun?"

„Nachts will ich nicht rausgehen und den Mond anschauen, da hab ich Angst, da ist es dunkel. Weißt du warum? Weil ich dann auf dem Baum sitze und jemand schreit ‚Saul, komm runter!' und ich falle dann herunter."

„Es ist unheimlich, so alleine nachts draußen zu sein, nicht wahr? Obwohl der Mond scheint, kannst du leicht fallen, wenn du schnell herunterklettern willst."

Ich glaube, Sie können den Wert eines solchen Dialogs zwischen Eltern und Kind

Für einen kleinen Bären
gab es im Bärenland
allerhand Aufregendes
zu sehen und zu tun.

ohne weiteres ermessen; Sprach- und Denkfähigkeiten werden angeregt und bereichert. Meiner Erfahrung nach ist hier folgendes wichtig: Vater oder Mutter und das Kind sind Gesprächspartner, „kommunikative Partner". Angeregt durch Wörter und Bilder aus einem Buch ergründen Saul und ich gemeinsam, als Gesprächspartner, eine Dimension seiner Welt.

Doch dieses Gespräch geht über die simplen Identifikations-Antworten, in denen Gegenstände lediglich benannt werden, weit hinaus. Sicherlich kennen Sie diese Art Fragen und gebrauchen sie auch. Erinnern Sie sich? Sie lesen Ihrem zwei- oder dreijährigen Kind gerade „Familie Berenstains Bärenbaby" vor, deuten auf ein Bild und fragen: „Wer ist das?" Nun erwarten Sie von Ihrem Kind, daß es den Namen der Figur sagt. Dann wiederholen Sie den Namen, und Sie beschreiben anschließend die Szene: „Richtig, das ist der kleine Bär. Hier jagt er einem wunderschönen Schmetterling hinterher. Wo ist der Schmetterling? (Das Kind deutet mit seinem Finger auf ihn). Gut. Und da ist der kleine Bär. Schau nur, wie er die große, dicke Spinne beobachtet ..." Vielleicht blättern Sie um und sagen: „Laß uns mal sehen, ob wir noch mehr Bilder vom kleinen Bären finden."

Bei diesen Identifikations-Antworten ist Ihnen jede Beobachtung, die Ihr Kind über das Bild anstellt, willkommen, aber Ihr eigentliches Anliegen ist eher, dem Kind in Ihrer Sprache ein Vorbild zu sein, das es nachahmen soll, und ihm Anregungen zu geben, einfache Informationen zu empfangen und zu vermitteln. Das alles ist eine sehr gute Übung und sehr wichtig für Ihr Kind, weil Sie es frühzeitig mit Sprache versorgen.

Wenn das Kind dann über vier Jahre alt ist, geben viele Eltern dieses Fragespiel leider auf. In manchen Familien wird neuerlich wieder auch älteren Kindern vorgelesen, aber Sie sollten mit der Entwicklung Ihres Kindes gehen und ihm fortgeschrittenere, aber ebenso vergnügliche Vorgehens-

weisen bieten, um in die Welt der Bücher einzusteigen. Nur so kann es Bücher voll und ganz in sein Bewußtsein einbinden und seine Sprachfähigkeiten in dieser prägenden Lebensphase üben.

Als Saul und ich unseren Ausflug ins Bärenland machten, hatte er noch keinen Vorschulunterricht erhalten. Ich half ihm lediglich, einen Zugang zu Büchern zu finden – wir befragen sie, wir tauschen uns über sie aus, wir verbinden sie mit unserem Leben – all das müssen kompetente Leser später auch tun. Mit diesen Vorgehensweisen im Gespräch werden Kinder dazu gebracht, ihren Verstand zu erproben, ihre Gefühle auszudrücken und selbständig Beobachtungen anzustellen. Sie können sich sicher vorstellen, wie wunderbar es war, als Saul sich an den Kopf faßte und sagte „Ich habe so viele Ideen im Kopf", worauf er lächelte und sich Freude in seinem Gesicht verbreitete. In dem Moment gab er zu verstehen: Papa, ich kann denken und sagen, was ich denke.

Doch hier steht mehr als nur Sprachbildung zur Debatte. Eine entspannte Gesprächsatmosphäre ermöglicht Ihrem Kind, informell Gedanken und Ideen hervorzubringen, die in seinem persönlichen Leben wichtig sind. Indem Saul über das Buch sprach, sprach er auch über sich selbst.

Als Saul über den kleinen Bären geplaudert hat, gab er mir indirekt zu verstehen, daß er selbst gern eine Angelrute hätte. Sein zehnjähriger Bruder Joseph ist ein begeisterter Angler. Jedesmal, wenn er vom Angeln zurückkommt, schwärmt er uns vor, wie er wieder und wieder eine Schnur in den Bach auswarf. Man kann sich kaum vorstellen, daß jemand glücklicher sein könnte als Joseph, wenn er mit einem kleinen Fang zurückkehrt. Sauls Begeisterung für diesen Sport rührt ohne Zweifel von seinem Bruder her. Unserer Meinung nach ist Saul noch etwas zu klein für dieses Abenteuer. Aber wir werden ihm zum Geburtstag eine Angelrute schenken und einen Familienausflug zu einem See.

Ein weiterer wichtiger Moment in unserem Gespräch über das Bärenland ergab sich, als Saul seine unterschwellige Angst vor der Dunkelheit an den Tag brachte. Ich frage mich, wie oft ein Kind wohl Gelegenheit hat, ein bedrückendes Anliegen in ein Gespräch einfließen lassen zu können. Es ist schwierig, Kleinkinder direkt in einer Diskussion über ihre Ängste hineinzuziehen. Sie wissen aus eigener Erfahrung, wie verlegen, befangen und verletzlich Kinder sich in solchen Situationen fühlen können. Aber dank unseres Gesprächs konnte Saul seine Angst formulieren, ohne daß ich ihn hätte drängen müssen. In einem ruhigen, vertraulichen Augenblick gestand er eine Schwäche, und ich ergriff die Gelegenheit, ihn sanft, ohne viel Aufsehens, was Gesprächen über Ängste oft eigen ist, zu beruhigen. Indem wir in eine Geschichte aus einem Buch eindrangen und eine Beziehung zwischen einem ihrer Charaktere und Saul aufbauten, fand Saul indirekten Resonanzboden für seine eigene psychische Stimmung.

Saul ist inzwischen im schulpflichtigen Alter, aber unsere Gespräche über Bücher sind noch nicht zu Ende. Letzten Sommer, kurz vor der Versetzung, machten wir eine kurze Reise in den Süden. Unsere unermüdliche Leseratte Saul suchte sich in einer Buchhandlung am frühen Morgen ein Buch aus. Es hieß „Commander Toad and the Intergalactic Spy" (Kapitän Kröte und der intergalaktische Spion), geschrieben von Jane Yolen. Meiner Frau und mir schien das Buch für ein Kind in diesem Entwicklungsstand etwas zu schwierig, obwohl der Herausgeber es für Grundschulkinder empfiehlt. Jedenfalls bestand Saul darauf, es zu lesen, und wir gaben nach. Sie wissen, wie es weitergeht, wir schauten uns zuerst gemeinsam das Titelbild an:

Die Titelzeichnung ist zwar sehr reizvoll, ist aber keine große Hilfe für Eltern, die gerne im voraus über das Buch sprechen wollen. Vielleicht ist der Stern auf dem Anzug ein Indiz für Raumfahrt, aber dieser Hinweis ist schon sehr spitzfindig für ein Grundschulkind. Vermutlich weisen die Augen, die zwischen den überdimensionalen Grashalmen hindurchspähen, ebenso versteckt auf das Thema Spionage hin. Jedenfalls finden wir das Titelbild nicht besonders gelungen, weil es als Buchumschlag für ein Kinderbuch ein wichtiges Ziel nicht erreicht: Das Titelbild muß nicht nur das Interesse des Kindes bannen, sondern auch einen Einblick in den Inhalt des Buches geben. Wir standen vor dem Problem, das Wort Spion und intergalaktisch zu kommentieren und anhand der Hinweise auf dem Titelbild darüber zu reden, aber weder Illustrator noch Autor gaben uns Hilfestellungen. Zum Glück gab eine Zeichnung auf der ersten Buchseite einen genaueren Zusammenhang mit der interstellaren Weltraumfahrt zu erkennen. Saul wußte nicht, was intergalaktisch bedeutet, aber wir griffen das Wort Raum auf, um uns ein Bild machen zu können.

Noch bevor wir den Buchladen verließen, hatten wir über Spione geredet und über die Eigenart des Wortes intergalaktisch – für ein Kind ein Zungenbrecher. Saul teilte uns seine Vorstellungen über Galaxien, Raumfahrt und Planeten mit und rätselte, wie Spione wohl in dieses Schema hineinpassen könnten. Wir blätterten etwas in dem Buch herum und kommentierten ein paar Zeichnungen. Wir beabsichtigten, Anknüpfungspunkte zwischen dem Buch und seinen Vorstellungen zu finden, so daß er die Schwierigkeiten, die im Text auftreten, erfolgreich meistern konnte.

Als wir eine Weile weitergefahren waren, verkündete Saul, er wolle uns die Stelle, an der er gerade angekommen ist, vorlesen. Wir alle fanden, das sei eine gute Idee; während längerer Fahrten halten wir immer Ausschau nach etwas, das uns die Zeit mit Unterhaltungen verkürzt. Die Zeit auf Reisen behalten wir Gesprächen vor; das Radio bleibt ausgeschaltet, und wir reden miteinander und hören uns gegenseitig zu.

Daraus ergab sich nun eine informelle Lernsituation, in der ein Buch als Grundlage für weiteren Sprachzuwachs diente, wobei wir auch viel Spaß hatten. Diesmal nutzten wir einen Augenblick, in dem gelesen und geredet wurde, um die Bedeutung eines Wortes zu untersuchen. Hier ist die Seite, die das Gespräch in Gang brachte:

„Ich bin dein Cousin, Kröte Krok,
der Verwandlungskünstler",
sagten alle fünf Ungeheuer aus einem Mund.
„Diese anderen Ungeheuer sind Betrüger. Es sind böse Spione, sie wollen dein Raumschiff und alle seine Geheimnisse stehlen."

Saul stolperte über das Wort Betrüger. Hier schalteten wir uns ein. Wußte er, was das Wort bedeutet?

„Nein", antwortete er einfach.

„Das ist ein schwieriges Wort. Ich gebe dir einen Tip. Ich verwende es in einem anderen Satz und wir schauen mal, ob du allein auf die Bedeutung kommst. „Der Betrüger an der Haustür sah wie mein Vater aus." Ein guter Tip, dachte ich.

„Heißt Betrüger Mann?" Eine noch bessere Antwort! Wie genau sie die schwache Stelle in meinem Hinweis offenlegte. Ich hatte mir erhofft, daß Saul die Bedeutung aus meinem Satz erschließen kann, aber „Mann" war noch naheliegender.

Die sechzehnjährige Melissa, schon ziemlich erfahren in diesen Erkundungen über Gelesenes, übernahm die Führung. „Der Betrüger tat nur so, als ob er mein Vater wäre!" sagte sie, „also was meinst du jetzt?"

Im Rückspiegel sah ich, wie angestrengt Saul nachdachte; seine lebhaften braunen Augen verengten sich zu kleinen Sehschlitzen. Aber Melissa konnte die Antwort nicht abwarten. „Ein Betrüger ist jemand, der so tut, als ob er ein anderer wäre. Verstehst du?"

„Melissa! Warum konntest du Sauls Antwort nicht abwarten?" schmollte ich.

„Ich hätte es herausgefunden!" sagte Saul.

„Trotzdem kann man noch mehr dazu sagen", warf ich ein. „Ein Betrüger macht das nicht zum Spaß. Er ist ein Bösewicht, jemand, der andere Leute mit Absicht täuschen will."

„Also, Saul, schauen wir mal, ob du es nun erklären kannst. Wann wärst du ein Betrüger?" warf meine Frau Barbara ein.

„Was meinst du?"

„Stell dir vor, du wolltest die Leute damit täuschen, daß du wie Marc aussiehst. Wie würdest du das erreichen?"

„Wenn ich so tue, als wär ich Marc?"

„Ja; wie Marc. Dein Freund Marc."

„Ich brauche dazu eine Brille. Ich trage keine. Marc hat eine."

„Gut. Und was noch?"

„Er hat immer Turnschuhe an. Ich brauche Turnschuhe. Und", Saul hatte nun sichtlich Spaß an der Vorstellung, „und ich müßte schrumpfen und mir Locken machen lassen und seine Stimme haben."

„Also gut, dann wärst du ein Betrüger. Die Leute würden denken, du wärst Marc."

„Deshalb mußt du aber nicht gleich wie ein Betrüger aussehen, oder?" Das war Melissas Einwurf. „Du kannst so tun, als ob du jemand wärst, der du gar nicht bist, ein Tierarzt oder ein Kapitän. Du mußt nicht unbedingt wie eine ganz bestimmte Person aussehen. Es reicht, wenn du jeden davon überzeugst, daß du etwas bist, was du in Wirklichkeit nicht bist."

„Warum willst du den Leuten vormachen, du wärst Marc? Warum möchtest du, daß die Leute dich für Marc halten? Pfff . . . das finde ich ziemlich blöd." Das war der elfjährige Joseph, der sich nicht länger als eine Minute von seiner Lektüre ablenken ließ, gerade lang genug, um Alarm zu läuten.

„Du weißt noch nicht alles, Joseph. Ich könnte zu einem Faschingsfest gehen und so tun, als ob ich Marc wäre. Vielleicht hätte ich einfach nur Lust dazu."

„Das wäre aber nur zum Spaß. Damit wärst du noch kein Betrüger, oder?"

„Aber wenn ich seine Eltern täuschen würde und dann mit seinem neuen Fahrrad wegfahren würde, dann schon."

„Genau das wär es, du kleiner Betrüger! Da haben wir es nun!"

Sie haben sicher bemerkt, was wir hier erreichen wollten, als die ganze Familie sich am Gespräch beteiligte. Wir haben Saul aufmerksam zugehört und ein Wort entdeckt, das er möglicherweise ein bißchen genauer erkunden möchte. Wir übergingen ihn nicht, indem wir das Wort unmittelbar erklärten, sondern versuchten statt dessen, Sauls analytische Fähigkeiten zu fordern. Er sollte eigenständig die Bedeutung aus Informationen, die mit seiner Welt verbunden sind, herausfinden. Dennoch garantieren selbst die besten Absichten noch nicht den Erfolg. Ich hatte gehofft, daß ihm aus meinem Beispiel deutlich werden könnte, daß ein Betrüger die Identität eines anderen annimmt; aber mein Hinweis war zu allgemein. Sicher, „Mann" als Antwort war in diesem Zusammenhang genau richtig. Nachdem Melissa erklärt hatte, was das Wort bedeutet, beließen wir es aber nicht dabei. Wir wollten, daß Saul das Wort von verschiedenen Seiten aus betrachtet und es in seine Erlebnisse einbezieht. Daher fragten wir ihn, ob er selbst ein Betrüger sein könnte.

Ich sehe dieses kleine Gespräch nicht als Lese- oder Vokabeltest. Wir taten nichts weiter, als über ein Buch zu reden; wir sprachen über Wörter und wir stellten Verbindungen zu unserem täglichen Leben her. Ich kann mir keinen besseren Weg vorstellen, als in einer entspannten, zwanglosen Unterhaltung zwischen Kindern und Erwachsenen Texte und Leben miteinander zu verbinden und dabei über unsere reichhaltigste Quelle an Informationen und Vergnügen zu reden, nämlich über Bücher. Bücher teilen uns wichtige Ideen mit, sie machen uns klüger, und wir genießen sie. Das ist eine Vor-

stellung vom Lesen, die Sie Ihrem Kind vermitteln sollten. So werden Sie die Lese- und Schreibfähigkeit auf eine Art fördern, wie es keinem Leseförderungsprogramm je gelingen wird.

Über Bilder reden

Ein weiterer wichtiger Gesprächsanreiz sind Bilder, Illustrationen, Fotografien – alle zweidimensionalen Darstellungen auf einer Buchseite, die das Interesse Ihres Kinds wecken. Sie sahen im letzten Kapitel, welch eine bedeutende Rolle die Bilder im Gespräch über Sauls Buch spielten; zusammen mit den Worten lieferten sie Gesprächsmaterial. Trotzdem möchte ich hier die Illustrationen für sich betrachten.

Ein Bild anzuschauen und darüber zu reden ist eine Form des Lesens – das visuelle Lesen. Nicht Wörter, sondern Linien, Formen und Farben tragen die Bedeutung, die Ihr Jüngstes in Worte fassen muß. Dabei wird die Vorstellungskraft und jene Denkfähigkeiten angeregt, die auch in der Schule gefordert ist. Eltern können bei der Betrachtung von Bildern ihre Kinder mit einfühlsamen Fragen und Diskussionen mit all den Fähigkeiten in Berührung bringen, um die wir uns auch bei angehenden und fortgeschrittenen Lesern bemühen. Man versucht zuerst einmal, den Hauptgedanken des Bildes zu erkennen. Danach ordnet man ihm die bedeutendsten Einzelheiten zu und läßt die unwichtigeren zunächst unerwähnt.

Die Einzelheiten informieren zusätzlich über die dargestellte Szenerie. Sie bieten auch Anhaltspunkte, um Schlußfolgerungen zu ziehen. Beispielsweise kann man sagen, ob eine dargestellte Person glücklich oder traurig, fröhlich oder mutlos, stark oder schwach aussieht. Man kann Vergleiche anstellen und Gegensätze herausheben, Ursache und Wirkung feststellen und Beurteilungen vornehmen. Man kann Schlußfolge-

rungen ziehen, verallgemeinern und den weiteren Verlauf voraussagen. Das alles ist möglich, ohne auf gedruckte Texte zurückgreifen zu müssen. Schauen Sie sich zusammen mit Ihrem Kind Illustrationen und Bilder in Kinderbüchern, Zeitschriften und Zeitungen an, in Bilderbüchern, Fotoalben und Reiseführern, und sprechen Sie darüber – damit tun Sie nichts weniger, als Ihr Kind Lesefähigkeiten üben zu lassen. Sobald Ihr Kind sich mit zunehmendem Interesse Wörtern und Sätzen zuwendet, kann es alles, was es bei Bildbesprechungen schon gelernt hat, auf das Lesen übertragen.

Auf S. 71 und 72 finden Sie eine Doppelseite aus „Ein Tag in unserer Stadt" von Sabine Damke und Ursel Scheffler (Otto Maier Verlag Ravensburg, 1986). An diesem Illustrationsbeispiel läßt sich zeigen, wie breit der Spielraum an möglichen Vorgehensweisen ist und welche besonderen geistigen und sprachlichen Fähigkeiten durch die Betrachtung von Bildern gefördert werden können. Dazu zählt beispielsweise: Menschen und Objekte identifizieren, aus einer Menge herausfinden und Aussagen über sie zu machen; ebenso Handlungen wiedererkennen, ausschmücken, gewichten, weiterdenken und bewerten; Einzelheiten miteinander vergleichen, anordnen und erweitern; Vorgänge erklären; Ursache und Wirkung erklären; und logisch denken. Zwischen der Abbildung und Ihrem Kind können Sie eine Beziehung herstellen, indem Sie das Dargestellte mit eigenen Erlebnissen des Kindes verbinden und sie in neue Zusammenhänge einbringen, indem Sie ein oder zwei charakteristische Merkmale der Situation abändern.

Einige dieser Vorgehensweisen fordern die Beobachtungsgabe und Erinnerungsvermögen heraus. Einfacher ausgedrückt: Kann Ihr Kind die charakteristischen Merkmale einer Illustration fehlerfrei in Sprache darstellen? Wahrscheinlich liefert es Antworten von ein oder zwei Wörtern Länge, die Sie wiederum mit anderen Vorgehens-

weisen zu einem längeren Gespräch ausbauen können.

Probieren Sie diese Vorgehensweise einmal aus, nachdem Sie sie überdacht haben und sich die Bilder angesehen haben. Zeigen Sie Ihrem Kind Illustrationen und fangen Sie einfach an zu reden! Ich denke, daß obige Fragen und Ausgangspunkte für ein Gespräch als Muster auch auf andere Bilder und Fotografien übertragbar sind. Erwarten Sie nicht, alle Vorschläge in einem einzigen Bild verwirklichen zu können. Lassen Sie sich von dem jeweiligen Inhalt und Ihrem Urteilsvermögen leiten. Lassen Sie das Kind erzählen, was seiner Meinung nach auf einem Bild passiert. Was für eine Geschichte läßt sich an dem Bild ablesen? (In Kapitel 5 werden wir uns eingehender mit dem Erzählen von Geschichten beschäftigen.) Hören Sie genau zu, was Ihr Kind schildert. Nehmen Sie daraufhin einige der folgenden Fragen und Gesprächsanreize auf, um das Bild eingehender zu besprechen. Dabei möchte ich Sie aber darauf hinweisen, daß es nur Richtlinien sein sollen, die zudem für viele Altersgruppen gelten, so daß einige Fragen eventuell schon zu leicht, andere noch zu schwierig für Ihr Jüngstes sind. Je nach Alter und Entwicklungsstand können Sie ein Bild in Leserichtung, also von links nach rechts, erkunden.

Etwas identifizieren, heraussuchen und Aussagen über Menschen und Gegenstände machen

(Zeigen) Wer ist das? Was ist das?

Wo ist der Busfahrer? Wo ist die Schubkarre mit den Blumen? Siehst Du einen Hund auf dem Bild? Wo ist der Mann mit dem Rechen? Was hat der Mann mit der Schaufel an? Was hat die Frau mit der Brille in der Hand?

Wem gehört das Segelboot? Wessen Ball ist das? Und zu wem gehört der Hund?

Handlungen wiedererkennen, ausschmücken, erweitern, vorausdenken und bewerten

Was macht der Junge? Was macht das Mädchen? Wo siehst du ein Kind im Kindersitz auf dem Fahrrad? Welches Kind winkt einem anderen zu? Was macht das Mädchen im rosa Kleid? Welche Kinder fahren mit dem Fahrrad?

Was hat dieses Kind wohl gerade gemacht? Was wird es gleich tun? Warum sprechen die Männer miteinander?

Was macht der Mann mit seiner Zeitung? Warum steht der Mann in dem Korblift?

Welches Kind sieht am fröhlichsten aus? Magst du dieses Mädchen leiden? Diesen Jungen? Und warum?

Beschreiben, Vergleichen, Klassifizieren und Einzelheiten erweitern

Welche Farbe hat der Ball? Erzähl mir etwas über dieses Kind – was hat es an, welche Haarfarbe hat es, was für eine Frisur?

Welches Kind kann schon radfahren? Welches Kind kann noch nicht richtig radfahren? Woran erkennst du das? Welche Kinder spielen am Wasser? Welche Männer haben gerade gelesen? Welche Männer haben eine Mütze auf? Wer trägt eine Brille? Laß uns alle Frauen heraussuchen.

Was ereignet sich hier gerade? Was macht das Kind dort? Warum tut es das?

Einen Vorgang erklären

Was macht der Mann mit dem großen Auto, was meinst du? Wie bringen die Eltern dem kleinen Jungen wohl das Radfahren bei?

Ursache und Wirkung erklären

Warum weint das Mädchen, das am Teich steht? Warum gräbt der Mann mit der Schaufel ein Loch? Warum läuft der Vater hinter dem Jungen auf dem Fahrrad her?

Warum ißt der Busfahrer ein Brot? Warum bellt der Hund?

Logisch denken

Warum sitzen die Leute an der Bushaltestelle? Warum hat die Mutter die Stützräder vom Fahrrad in der Hand? Warum hält das Mädchen den Hund an der Leine fest? Was möchte der Junge mit der grünen Hose machen? Warum fahren die Radfahrer nicht auf der Straße?

Den Kontext verändern

Was passiert, wenn es auf einmal anfängt zu regnen? Was werden die Kinder dann wohl tun? Was wäre, wenn die Kinder nicht in den Park, sondern ins Schwimmbad gegangen wären? Was würden sie tun? Welche anderen Spiele könnten sie spielen?

Das Dargestellte auf Ihr Kind beziehen

Was machst du, wenn du ganz dringend aufs Klo mußt? Mit welchem Freund oder mit welcher Freundin möchtest du Enten füttern? Wie hast du radfahren gelernt? Was siehst du, wenn du mit dem Bus fährst?

Das Lesen von Bildern, visuelles Lesen sowie das Lesen von Wörtern und Sätzen verlangt nach einem Gespräch. Wenn man Kindern etwas vorliest, ist das Gespräch genauso wichtig wie das Lesen selbst. Das amerikanische Erziehungsministerium stellte fest: „Stellen Eltern zu den Geschichten nur oberflächliche Fragen oder besprechen sie die Geschichten überhaupt nicht, dann wird Ihren Kindern das Lesen nicht so gut gelingen wie den Kindern von Eltern, die Fragen stellen, die das Denkvermögen fördern und die Geschichten mit den täglichen Erlebnissen des Kindes verbinden.“

5
Auf Schatzsuche:
Erzählen und Berichten

Sobald unser elfjähriger Sohn Joseph jemanden sprechen hört, spitzt er die Ohren. Der Ausdruck „die Ohren spitzen" bezog sich dem ursprünglichen Sinn nach auf Tiere, die auf ihren Hörsinn besonders angewiesen sind. Sobald sie ein Geräusch, einen Laut hören, spitzen sie die Ohren – aber nicht bei jedem Geräusch. Aus der Vielzahl von Geräuschen filtern sie nur die heraus, die ein bestimmtes Signal geben, die unbekannte Geräusche, die Gefahr signalisieren könnten, oder Balzrufe, oder Tritte und Flügelschläge anderer Tiere. Sie spitzen die Ohren, um ein bestimmtes Signal aufmerksam zu verarbeiten.

In dieser Bedeutung trifft es auch auf Menschen zu. Im übertragenen Sinn bedeutet „die Ohren spitzen" dasselbe wie horchen, lauschen, aufmerksam zuhören. Sobald Joseph also jemanden sprechen hört, läßt er alles andere beiseite. Das Klavierspiel bricht von einer Note auf die andere ab; die Gabel bleibt auf halber Strecke zwischen Teller und Mund stehen; ein Schreibstift bleibt über den Hausaufgaben in der Schwebe. Jemand spricht. Joseph will wissen wer, warum und wie. Er spart nicht mit Fragen: Eine Stimme bannt ihn.

Aber längst nicht jedes Gespräch zieht seine Aufmerksamkeit auf sich. Er ist wählerisch. Er schaltet sich in Geschichten ein; damit meine ich nicht die Geschichten, die Eltern ihren Kindern in vergnüglichen Lesestunden vorlesen. Ich meine die weder inhaltsschweren noch tiefgründen Schilderungen aus dem täglichen Leben. Ihn nehmen die Tagesereignisse, beim Abendessen oder im Wohnzimmer erzählt, ganz und gar in Anspruch. Ob meine Frau von einem Zwischenfall mit einem ihrer Schüler aus dem Unterricht erzählt, ob Melissa die letzten Neuigkeiten ihres Deutschlehrers, der ein zweites Leben als Würstchenverkäufer in der Fußgängerzone beginnen will, zum besten gibt, ob Saul den verfehlten Torschuß für uns rekonstruiert, Joseph nimmt alles auf, jedes einzelne Wort, auch wenn die Worte nicht an ihn gerichtet sind.

Warum auch nicht? Wer mag sie denn nicht, diese kleinen Geschichten aus dem Alltag? Sie bereiten uns Vergnügen. Sie geben uns Informationen. Sie sind die Eckpfeiler eines Gesprächs. Unsere Kulturgeschichte wird von wahren und erfundenen Geschichten getragen. Denken Sie an die Epen eines Homer – kunstvolle und abenteuerliche Berichte –, die in einem festgelegten gesellschaftlichen Rahmen vorgetragen wurden. In einer anderen Epoche trugen Troubadoure die Sagen um Krieg und Liebe von Hof zu Hof. Alle Kulturen, die keine Schrift kennen, bewahren ihre Geschichten und ihre Mythen in mündlichen Überlieferungen, die von Generation zu Generation weitergegeben werden. Solange es gesellschaftliche Beziehungen gibt, solange sind Geschichten hochgeschätzt und erfüllen eine zentrale Funktion. Sie geben Verhaltensmuster wieder; sie erinnern an den besonderen Standpunkt einer Person; in einer Geschichte werden verschiedene Ereignisse logisch miteinander verknüpft, so daß sie den inneren Zusammenhang, die Kontinuität, einer oftmals unlogischen, zerrissenen Welt sichern.

Auch in unserer Familie hält sich niemand mit Geschichten zurück, auch Joseph erzählt sie. Ich erinnere mich, wie sehr mich in meiner Kindheit die Geschichten meines Vaters faszinierten, wenn er aus seiner Kindheit in Manhattan erzählte, über seine Jugend in New York, über die Routine – Abenteuer in meinen Augen – bei den Arbeitern und Arbeiterinnen an der Ecke 7. und 38. Straße. Auch meine Frau kann sich gut erinnern, wie spannend die Erzählungen, wie aufregend das Zuhören war. Ein außenstehender Beobachter würde bald erkennen, daß inmitten unserer gewöhnlichen Gespräche Geschichten einen ganz besonderen Platz einnehmen.

Wir kennen den Wert von Geschichten, die in Büchern stehen. Deshalb möchten wir den Bücherbestand unserer Kinder ständig erweitern, deshalb legen wir so großen Wert auf das Vorlesen. Nur sollten wir darauf achten, wie wir den Inhalt der Bücher den Kindern auch vermitteln, dabei dem Gespräch möglichst viel Raum geben und einige Punkte beherzigen, die wir schon aus dem vorigen Kapitel kennen und die im letzten Kapitel nochmals angesprochen werden. In diesem Kapitel möchte ich die mündlich erzählten Geschichten beleuchten. Vielleicht verkennen wir nur allzu leicht ihren Wert und ihre Wirkung, wenn es um die Sprachfertigkeiten Ihres Kinds geht.

Geschichten erzählen trägt zur Entwicklung der grundlegenden kognitiven Prozesse bei, wie Gordon Wells vom Ontario Institute for Studies in Education (Institut für Erziehungswissenschaften) feststellt. Geschichten werden im Verstand und mit Verstand gebildet; erzählen wir Geschichten, lernen wir gleichzeitig, Bedeutung herzustellen. Es ist uns ein geradezu biologisches Bedürfnis, Geschichen zu konstruieren, weil wir dadurch die erhaltene Information verarbeiten können. Zudem ist Erzählen „ein Mittel, an der Welt teilzuhaben, in der ununterbrochen Geschichten von einem zum anderen übersandt werden". Laut Wells bringen Kinder die Geschichten, die sie sich ausgedacht haben, in die Form gesprochener Sprache. Wie? Auch hier heißt das Schlüsselwort „Gespräch". Auf diese Weise durchdringt das „Geschichten machen", wie er es nennt, jede Dimension des Lernens.

Falls Sie mit einem lebhaften Vorschulkind zusammenleben, dann wissen Sie, welche Bedeutung das Erzählen von Geschichten in seinem Leben einnimmt. Andauernd stürmt es zu Ihnen, um Ihnen etwas zu erzählen; über einen Freund, über ein Spielzeug, eine Fernsehsendung, einen kleinen Spatzen, den es vom Fenster aus beobachtet hat. Sie können hören, wie Ihr Kind sich selbst Geschichten erzählt – genauer gesagt, wie es Geschichten erfindet –; über den Teddybären, der beim Mittagessen neben ihm posiert, oder über seinen Hamster, oder über die Gummienten, mit denen es in der Badewanne planscht. Und nur allzu gut kennen Sie den Wunsch nach einer Geschichte, der in allen Kulturen, in allen Zeiten, in der Bitte Ausdruck findet: „Mama, erzähl mir 'ne Geschichte!"

Zwischen Sprechen und Erkennen besteht ein enger Zusammenhang, aber auch zwischen Sprechen und Schreiben. Erzählen und berichten sind unerläßliche Fähigkeiten, um schreiben zu können. Darauf bauen so unterschiedliche Schreibarten auf wie wissenschaftliche und historische Berichte, Erklärungen von Handlungsabläufen und Argumentationen. In seiner einfachsten Form ist Erzählen ein Rückblick auf Vergangenes; anders gesagt – und schon gar nicht mehr so einfach – hat Sprache die Kraft, uns ein vergangenes Ereignis zu vergegenwärtigen, zu verlebendigen, uns wieder vor Augen zu stellen. Berichterstatter und Historiker wissen dies, wenn sie einen Vorfall beschreiben und ihn anschaulich darstellen wollen. Kundige Schreiber können eine Unmenge an trockenen Daten, ein schier ausuferndes Geschehen so verdichten und lebendig darstellen, daß der Leser sich in die beschriebene Zeit hineinversetzen kann.

Aber wir wollen zu unseren kleinen Anfängern zurückkehren. Ihnen gelingen die Erzählungen und Berichte am besten, die einen begrenzten Zeitraum abdecken. Bei einem kurzen Ereignis muß man nicht in die Breite gehen, und die erzählte Zeit hält sich in Grenzen. Ist die erzählte Zeit - die vergangene Zeit - möglichst überschaubar, ist auch die Erzählzeit - die Zeit, die man zum Erzählen braucht - keine Überforderung. Motivieren Sie Ihr Kind, Gechichten zu erzählen, die in Raum und Zeit begrenzt sind. An ihnen lernt Ihr Kind am besten, Einzelheiten in eine zeitliche Abfolge und in eine Erzählabfolge zu bringen. Mit geschickten Fragen können Sie Ihrem Kind helfen, ein Ereignis auf einen überschaubaren Zeitraum zu begrenzen und sein Erinnerungsvermögen für Einzelheiten auszubilden. Fragen Sie, wann das Ereignis stattfand und fordern Sie Ihr Kind auf, die Jahres- oder Tageszeit zu bestimmen. Geschah es am Morgen, am Mittag oder am Abend, im Dezember oder irgendwann im Sommer? Fragen Sie nach Farben und Geräuschen; danach, was die Leute gesagt haben und wie sie sich bewegt haben. Sagen Sie beispielsweise „Wie hast du dich dabei gefühlt? Warst du froh? Hast du dich erschreckt? Hat es dich geärgert?"

Jede Begebenheit, die Ihre Tochter oder Ihr Sohn beeindruckt hat, ist eine Quelle für das Erzählen. Es bieten sich viele Gelegenheiten an: ein Augenblick beim Frühstück, an der Straßenecke, im Schulbus, auf dem mit gefallenen Blättern übersäten Spielplatz, am Eingang zur Leihbücherei, beim Turnen, während der Pausen, am Bachufer, im Eßzimmer, in der Einkaufszone. Um Ihr Kind zum Sprechen anzuregen, fragen Sie am besten nach seiner subjektiven Beurteilung, damit es sich auf seine eigene Wahrnehmung konzentriert:

- Hattest du heute im Kindergarten einen guten Tag? Was hat dir heute am besten gefallen?
- Was möchtest du am liebsten mit deinem kleinen Bruder spielen?
- Was hat dich an Karin so wütend gemacht?
- Was war das aufregendste, das du im Schnee erlebt hast?
- Was hat dir beim Picknick am besten gefallen?

Erzählen ist wichtig - auch im Schulalltag. In der Schule birgt der Augenblick, in dem Ihr Kind zum Erzählen aufgefordert wird, wahrscheinlich eine der wenigen Gelegenheiten, länger zu sprechen und länger angehört zu werden. Redet ein Kind außer der Reihe, wird es meist zurechtgewiesen. (Warum muß in Klassenzimmern unbedingt Ruhe herrschen?) Ich will diese formalen „Präsentationen" nicht überbewerten, denn es gibt so viele andere gute Möglichkeiten für eine geregelte Interaktion in der Klasse. Aber die Kinder bekommen wenigstens die Gelegenheit, vor anderen zu sprechen. Wie Sie vielleicht noch aus eigener Schulzeit wissen, ist ein Gespräch mit dem Lehrer meistens eine recht kurze Episode im Schulalltag; es beschränkt sich eher auf vortragsähnliches Erzählen. Häufig ist das eine ziemlich starre Angelegenheit. Ein Kind tritt beispielsweise vor die Klasse und hält ein Bild, ein Spielzeug oder irgendeinen weniger bekannten Gegenstand in die Höhe und soll ihn vor einer Gruppe kribbeliger, zappeliger Abc-Schützen zusammenhängend, logisch und treffend beschreiben - Sie kennen dies sicher noch aus Ihrer Schulzcit. Vielleicht folgen noch ein paar Fragen, vielleicht ein begrenzter Austausch, aber ein Gespräch kann man das nicht gerade nennen. Vielleicht muß Ihr Kind über ein Ereignis berichten, das ihm auf dem Schulweg aufgefallen ist; vielleicht muß es ein Ereignis wiedergeben, das die ganze Klasse miterlebt hat – den Besuch eines Polizisten in der Klasse, das Experiment, Dicke Bohnen zu pflanzen oder das Experiment mit Wasser und roter Tinte; ein Marionettentheater in der Aula. Vielleicht wird Ihr Kind auch aufgefordert, selbst eine Geschichte zu erfinden und sich in einen unbelebten Gegenstand oder in eine andere Person aus einem Buch oder Film hineinzuversetzen.

Zu Hause macht es Spaß, Geschichten zu erzählen und Geschichten zuzuhören. In der Schule kann es Spaß machen, unterliegt aber meist einer Bewertung, was etwas die Freude am Erzählen mindert. Es sei denn, Ihr Kind kennt einige Konventionen des Erzählens. Zwar ist auch zu Hause meist ein Erwachsener zugegen, wenn das Kind etwas erzählt, aber eine Lehrerin verhält sich doch anders; sie hat bestimmte Erwartungen und stellt Anforderungen, zum Beispiel soll ein Schüler beim Erzählen bestimmte formale Regeln befolgen.

Was sind das für Regeln? Zusammen mit einigen Lehrerinnen und Wissenschaftlern habe ich weiter unten einige Ratschläge aufgelistet. Sie konzentrieren sich auf einige der Fähigkeiten, auf die in der Schule besonders Wert gelegt wird. Sie können Ihr Kind ermutigen, diese in seinen Erzählungen zu Hause einzuüben. Sie können sicher sein, daß ich kein starres Schema eindrillen will – mit einfachen Kommentaren, Fragen und Antworten können Sie Ihrem Kind Anregungen geben, die es in und außerhalb der Schule braucht.

Erzählen im Gespräch

Wodurch können Sie Ihrem Kind Gelegenheiten schaffen, Geschichten zu erzählen? Wie können Sie diese Fähigkeit bei Ihrem Kind fördern? Ich möchte den Ausdruck „Geschichten erzählen" lieber durch „Erzählen im Gespräch" ersetzen, um den gegenseitigen sprachlichen Austausch bei dieser Form der Kommunikation zu betonen. Bei „Geschichten erzählen" denkt man eher an einen einzelnen Sprecher, der einem oder mehreren Zuhörern etwas vorträgt. Aber das, was wir hier unter Erzählen verstehen, hat andere Qualitäten: es zielt sehr viel mehr auf einen gemeinsamen Dialog; es soll das Bewußtsein für Sprache wecken, Gedanken anregen und die geeigneten Formen für Geschichten üben. Der eine Gesprächspartner bringt einzelne Elemente in das Gespräch ein, die der andere daraufhin als aktiver Zuhörer aufgreift und durch Fragen, zustimmende Kommentare, Zusammenfassungen und anderen Kennzeichen der mündlichen Kommunikation aufnimmt. Beim Erzählen im Gespräch schauen wir den Gedanken bei ihrer Entstehung zu, ähnlich wie einem Gedankenentwurf auf einem weißen Blatt Papier. Erinnern Sie sich an die Gerüsttechnik aus Kapitel 3?

Die Gerüsttechnik ist auch hier nützlich, um die Sprachfähigkeit Ihres Kindes weiter auszubauen. Erzählen im Gespräch stützt sich auf alle Kennzeichen des Gerüstebauens; nur erweitern Sie jetzt nicht mehr die einzelnen Sätze, sondern konzentrieren sich auf ganze Erzählabschnitte. Ein Beispiel kennen Sie schon: Michael Halliday nutzte diese Technik, als er seinem Sohn Nigel ein Gerüst für seine Episode aus dem Zoo anbot. Beim Erzählen im Gespräch geht es nicht nur einfach darum, schöne Geschichten zu erzählen. Es werden vielmehr elementare Sprachfähigkeiten ausgebildet.

Kinder wollen keine Geschichten, die als Monolog von einer einzigen Person vorgetragen werden, sie wollen das dialogische Geschichtenerzählen. Machen Sie aus einer Geschichte, die Sie oder Ihr Kind erzählen, ein Wechselgespräch. Dabei können sich Sprache und Bedeutung herausbilden, Erfahrungen zur Geltung kommen und Formen des Erzählens eingeübt werden. Sie sollten nicht einfach nur stumm zuhören, wenn ein Kind eine Geschichte erzählt, ebensowenig sollte ein Kind nur zuhören, während wir erzählen.

Kinder haben großes Vergnügen daran, sich Geschichten erzählen zu lassen, und meist können sie sich ihrem Zauber kaum entziehen. Gleichwohl gewinnen sie viel, wenn wir ihnen helfen, Geschichten als Teil ihres Sprachschatzes zu sehen und aktiv anzuwenden. Selbstverständlich muß ein Kind – wie jeder Erwachsene – auch ein Gespür dafür entwickeln, wann man redet und wann man sich zurückhält; auch das gehört zu einem gelungenen Dialog. Sobald uns jemand eine Geschichte mitteilt, hören wir normalerweise mehr zu als daß wir reden – vorausgesetzt, unser Gegenüber geht geschickt mit den Erzählkonventionen um. Wer erzählt, kann auf Fragen hinführen, indem er Ereignisse in bestimmter Weise verknüpft; ebenso kann er viele Fragen vorwegnehmen, indem er sie laut überlegt und Einzelheiten erklärt, bevor uns der Gedanke gekommen ist, nachzufragen.

Wir können unseren Kindern helfen, diese Fähigkeiten zu erwerben. In der Schule werden sie häufig schon vom ersten Tag an erwartet – verfrüht, mögen Sie denken. Ein guter Lehrer weiß zwar, wie man die Fähigkeiten der Kinder zur Entfaltung bringt, aber wollen Sie wirklich auf gut Glück abwarten, ob Ihr Kind die ideale Lehrkraft bekommt? Sie können die Entwicklung wichtiger Fähigkeiten Ihres Kinds zu Hause mit Leichtigkeit unterstützen.

Selbst wenn wir einer Geschichte nur zuhören, sind wir keineswegs passiv. Wir werfen Fragen auf und geben Kommentare ab. Oft wird die Geschichte erst durch ein Gespräch, durch sozialen Austausch hervorgebracht. „Wie jegliche Bedeutung in einem Gespräch", so Gordon Wells, „entstehen Geschichten erst in Gemeinschaft; ihre Ausarbeitung erfordert Zusammenarbeit und Austausch. Auf diese Weise war es den Menschen eines Kulturkreises möglich, ih-

ren Erfahrungen eine allgemein anerkannte Deutung zu geben; jeder bestätigte sie, modifizierte sie und arbeitete an der Geschichte des anderen."

Mütter, Väter und Geschichten

Der Erfindungsreichtum von Kindern ist unerschöpflich, es ist also nicht nötig, sie erst zum Erzählen zu überreden. Wissen Sie, was Geschichten – nicht nur für Kinder – bedeuten? Sie bilden ein Reich, in dem Ihr Kind Erfahrungen sammelt; ein Reich, zu dem einzig und allein Sprache das Tor ist; ein Reich, das sich nur durch Sprache Gehör verschafft. Also zeigen wir unseren Kindern, daß wir ihnen mit der gleichen Aufmerksamkeit zuhören, mit der sie uns zuhören; zeigen wir ihnen, daß wir sie ernst nehmen.

Eltern sollten zu Hause eine möglichst entspannte Gesprächsatmosphäre schaffen, in der die Kinder von ihren Erlebnissen und Gedanken ohne Angst, ausgelacht oder kritisiert zu werden, berichten können. Ohne Drängen sollten Sie Ihre Tochter oder Ihren Sohn zum Erzählen ermutigen. Vielleicht möchte Ihr Kind Ihnen gern von einem Erlebnis berichten. „Was hast du heute denn gespielt?" „Was hast du im Kindergarten/in der Schule gemacht?" „Mit wem hast du dich in der Pause unterhalten?" „Was hast du heute im Bus erlebt?" Solche oder ähnliche Fragen können ein Gespräch einleiten. Ein Tag im Leben eines Kindes ist so voll, so erlebnisreich, daß ein Gespräch regelrecht als Ventil wirkt. In ungezwungener Atmosphäre nimmt ein Kind seine Erlebnisse in Augenschein, wobei im Laufe eines lockeren Gesprächs oft tiefgreifende und unterschwellige Fragen und Probleme an die Oberfläche treten. Es ist traurig genug, daß es in vielen Familien nicht die Möglichkeit gibt, tägliche Erlebnisse auszutauschen.

Vielleicht haben Sie schon einmal versucht, eine regelmäßige Erzählstunde einzurichten; sicherlich haben Sie dabei auch die Erfahrung gemacht, daß einige Fragen einfach ins Leere treffen. Sie erhalten nichts als eine einsilbige Antwort: „Nichts", „Niemand" oder „Nein". Oder eine kurze Antwort ohne viel Inhalt: „Ich habe mit Phillip gekämpft" oder „Wir haben Bilder gemalt" oder „Lisa hat einen Frosch mitgebracht" und „Frau Heller hat ein Experiment gemacht". Was macht man dann?

Zunächst sollten Sie Ihr Kind nach Einzelheiten fragen, damit es einen Anhaltspunkt zum Erzählen bekommt. Zeigen Sie ihm Ihr Interesse und unterstützen Sie es mit weiteren Fragen, damit es das Erlebnis in seinen Worten wiedergibt. Fragen Sie auch nach seinen Empfindungen. Helfen Sie ihm, das Erlebnis und die damit verbundenen Gefühle in seiner Sprache auszudrücken. „Ein Kampf!" könnten Sie sagen, „Wo passierte das? Und wie kam es dazu? Du mußt mir unbedingt davon erzählen!" Oder: „Also, ich weiß gar nicht, wann ich zuletzt einen Frosch gesehen habe! Wie sah er denn aus? Was für Laute macht er denn?"

Aus der Antwort können Sie Hinweise aufgreifen und weiterführende Fragen anschließen. Zeigen Sie, daß es Ihnen auf die Einzelheiten ankommt; vor allem auf solche, die die Sinneseindrücke wachrufen. Stellen Sie Fragen, anhand derer Ihr Kind diese Einzelheiten ans Licht bringen kann. Sie möchten alles mögliche erfahren - Farben und Geräusche, Bewegungen und Handlungen, Gerüche und Berührungen, auch die Worte, die eine Person gesagt hat. Ihrem Kind fällt das Erzählen leichter, wenn es sein inneres Auge auf einen einzelnen Augenblick konzentrieren kann. Helfen Sie ihm dabei, indem Sie nach einem bestimmten Zeitpunkt fragen - war es am Nachmittag, morgens, mittags, in der Pause? Ein Kind wird meistens recht aufgeregt, sobald es Einzelheiten erzählen soll und will erst ein bißchen ermutigt werden; aber dann spielt es die Antworten manchmal so-

gar vor: ein Kind, das auf die Frage hin, wie ein Frosch sich bewege, fröhlich im Zimmer herumhopst, bekommt natürlich zunächst Applaus. Dann kann man fragen: „Wie würdest du das jemandem erklären, der dich jetzt nicht sieht?" und auf die Antwort hoffen: „Er hüpft" oder „Er springt hoch" oder „Er macht Sprünge". Wie zutreffend, wie scharf beobachtet! Bekäme ich nur zur Antwort: „Er bewegt sich" oder „Er läuft", würde ich mein Kind auffordern, nach einem treffenderen Wort zu suchen.

Sobald Ihr Kind über seine Erlebnisse sprechen kann, können Sie in dieser Art kreative Fragen stellen. Mit drei oder vier Jahren beginnt ein Kind, seine Beobachtungsgabe zu schärfen, eine wichtige Gabe, um Geschichten wirkungsvoll zu erzählen.

In Kapitel 3 haben wir uns bereits mit kreativen Fragen beschäftigt. Sie bilden den Kern eines aufgeklärten Gesprächs zwischen Eltern und Kind, insbesondere, wenn sie zusammen aktiv lesen und über Bücher sprechen. Aber Sie sollten im Auge behalten, daß es einem Kind nicht leichtfällt, ein Erlebnis beim Erzählen in die richtige Reihenfolge zu bringen. Seien Sie Ihrem Kind ein Vorbild und werden Sie erst mal selbst zum Erzähler: „Du hast also auch einen Kampf gesehen! Einmal habe ich auf dem Parkplatz vor unserem Supermarkt zwei Männer gesehen, die sich gegenseitig angeschrien haben. Es hatte geregnet, und die Straßen waren ganz rutschig. Ein älterer Mann in einem Opel streifte einen nagelneuen weißen VW. Daraufhin sprang ein Jugendlicher in Jeans und gestreiftem Hemd wütend aus dem Wagen, knallte die Wagentür zu und schrie: ‚Warum passen Sie denn nicht auf, wo Sie hinfahren, Sie alte Blindschleiche!' ‚Du kleiner Halbstarker!' schrie der Opel-Fahrer hinter seinem Lenkrad hervor, ‚warum mußt du ausgerechnet vor dem Straßenschild parken?' Glücklicherweise kam gleich ein Polizist und regelte die Angelegenheit, bevor es zu einer Schlägerei kam." Lassen Sie beim Erzählen

Ihre schauspielerischen Fähigkeiten zur Geltung kommen. Machen Sie mit Ihrer Stimme nach, wie andere Leute reden; schmücken Sie Ihre Geschichte so aus, daß sie Traurigkeit, Freude oder Aufregung vermittelt. Sie geben Ihrem Kind ein Beispiel, wie man mit Ausschmückung konkreter Einzelheiten eine andere Person mitreißen kann. Nennen Sie möglichst genau Orts- und Personennamen; wählen Sie für Handlungen so genaue Wörter, daß ein anderer sie nachvollziehen kann. Streifen Sie Farben und Geräusche, suchen Sie Wörter, um Sinneseindrücke zu beschreiben.

Mit solchen Geschichten geben Sie Ihrem Kind ein Modell vor. Durch die oben empfohlenen Fragen können Sie Ihrem Kind helfen, einen Sinn für Einzelheiten zu entwickeln – eine Voraussetzung für gelungenes Erzählen. Indem Sie den Wert eines Erlebnisses herausstellen, werden Sie auch sicherlich den quälenden Satz „Mir ist so langweilig!" oder „Ich erlebe überhaupt nichts Tolles" immer seltener hören.

Formen des Erzählens

Das Bedürfnis, Geschichten zu erzählen, ist derart grundlegend, derart verbreitet, daß sich eine Art Formenlehre herausgebildet hat. Denken Sie an den schlechtesten Erzähler, den Sie kennen, denken Sie nach, was er tun sollte, damit Sie ihm mit Genuß zuhören. Sie werden sehen, daß Sie dabei einige Erzählkonventionen definieren. Die meisten Erwachsenen folgen bestimmten Mustern, wenn sie ein gesehenes, gehörtes oder auch erfundenes Ereignis erzählen. Natürlich würden Sie die Qualitäten einer Geschichte nicht als Regeln darstellen – doch es gibt sie. Sie sind die Anhaltspunkte, nach denen wir die mündliche Rede unserer Freunde und Bekannten beurteilen, und zweifellos leiten sie auch die Lehrerinnen, die unsere Kinder im Unterricht beurteilen.

Man kann natürlich darüber streiten, ob es wichtig ist, die besondere Rolle der spontanen Sprache der Kinder zu betonen, einer Sprache, die von den „Regeln" der „Erwachsenen" oder von „Erziehungsmodellen" noch einigermaßen unberührt ist. Nancy Martin, eine der bedeutendsten Wissenschaftlerinnen auf dem Gebiet der Lese- und Schreibfähigkeit in England, argumentiert in überzeugender Weise: Allzu oft treiben wir unsere Kinder zu hart und zu früh an, die Sprache der Erwachsenen nachzuahmen, „ohne ihren jeweiligen Wissensstand zu berücksichtigen". Wir wollen die ursprünglichen, unkonventionellen Sprachschöpfungen unserer Kinder als Ideal bewahren, ohne sie in starre Regeln zu pressen. Aber das beabsichtigen wir beim Ausbau der Sprachfähigkeit auch gar nicht.

Jede Mutter, jeder Vater hat zu Hause die Gelegenheit, dem Kind einige Prinzipien der Erwachsenensprache zu verdeutlichen, ohne dadurch Druck zu erzeugen. Sie können dadurch dafür sorgen, daß das Kind bei Schuleintritt schon einmal das Feld der Erwachsenensprache betreten hat und sich nicht plötzlich von völlig unbekannten Regeln überwältigt fühlt.

Erzählen im Gespräch ist zu gleichen Teilen auf bestimmte Erzählkonventionen und auf das Gespräch angewiesen. Lassen Sie uns deshalb einige Erwartungen betrachten, die die Schule an Ihr Kind stellen wird, sowie einige Schritte, die Sie selber machen können, um seine Entwicklung zu Hause, ohne Druck, anzuregen.

Meist wird von Ihrem Kind verlangt, zwei Arten von Geschichten zu unterscheiden; Geschichten, die tatsächliche Ereignisse wiedergeben und Geschichten, die erfunden sind, das heißt Tatsachenberichte und erfundene Geschichten. Es ist etwas unglücklich, daß das Wort „erzählen" diese beiden entgegengesetzten Bedeutungen beinhaltet. Dadurch werden Kinder, die gerade ihre ersten Erfahrungen mit dem Vortragen in der Klasse machen, häufig verwirrt. Sie müssen diesen Unterschied erst lernen;

die Aufforderung: „Erzähl uns von deinem Ausflug in den Zoo" zielt auf eine Tatsache, die Bitte: „Stell dir vor, du wärst ein Blatt. Erzähl uns, wie du das Jahr erlebst" zielt auf Erdichtetes. Sagt die Lehrerin: „Ich erzähle euch die Geschichte von der hungrigen Raupe", meint sie wieder etwas anderes. Erzählen kann man sowohl Tatsachen als auch Erdichtetes, Wirklichkeit und Fiktion.

In Tatsachenberichten werden wirklich geschehene Ereignisse erzählt – wirklich in dem Sinne, daß sie auf Sinneswahrnehmungen beruhen und aktuelle Vorfälle wiedergeben. An der Ecke Marktstraße und Bahnhofstraße schauten wir einem Mann zu, der auf einem gelben Leiterwagen stand und Telefondrähte zog. Wir erzählen von den Beobachtungen, die wir machten, als wir einem Handwerker bei der Arbeit zugeschaut haben; wir erzählen, was er machte, womit er hantierte, was bei der Arbeit geschah, welche Auswirkungen seine Handlungen haben. In diesem Fall erwartet ein Hörer Fakten. Sobald jemand berichtet, erzählt er Wahrgenommenes und verknüpft die verschiedenen Handlungen in einer bestimmten Abfolge miteinander. An der Ecke Marktstraße und Bahnhofstraße sahen wir einem Mann zu, wie er Telefondrähte zog. Er stand auf einer ausgefahrenen Leiter in einem gelben Korb. Zuerst hat er den Draht abgeschnitten; dann rollte er ein längeres Stück von dem Draht ab, das er um die Hüften trug und . . . Kommen Fragen von den Zuhörern, so schildert man weitere Einzelheiten. Bei dieser Art zu erzählen wiederholt man eine Tatsache genau so, wie man sie wahrgenommen hat.

Häufig hat die Lehrerin an den Ereignissen, die Ihr Kind in einem Bericht erzählen soll, selbst teilgenommen. Dadurch kann sie sich im Gegensatz zu den Ereignissen, die nur Ihr Kind erlebt hat, selbst ein Bild machen. Sie weiß längst, wie man es strukturieren sollte, welche Personen einzuführen sind, welche Punkte besonders hervorgeho-

ben werden müssen, welche Handlungen ausgeschmückt werden sollten. Damit ein Kind Anerkennung gewinnt, muß sein Tatsachenbericht den Vorstellungen der Lehrerin entsprechen. Es wird erwartet, daß es die Ereignisse genau wiedergibt, sie fehlerfrei in eine bestimmte Abfolge darstellen und Einzelheiten logisch verknüpfen kann, sowie Personen, Handlungen und Gedanken den richtigen Stellenwert geben kann.

Fiktive, das heißt erfundene Geschichten, sind dagegen aus der schöpferischen Einbildungskraft hervorgegangen. Ihnen kann durchaus ein tatsächliches Ereignis zugrunde liegen. Viele Kinder beginnen oft mit einer wahren Begebenheit, zum Beispiel erzählen sie von einem Mann auf einem Leiterwagen, um uns dann ins Reich der Fantasie zu führen. Aber erdichtete Geschichten beruhen meistens auf frei erfundenen Charakteren und Situationen. In diesem Fall geht es nicht um Realismus. Die Zuhörer schätzen es sogar, wenn das Kind einige Hinweise gibt, daß die Gechichte nicht auf Fakten basiert. Ein guter Zuhörer kann zwar beim Erzählen einige Hinweise heraushören, aber eine Lehrerin legt besonderen Wert darauf, daß Ihr Kind den Unterschied zwischen Realität und schöpferischer Einbildungskraft kennt und deutlich machen kann. Meist vertraut der Erzähler auf typische Redewendungen wie beispielsweise: „Es war einmal . . ." Fiktive Geschichten und Tatsachenberichte haben ihre je eigenen Erzählkonventionen. In einer Geschichte möchten wir so bald wie möglich etwas über die Charaktere erfahren und erwarten eine Beschreibung der näheren Umstände mit Angaben zu Ort und Zeit, die uns in die Geschichte einführen. Als Zuhörer wollen wir uns nicht mit der logischen Abfolge der Ereignisse herumschlagen.

Es gibt noch eine dritte Kategorie. Wenn Ihr Kind eine gerade gelesene erdichtete Geschichte oder eine gerade gesehene Fernsehsendung zusammenfaßt, haben wir eine Vermischung zwischen Tatsachenbericht und frei erfundener Geschichte. In diesem Fall erzählt ein Kind etwas nach und muß sich an die Tatsachen von etwas halten, das möglicherweise ein frei erfundenes Ereignis ist. Die Geschichte fügt sich aus Erzählung und Dialog zusammen; es gibt einen inneren Zusammenhang der einzelnen Teile. Versuchen Sie einmal, eine Episode aus den „Fraggles" oder aus „Die Kinder aus Bullerbü" nachzuerzählen, und Sie werden schnell verstehen, was es mit dieser Kategorie auf sich hat. Es ist die getreue Nacherzählung einer nur in der Fiktion existierenden Geschichte. Dem kleinen Erzähler legt diese Art, die Nacherzählung, besondere Anforderungen auf; die meisten Geschichten, die Lehrer der Klasse vorlesen, gehören in diese Kategorie. Das Kind muß die Ereignisse auf die Reihe bringen – im wahrsten Sinne des Wortes – logisch, im Zusammenhang und in einer bestimmten Abfolge. Und es muß dazu mit der erdichteten Welt der Geschichte umgehen.

Zusätzlich, so Shirley Brice Heath, muß ein Kind die Bedeutung der Geschichte mit einem Erwachsenen „aushandeln". Und gerade in diesen Verhandlungen haben Kinder oft Schwierigkeiten, wie eine Studie an Kindern aus zwei Gemeinden in North Carolina erbrachte. Grundschullehrer lasen den Kindern Geschichten aus „Puh, der Bär" vor; sie handeln von einem kleinen Bären, der immer wieder in schwierige Situationen hineinschlittert, sich aber immer wieder behaupten kann. Es zeigte sich, daß einige Kinder vorher noch nie ähnliche Tiergeschichten gehört haben, andere hatten nur sehr wenig Erfahrung mit fantasierten Geschichten, und die meisten konnten mit Fragen des Lehrers nichts anfangen, wie zum Beispiel: „Ist er nicht verrückt?", „Meinst du, man könnte ihn einfangen?", „Was würde wohl geschehen wenn . . .?"

Heath fand im Erzählverhalten verschiedener sozio-kultureller Gruppen deutliche Unterschiede, womit wieder der enge Zusammenhang zwischen der Spracherfahrung, die einem Kind zu Hause ermöglicht wird, und der Sprachfertigkeit, die es in der Schule anwenden kann, deutlich wird. Die Lehrer hatten gewisse Erwartungen, die Kinder hatten andere, je nach kulturellem und sprachlichem Hintergrund. Die Kinder treffen also in der Schule „auf Begriffe von Wahrheit, Stil und Sprache, die sich sehr von dem absetzen, was sie zu Hause unter ‚erzählen' verstanden haben. Sie müssen eine andere Einteilung und neue Definitionen von ‚erzählen' lernen. Sie müssen erst lernen, wann eine wahre Geschichte erwartet wird, die sich an die Tatsachen hält, und wann eine Geschichte, bei der schöpferische Einbildungskraft gefordert wird."

Was sind die Kennzeichen einer guten Erzählung? Übertragen wir unseren Begriff von Erzählen im Gespräch auf das schulische Umfeld, sollten wir nicht nur die Einzelheiten einer Geschichte betrachten, ihren Inhalt, sondern auch das, was Heath „interaktive" Merkmale nennt. Darunter versteht sie Qualitäten, die mit den sozialen Bedingungen der Geschichte verbunden sind. In der nachstehenden Auflistung habe ich einige Bestandteile zusammengestellt, die für das Erzählen in der Schule wichtig sind. Sie werden anschließend der Reihe nach erläutert.

Kriterien für die Bewertung von Geschichten

1. Erst dann erzählen, wenn man dazu aufgefordert wird.
2. Sich beim Erzählen auf eine kurze Zeitspanne konzentrieren.
3. Ohne Umschweife zur Hauptsache kommen.
4. Personen einführen und sie vorstellen; Zeit und Ort beschreiben.
5. Sich an die Tatsachen halten; eine Abfolge wählen, damit der Zuhörer folgen kann.
6. Auf Fragen antworten; Ereignisse beurteilen können; Reaktionen, Analysen und Beurteilungen von anderen hören.

7. Möglichst genaue Beschreibung von Sinneswahrnehmungen geben.

1. *Erst dann erzählen, wenn man dazu aufgefordert wird.* Ich persönlich mag am liebsten die Geschichten, die Kinder spontan erzählen und in denen die Fantasie Blüten treibt. Sie eröffnen uns eine einzigartige, unbekannte Welt. Leider sind Lehrer mit zu vielen Kindern in einer Klasse betraut, als daß sie der Spontaneität freien Lauf lassen könnten; Geschichten, nach denen im Unterricht gerade nicht gefragt wird, gelten als Ablenkung von den eigentlichen Lerninhalten. Nun sollen Sie auf keinen Fall die Spontaneität Ihres Kinds unterdrücken, nur weil ungünstige Umstände sie in der Schule nicht zuläßt.
Es ist auf jeden Fall vernünftig, Kinder zu Hause zum Erzählen anzuregen; so bekommen sie den richtigen Dreh, bevor sie in der Schule dazu aufgefordert werden. Alle Ereignisse im Leben eines Kindes eignen sich für eine kleine Erzählung: „Erzähl Papa die Geschichte von dem Mann auf dem Leiterwagen"; „Erzähl der Großmutter von dem Eichhörnchen, das wir heute nachmittag im Park gesehen haben"; „Erzähl Mama die Geschichte, die ich dir nach dem Kaffeetrinken vorgelesen habe". Sie können das Kind auch um erfundene Geschichten bitten: „Was würdest du tun, wenn du ein Eichhörnchen wärst?"; „Stell dir vor, du wärst Puh, der Bär; was würdest du heute tun?"

2. *Sich beim Erzählen auf eine kurze Zeitspanne konzentrieren.* Was ist eine kurze Zeitspanne? Eine einzige Begebenheit, die im Nu vorbei ist. Ein Erzähler kann einen Augenblick in lebhafter Sprache neu schöpfen, so daß er uns lebendig vor Augen steht. Schreibt oder erzählt Ihr Kind eine Geschichte, dann soll es eine kurze Szene mit konkret wahrgenommenen Einzelheiten ausschmücken. Denn eine endlose Aufzählung von Ereignissen

ist noch keine Geschichte. Sie entsteht erst, wenn ein kurzer Augenblick in allen Einzelheiten möglichst genau wiedergegeben wird. Jedes Erlebnis, jede Erfahrung kann die Fantasie Ihres Kinds anregen und birgt reichlich Möglichkeiten zum Erzählen.

3. *Ohne Umschweife zur Hauptsache kommen.* Sobald Kinder die Fähigkeit zum Erzählen entwickeln, sollten sie bestimmte Erzählkonventionen gleich mitlernen; dazu gehört vor allem die Einführung in eine Geschichte. Eine Geschichte will nach Plan erzählt sein. In den ersten Schuljahren wird von Ihrem Kind erwartet, daß es eine Geschichte erst organisiert, bevor es zu erzählen beginnt, und nicht einfach erzählt, wie es ihm in den Sinn kommt. Ein kleines Kind webt seine Geschichten aus den Wörtern, die ihm im Moment des Erzählens einfallen, und plant nur wenig, wenn überhaupt, im voraus. Selbst wenn Ihr Kind erst kürzlich gesehene Ereignisse nacherzählt, bringt es sie, bevor es tatsächlich zu reden anfängt, kaum in die Form einer Geschichte. Diese mangelnde Fähigkeit, nach Plan zu erzählen - sie ist ganz normal - erklärt viele Ungereimtheiten: Auslassungen, allzu gewagte Ausschmückungen und die Abschweifungen ins Land der Phantasie inmitten eines Berichts.
Überlegt Ihr Kind sich im voraus eine bestimmte Ordnung, entwickelt es gleichzeitig die Fähigkeit zu verallgemeinern. Schon zu Anfang spitzt es die Geschichte auf einen bestimmten Punkt zu, trennt wichtige Einzelheiten von Nebensächlichkeiten und ordnet sie entsprechend der allgemeinen Aussage der Geschichte. Diese Fähigkeit nennt Heath „abstrahieren"; sie wird in jeder Unterrichtssituation wichtig. Denn fordert ein Lehrer die ganze Klasse gleichzeitig auf, eine Geschichte zu erzählen, kommt das Kind an die Reihe, das am schnellsten umreißen

kann, wovon es erzählen möchte. Auch Verallgemeinerungen und Abstraktionen lassen sich am besten mit der Gerüsttechnik üben, die in Kapitel 3 beschrieben ist. Weiter unten zeige ich Ihnen ein Beispiel, an dem Sie sehen können, wie Sie mit Fragen ein Gerüst für das Erzählen errichten. In Kapitel 8 werde ich noch weitere Beispiele anführen, dort zum Thema Fernsehen.

4. *Personen einführen und sie vorstellen; Zeit und Ort beschreiben.* Nichts verwirrt den Zuhörer mehr, als wenn der Erzähler ein Vorwissen voraussetzt, über das der Hörer noch gar nicht verfügen kann, zum Beispiel wo und wann die Geschichte spielt und von wem sie handelt. Erfragen Sie deshalb Personen- oder Tiernamen sowie Angaben zu Erscheinung und Handlung, die ungefähre Zeit der Handlung und den Ort.

Diese Anhaltspunkte sollen nun nicht jene rein formalen, enggefaßten Regeln sein, die jeder von uns in der Schule fürchten gelernt hat und die Ihr Kind sicherlich noch früh genug beachten muß. Katalogisiert und mit römischen Zahlen versehen wurden die Kategorien malträtiert: I. Autor und Titel; II. Ort und Zeit der Handlung; III. Charaktere; IV. Handlung, usw. Nicht diese starren Regeln sollten Sie ins Auge fassen, sondern die Schlüsselelemente des Erzählens, die wir genießen und die den Zuhörer auf die Geschichte vorbereiten. Es sind die berühmten W-Fragen – wer, wann, wo, was, wie und warum –, die die Geschichte einrahmen und dem Zuhörer helfen, der Geschichte zu folgen.

5. *Sich an die Tatsachen halten; eine Abfolge wählen, damit der Zuhörer folgen kann.* Wenn Ihr Kind ein Ereignis wiedergibt (im Bericht) oder eine fiktive Geschichte nacherzählt, die es zuvor gelesen oder im Fernsehen gesehen hat (eine Mischung aus Tatsachenbericht und fiktiver Geschichte), wird sein Lehrer von ihm erwarten, daß es die Szenen genau darstellt und in eine passende Reihenfolge bringt.

Unter Genauigkeit verstehen wir jedoch nicht erschöpfende Vollständigkeit, sondern wirklichkeitsgetreue Darstellung wichtiger Ereignisse ohne unnötige Ausschmückungen, ohne Abschweifungen und ohne Flüge der Phantasie, die dem Realitätsgehalt eines Berichts Abbruch tut und den Hörer nur ablenken würde.

Die Sequenz, die Anordnung der Ereignisse hilft, einen Überblick zu gewinnen. Die Sequenz ist der Wegweiser, der uns zeigt, wo es in der Geschichte langgeht.

In den meisten Geschichten bestimmt die Chronologie den Gang der Ereignisse: ein Ereignis folgt zeitlich nach dem anderen; zuerst geschah dieses, dann geschah das, schließlich jenes. Dank der chronologischen Abfolge kann der Zuhörer verstehen, wie sich die Ereignisse aufeinander beziehen. Chronologie scheint zwar simpel, kann aber auch komplizierte Formen annehmen. Beispielsweise muß der Erzähler manchmal auf ein vorausgegangenes Ereignis zurückgreifen, um dem Hörer einen Hintergrund zu geben. Solche Umwege können einen ungeübten Hörer in die Falle locken. Er räumt der Episode vielleicht Eigenrecht ein und übersieht den Hauptstrang der Geschichte.

Eine andere Möglichkeit besteht darin, eine Geschichte nach einer räumlichen Anordnung zu konstruieren. Ein Kind kann zum Beispiel die Küche beschreiben oder etwas über den Spielplatz erzählen, indem es einen Standpunkt auswählt, von dem aus es den Raum betrachtet – von oben nach unten, von links nach rechts, von vorne bis hinten, von fern zu nah. Es erzählt in der Reihenfolge, in der es die Gegenstände im Raum wahrnimmt. Außerdem können Ereignisse ihrer Wichtigkeit nach angeordnet werden – das Unwichtigste zuerst, das Wichtigste zum Schluß –, damit die Spannung nicht nachläßt.

Wie Sie wissen, springen Kinder in ihren Erzählungen gerne hin und her, vor und zurück, wie kleine Gummibälle. Einige Kinder weichen schnell ab und konzentrieren sich auf offensichtlich unwichtige Ereignisse, andere übersehen ganz auffällige und bedeutende Einzelheiten. Wieder andere präsentieren lediglich das Skelett einer Geschichte, ein paar dünne Sätze ohne Details, ein paar unverbundene Gedanken ohne zeitliches und logisches Gerüst, ohne Satzbau mit Haupt- und Nebensätzen und ohne Konjunktionen, die für logische Verknüpfungen der Sätze sorgen. Zudem lieben Kinder es, eine Geschichte teilweise zu erfinden. Ausgedachtes vermischt sich mit Tatsachen zu einem manchmal köstlichen, aber undefinierbaren Salat.

Wie soll ein Vorschulkind lernen, sich an die Regeln zu halten? Wie soll es den Einzelheiten eines wirklichen Ereignisses oder einer Geschichte, die es gelesen oder gehört hat, folgen? Wie kann es wichtige Einzelheiten ausarbeiten und unwichtige kürzen? Wie lernt es, eine zeitliche Abfolge aufzubauen? Hier werden wieder die Mütter und Väter auf den Plan gerufen. Sie können diese Fähigkeiten nur durch regelmäßige Gespräche fördern. Erzählen im Gespräch bietet Ihnen gute Möglichkeiten. Räumen Sie dem Erzählen in Ihrer Familie den gebührenden Platz ein, erzählen Sie und knüpfen Sie mit Fragen an Erzähltes an. Auf diese Weise helfen Sie Ihrem Kind so zu erzählen, daß es bei anderen Kindern und Erwachsenen Anerkennung findet.

6. *Auf Fragen antworten; Ereignisse beurteilen können; auf Reaktionen, Analysen und Beurteilungen von anderen hören.* Eine weitere wichtige Qualität ist das Zuhören. Vor, während und nach dem Erzählen werden oft Kommentare abgegeben und Fragen gestellt, die Ihr Kind beantworten soll. Mit Erzählen im Gespräch können

Sie diese Fähigkeit fördern und Ihrem Kind für seine Schulzeit wertvolle Fertigkeiten mitgeben. Erzählen heißt gleichzeitig mit anderen umzugehen; stellen Sie also während der Geschichte Fragen und geben Sie schon kleine Hinweise, Deutungen und Beurteilungen, die ein wenig analysieren. Sie sollten wichtige Informationen einwerfen, an die Ihr Kind nicht denkt oder die es noch gar nicht wissen kann. Hier bietet sich eine gute Gelegenheit, um Ihrem Kind zwanglos etwas beizubringen: Sie können ihm ganz nach Bedarf die fehlenden Kenntnisse in einer entspannten Erzählsituation anbieten. So können Sie bei der Geschichte von dem Mann auf dem Leiterwagen erklären, warum man dieses Transportmittel so nennt, oder wie der Arbeiter es bedient, oder welche Sicherheitsmaßnahmen er treffen muß, damit er seine Arbeit ohne Zwischenfälle ausüben kann.

Während das Kind Ihrer Analyse der Geschichte zuhört, lernt es selber analytisch zu denken. Es sieht, wie die Zuhörer überlegen und ihre eigene Sichtweise einbringen; wie der Erzähler auf Fragen der Zuhörer eingeht, um bestimmte Punkte zu vertiefen und auf diese Weise zum besseren Verständnis beiträgt. Gleichzeitig lernt das Kind, daß das Berichten von Tatsachen gewissermaßen eine öffentliche Handlung ist; andere Menschen waren vielleicht Zeuge des erzählten Ereignisses und können das, was das Kind wahrgenommen hat, an ihrer eigenen Wahrnehmung überprüfen. Das ist zum Beispiel eine typische Schulsituation; der Tatsachenbericht ist eine Art öffentliche Äußerung. Zwar kann nur ein Kind erzählen, aber bewerten kann die ganze Gruppe.

Wie schon gesagt, hat die Lehrerin schon eine ganz bestimmte Vorstellung von Inhalt und Aufbau. Beim Zuhören achtet sie vor allem darauf, wie gut die Version des Schülers ihrer eigenen Wahrnehmung entspricht. Auch beim Erzählen im Ge-spräch kann Ihr Kind Ihnen ein Ereignis berichten, von dem sie beide Zeugen wa-ren. Sie haben beide den Mann im Leiter-wagen gesehen, beide haben sie die Er-eignisse auf ihrem Register für Geschich-ten verzeichnet. Und wenn Sie Thomas bitten, Papa oder Oma die Geschichte vom Mann auf dem Leiterwagen zu er-zählen, können Sie seine Version gegen Ihre halten und vergleichen. Eine gute Übung, finden Sie nicht?

Es gibt noch einen weiteren Punkt, den Sie kennen sollten. Vielen Kindern ge-lingt es nicht, eine Geschichte lebendig zu erzählen und die Aufmerksamkeit zu fes-seln. Mit Ihren Fragen und Kommenta-ren zeigen Sie Ihrem Kind Möglichkeiten auf, wie es Vorstellungen in Sprache um-setzen und ausschmücken kann. (Mehr dazu unter Punkt 7.) Fordern Sie Ihr Kind auf, sein Urteil über Ereignisse und Personen abzugeben. „Was sagst du denn dazu, daß das Eichhörnchen die Nüsse versteckt hat?"; „Kannst du dir vorstel-len, wie sich der Mann auf dem Leiterwa-gen fühlt, wenn er von oben herunter-schaut?" Regen Sie Ihr Kind an, Ereig-nisse miteinander in Beziehung zu setzen. Passierte eine Sache, weil ihr eine andere vorausging? Ist ein Vorgang das Resultat eines anderen? Was zieht diese oder jene Handlung nach sich? „Warum hat das Eichhörnchen Popcorn versteckt? Was macht es wohl, wenn es zurückkommt und es nicht mehr an seinem Platz fin-det?"; „Warum bringt der Mann die Te-lefondrähte so hoch über der Straße an? Was wäre, wenn er sie tiefer ziehen wür-de?" Auch Kleinkinder lassen sich durch solche Verbindungen anregen und kön-nen daran ihr Denkvermögen schärfen. Ereignisse lassen sich nicht einfach nur ihrem zeitlichen Ablauf nach erzählen. Es gibt auch kausale Beziehungen, Be-ziehungen von Ursache und Wirkung. Wir können schon frühzeitig beginnen,

unser Kind auf sie aufmerksam zu ma-chen.

Lassen Sie Ihr Kind doch einmal ins Mi-krofon sprechen und hören sie sich das Ergebnis hinterher gemeinsam an. Sie können die Kassette an den entscheiden-den Stellen stoppen und Fragen zur Ge-schichte stellen. So lenken Sie die Auf-merksamkeit Ihres Kinds auf Einzelhei-ten und entlocken ihm weitere Informa-tionen. Einige Eltern lassen ihre Kinder etwas Erzähltes auch gerne in einem Bild festhalten. Die Zeichnung eines Kinds ist oft ein magischer Schlüssel zu Gesprä-chen. Später werden wir uns noch einge-hend damit beschäftigen, wie Bilder Ge-spräche anreizen.

7. *Möglichst genaue Beschreibung von Sin-neswahrnehmungen geben.* Zu einem ge-lungenen schriftlichen Bericht gehört die Beschreibung konkreter Sinneswahrneh-mungen. In den ersten Schuljahren wer-den die Lehrer/innen Ihr Kind auffor-dern, eine kleine Geschichte zuerst zu erzählen und danach aufzuschreiben. Ein gut ausgearbeiteter Bericht besteht im Wesentlichen aus Wörtern, die sinnliche Eindrücke vermitteln. Unsere Sprache ist reich an Ausdrücken, die Sinneswahrneh-mungen beschreiben: Geräusche, Gerü-che, Geschmack, Farben, Bewegungen und Berührungsempfinden. Solche Wör-ter appellieren an die Sinne: brausen oder flüstern, verschimmelt oder harzig, sich schlängeln oder hervorschießen, orangefarben oder dunkelrot, trocken oder naß, süß oder salzig. Für manche Sinneswahrnehmungen finden sich die entsprechenden Wörter leichter als für andere. Geräusche lassen sich vielleicht am einfachsten in Wörtern einfangen, weil unsere Sprache eine unglaubliche Vielfalt an Vokabeln hat, die Geräusche bestimmen. Es gibt nicht nur Wörter, die Geräusche bezeichnen wie schreien, ex-plodieren, hüsteln, oder auch Wörter, die sie lautlich nachahmen, wie brummen,

rattern, summen, miauen oder ticken. In vergleichbarer Vielfalt füllen Wörter für Farben und Handlungen den Sprachschatz. Dagegen gibt es sehr viel weniger Wörter für Geschmacksempfindungen.

Derartige Wörter dienen der konkreten Vorstellung. Mit Konkretisieren meine ich den Grad an Genauigkeit, wie ein spezielles Wort ein Ding oder einen Sachverhalt darstellt. Man kann zum Beispiel klar erkennen, welches der folgenden Wörter ein Ding am präzisesten bezeichnet. Pflanze, Blume, Rose.

Pflanze ist ein umfassender und sehr allgemeiner Begriff, er bezeichnet eine große Gruppe; der Begriff Blume grenzt die Gruppe der Pflanzen ein, weil er Gemüse, Sträucher, Baumarten, Rebstöcke, Gräser usw. ausgrenzt. Rose ist der genaueste Begriff, er ist sehr „konkret" und erfordert auch die genaueste Beobachtungsgabe. Sagen Sie Blume, bleibt die Wahl den Zuhörern überlassen – der eine stellt sich ein Gänseblümchen vor, der andere eine Chrysantheme, der nächste eine Tulpe. Gute Erzähler möchten ihren Zuhörern eine möglichst genaue Vorstellung geben und ihnen die erzählten Dinge regelrecht vor Augen stellen.

Kinder sind besonders empfänglich für die Welt der Sinneswahrnehmungen. Lange bevor sie Sprache lernen, reagieren sie auf Sinneseindrücke und verinnerlichen sie in Bildern; mit Sprache werden sie dann ins Gedächtnis zurückgerufen. Deshalb sollten Sie einen Gegenstand möglichst präzise benennen und das einzig treffende Wort finden. Wenn Sie ein Blatt berühren, sollte Ihr Kind dieses Wort im Zusammenhang mit Blume oder Pflanze hören. Vernimmt es einen Flügelschlag vor dem Fenster, sollte es Sie ebenso Taube oder Spatz wie Vogel sagen hören. Wenn Sie Ihrem fünf- oder sechsjährigen Kind helfen, einen Gegenstand zu benennen, sollten Sie ihm auch helfen,

den genauesten Ausdruck zu finden: Pappel, Sparkasse, Parkstraße und Cordhose sind weitaus spezifischere Begriffe als Baum, Haus, Straße, Kleidung.

Mit dem Bezeichnen hat es beim Schreiben etwas Magisches auf sich – besonders bei Eigennamen. Uferstraße, Kamener Kreuz, Bäckerei Meier und Frankfurter Hauptbahnhof können den Zuhörer auf der Stelle an den Ort des Geschehens versetzen; Straße, Autobahn, Lebensmittelgeschäft und Bahnhof allein können das nicht bewirken. Anders als beim Sprechen kann ein Kind sich beim Schreiben voll und ganz darauf konzentrieren, bedeutungtragende Wörter zu finden. Sie sind es, die Leben in eine Darstellung bringen. Doch auch durch Erzählen im Gespräch können Sie Ihr Kind so weit bringen, Sinneseindrücke in ihrer sprachlichen Vielfalt darzustellen. Dadurch regen Sie die Vorstellungskraft an. Fragen Sie beispielsweise: „Welche Farbe hatte der Lastwagen?", „Was hatte der Mann an?", „Wie roch die Blume?", „Was für Töne machte das Eichhörnchen?" Derartige Fragen unterstreichen den Wert jeder einzelnen Wahrnehmung. Jeder Erlebnisaufsatz und -bericht lebt von diesen Einzelheiten. Außerdem geben Sie so auch dem Kind Hilfestellungen, das sich vielleicht noch nicht zutraut, eine Geschichte auszuformulieren.

Abschließend möchte ich noch die besondere Stellung des Dialogs in einem Bericht oder in einer Geschichte herausstellen. Alle Zuhörer, Lehrer inbegriffen, hören gerne Anteile mit direkter Rede; sie muß nicht unbedingt wortgetreu wiedergegeben werden – nichts ist ermüdender als ein Erzähler, der sich haargenau an jedes Wort erinnern will. Gemeint sind vielmehr Bruchstücke eines Gesprächs, Kernsätze und kurze Einwürfe; ein markantes Wort hier, ein bezeichnender Satz dort; auf diese Weise läßt sich die Stimmung eines Augenblicks viel besser einfangen, und die Personen werden ins rechte Licht gerückt. Dialoge machen das Erzählte lebendig, in der direkten Rede scheinen uns die Personen vor Augen zu stehen. Wenn Ihr Kind eine Geschichte erzählt, sollten Sie fragen: „Was hat der Mann gesagt?", „Was hast du zu ihm gesagt?", „Was hat Mama dem Zeitungsjungen gesagt?"

Unten finden Sie ein Gespräch zwischen einem vierjährigen Kind und seinen Eltern. Dieses Beispiel zeigt einen typischen Moment beim Erzählen im Gespräch, wo einige der besprochenen Tips zusammentreffen. Sie werden einige vertraute Bestandteile aus der Gerüsttechnik wiedererkennen, aber mit dem Unterschied, daß er hier auf ganze Geschichten angewendet wird.

Mutter: Erzähle Papa einmal, was wir heute gemacht haben. (1)

Anna: Nichts. Was wir gemacht haben? (2)

Mutter: Erzähle Papa von dem witzigen Eichhörnchen, das wir heute im Park gesehen haben. (3)

Anna: Wir haben ein witziges Eichhörnchen gesehen. (4)

Vater: Und wo? (5)

Anna: Beim Schaukeln. (6)

Vater: Beim Schaukeln? Wo denn? (7)

Mutter: Erzähle Papa, wo du geschaukelt hast. (8)

Anna: Im Park. Wir waren im Englischen Garten, und da haben wir das Eichhörnchen gesehen. (9)

Vater: Wann bist du in den Park gegangen? (10)

Anna: Vor dem Kindergarten. (11)

Vater: Wie sah das Eichhörnchen aus? (12)

Anna: Ein langer buschiger Schwanz. (13)

Vater: Nur ein Schwanz? Kein Wunder, daß es so witzig war! (14)

Anna: (lacht) Nein! Es war ganz. Es hat Füße und Krallen und eine klitzekleine Nase. Und auch einen Schwanz. (15)

Vater: Welche Farbe hatte das Eichhörnchen? (16)

Anna: Es war braun. Und es hatte einen Schnurrerbart. (17)

Mutter: Schnurrbart. Es hatte einen Schnurrbart. (18)

Vater: Gut; aber was war denn daran so lustig? (19)

Anna: Es hat Popcorn gegessen! (20)

Vater: Und warum ist das lustig? (21)

Anna: Eichhörnchen essen doch kein Popcorn, du Dummkopf! Sie essen Nüsse! (22)

Mutter: Das stimmt, mein Schatz. Eichhörnchen essen eigentlich Nüsse. Sie essen auch andere Sachen, die wachsen. Sie essen die jungen Knospen vom Baum und Beeren, auch Gemüse und Blumen. Erinnerst du dich an das Eichhörnchen, das in unserem Blumenbeet die Tulpe abknabberte? (23)

Anna: Ja, Aber Popcorn wächst doch gar nicht! Das kommt aus der Tüte. (24)

Vater: Popcörner sind süße Maiskörner. Vielleicht mochte das Eichhörnchen Mais. Und Mais ist eine Pflanze. (25)

Anna: Vielleicht mochte das Eichhörnchen das Süße. (26)

Vater: Du meinst den Sirup auf dem Popcorn? (27)

Anna: Ja, den Sirup. Den mag ich auch. (28)

Vater: Du hast recht. Ich wette, es mag den süßen Sirup. Was machte das Eichhörnchen, nachdem es das Popcorn gegessen hatte? (29)

Anna: Es hat das Popcorn gegessen. Dann hat es das Popcorn zum Sandkasten gebracht. Es hat ein Loch gemacht. (30)

Vater: Wie hat es das denn gemacht? (31)

Anna: Mit seinen kleinen Füßen. Die, die vorne sind. Es hat im Sand gebuddelt. Mama hat gesagt, „Psst, psst, verscheuche es nicht!" (32)

Mutter: Alex mußte lachen, und ich auch. Wir haben gesehen, wie das Eichhörnchen tatsächlich Popcorn versteckt hat. (33)

Anna: Es hat Popcorn versteckt. Es hat es in ein Loch getan. (34)

Mutter: Warum hat es das wohl gemacht? (35)

Anna: Es wollte nicht, daß ich sie ihm wegnehme und alle aufesse! (36)

Mutter: Das sandige Popcorn hättest du bestimmt nicht mehr gegessen! Aber du hast es richtig beobachtet, Eichhörnchen verstecken ihre Nahrung, damit sie ihnen nicht weggenommen wird. Sie verstecken sie als Futter für den Winter, wenn sie nur schwer Nahrung finden können. (37)

Vater: Was noch, meine Kleine? Hast du noch mehr gesehen oder gehört? (38)

Anna: Doch. Es sang: tschip-tschip, tschip-tschip, tschip-tschip. Dann rannte es weg, ganz schnell, ganz hoch in die Bäume, ganz hoch in den Himmel! Es war ein Vogel. (39)

Vater: Das ist ja ein märchenhaftes Ende, und du hast es so schön erzählt, daß ich es sofort glaube. (40)

Anna: (kichernd) Es war ja gar kein richtiger Vogel. Es flog gar nicht in den Himmel. Aber es rannte ganz schnell weg. Und das war's. (41)

So eindrucksvoll kann ein gemeinsames Erlebnis erzählt werden. Die Gerüsttechnik wird hier auf das Erzählen im Gespräch angewendet; die Eltern fragen ihr Kind nach seiner Wahrnehmung und entlocken ihm so eine Erzählung mit vielen Einzelheiten. Anfangs scheint die Frage der Mutter jedoch nicht den gewünschten Erfolg zu haben. Anna ist verunsichert, weil die Aufforderung allzu unbestimmt war. Im Laufe eines Tages passiert so viel, was soll ein Kind da zuerst erzählen? Das Kind weiß es nicht. An dieser Stelle sehen Sie das grundlegende Problem von Geschichten, die einem Erwachsenen bereits vorschweben und der die Geschichte des Kindes möglichst genau entsprechen soll. Verfügt Ihr Kind nicht gerade über hellseherische Fähigkeiten, kann es nur schwer erkennen, was Sie mit dieser Frage von ihm erwarten.

In Äußerung 3 formuliert die Mutter die Bitte um und grenzt das Thema ein. Sie stellt den besonderen Zusammenhang heraus, der ihr vorschwebt, und motiviert das Kind, einen einzelnen Augenblick in Worte zu fassen. Der Hinweis lautet nicht: „Erzähl Papa, was wir im Park gesehen haben!"; eine derartige Aufforderung hätte vielleicht interessante Erzählungen hervorgerufen, aber wahrscheinlich nicht die Geschichte, welche die Mutter hören wollte. Ferner vermute ich, daß diese Frage zu einer ziemlich ungegliederten Geschichte geführt hätte, ein Wirrwarr von Einzelheiten, die Anna im Park wahrgenommen hat. Aber die Mutter beabsichtigte mit ihrer Frage, daß Anna sich auf ein einziges Ereignis konzentriere.

Dabei ist es sehr wichtig, die Geschichte einzugrenzen. Die Wörter „das witzige Eichhörnchen" verallgemeinern das Erlebnis und setzen einen Anfang. Sie geben eine Haltung oder Sichtweise vor, so daß der Zuhörer erkennt, woran er die Geschichte aufhängen kann. Das ist ein bißchen wie die Voranzeige für einen Kinofilm: Sie sehen einen kleinen Ausschnitt, bevor Sie den ganzen Film anschauen. Die Mutter formt eine wichtige Fähigkeit; sie zeigt, wie man direkt zum Thema der Geschichte vorstößt. Achten Sie darauf, wie Anna die Wörter in ihren Satz aufnimmt (4).

Die Fragen 5, 7 und 10 des Vaters führen die Bemühungen der Mutter, das Thema zu umreißen, fort. Sie motivieren Anna, den Augenblick in Ort und Zeit einzugrenzen. Wie das Kind vor seinem inneren Auge die erlebte Wirklichkeit umgestaltet, können wir nur erahnen. Die Eltern helfen mit ihren Fragen, die wesentlichen Einzelheiten ins rechte Licht zu rücken und unwichtige abzublocken.

Die spielerische Neckerei (12–18) zeigt, wie Eltern in einer entspannten Gesprächssituation dem Kind helfen, einzelne Sinneswahrnehmungen konkret auszuformulieren. In diesem Fall ermutigen die Fragen dazu, den Hauptdarsteller der Geschichte - hier das Eichhörnchen - einzuführen. Es soll in der Vorstellung des Zuhörers Gestalt gewinnen. Sie erinnern sich, der Vater hat das Ereignis nicht mit eigenen Augen gesehen. Damit er sich dennoch diesen Augenblick vorstellen kann, muß Anna die Szenerie mit Wörtern beschreiben, die eine sinnliche Wahrnehmung vermitteln; dann hat der Zuhörer die Situation gerade so vor Augen, wie der Beobachter selbst.

(In diesem Gespräch zwischen Eltern und Kind bewegen wir uns wahrhaftig an der Grenze zum künstlerischen Ausdruck. Wissen Sie, wie Tolstoi die Kunst definierte? Er sagte: „Man muß erst in sich selbst das Gefühl hervorrufen, das man bei einem Erlebnis gespürt hat; dieses Gefühl übermittelt man dann durch Wort gewordene Bewegungen, Linien, Farben, Töne und Formen, so daß ein anderer dasselbe Gefühl erlebt – das ist das Wirken der Kunst." Mit ihrer sanften, aber richtungweisenden Art berühren die Eltern mit ihrer Tochter die Grenze zur Kunst. Wer weiß schon, was einen Michelangelo, eine Virginia Woolf, einen Theodor Fontane ausmacht? Vielleicht nicht zuletzt der innere Drang, anderen seine eigene Sicht der Dinge nahezubringen. Wenn Eltern ihr Kind anregen, seine Sichtweise in Sprache zu fassen, lernt es den Wert des Wissens und der Wahrnehmung bald zu schätzen – die Sprache macht es zu einem gemeinsamen Erlebnis. Sehen Sie, worauf es ankommt? Ein Erlebnis löst in Ihrem Kind bestimmte Gefühle aus. Es empfängt die Eindrücke in Körper und Geist über seine Sinne. Über Geräusche, Gerüche, Farben und Bewegungen, Geschmacks- und Tastsinn finden die emotionalen Erlebnisse Eingang in unser Gedächtnis, wo sie dann gespeichert werden. Damit ein Kind diese Erlebnisse vermitteln kann, muß es entsprechende sprachliche Mittel einsetzen. Motivieren Eltern ihr Kind zu einem derart bewußten Umgang mit Sprache, entzünden sie einen Funken, der auch den künstlerischen Impuls anfachen kann.)

Aber zurück zu unserem Beispiel. Auf halbem Wege erhalten wir Information, die unsere Spannung hält. Wir bekommen eine allgemein gehaltene Aussage, die das witzige Eichhörnchen in den Mittelpunkt stellt; wir kennen Ort und Zeit des Geschehens. Wir wissen auch in etwa, wie ein Eichhörnchen aussieht, wobei Wörter wie braun und buschig an unsere Sinne appellieren und uns die Szene vor Augen führen. Angaben wie Zeit und Ort, Farbe und Bewegungen sind keinesfalls bloße Randbemerkungen – sie lassen das Erzählte lebendig werden.

Achten Sie auf den falschen Wortgebrauch „Schnurrerbart", den die Mutter in 18 korrigiert. Anna überhört es scheinbar; vielleicht hindert sie auch die Frage des Vaters daran, das Wort richtig zu wiederholen. Aber das Wichtigste ist: es wird nicht viel Aufhebens darum gemacht. Ein Wort wurde falsch ausgesprochen und irgend jemand berichtigt den Fehler – und man geht zu anderen Dingen über. (Mehr über den Umgang mit Fehlern erfahren Sie in Kapitel 6.)

Beachten Sie, wie der Vater die Aufmerksamkeit auf den Erzählvorgang zurücklenkt, nachdem er einige Einzelheiten erfahren hat. In 21 fordert er das Kind zu kritischem Denken auf. Anna muß ihre Wahrnehmung überprüfen. Sie soll eine Deutung anbieten: Was ist an einem Popcorn essenden Eichhörnchen so witzig? Sehen Sie, wie die Mutter zusätzliche Informationen einbringt? Mit ein paar Worten erklärt sie die Freßgewohnheiten eines Eichhörnchens, um eine zu begrenzte Sichtweise zu vermeiden (23). Ihre Vorgehensweise ist vorbildlich: Sie knüpft diese zusätzlichen Informationen an ein früheres Erlebnis an – Anna hat schon einmal gesehen, wie ein Eichhörnchen Tulpen gefressen hat. Auch Lehrer werden später von Ihrem Kind erwarten, daß es eine Verbindung herstellen kann zwischen gegenwärtigen Augenblicken und vergangenen Ereignissen, zwischen noch fremden und vertrauten Charakteren, zwischen durchlebten Momenten in der Wirklichkeit und Szenen in einem Buch.

Der Gesprächsverlauf von 24 bis 29 ermöglicht Anna, diese neuen Einzelheiten zu den Eßgewohnheiten in ihr Verständnis einzubauen und ins Gespräch zu bringen. Der Vater ist sensibel für die Sprachentwicklung seines Kindes: Er ahnt, daß Anna das Wort Sirup noch nicht kennt – sie sagt in 26 Süßes – und er läßt es ganz natürlich in das Gespräch einfließen.

Die Frage: „Und was machte das Eichhörnchen, nachdem es das Popcorn gegessen hatte?" (29) bringt Anna nicht nur auf ihre Geschichte zurück, sondern läßt sie an einem ganz bestimmten Punkt wieder in den zeitlichen Ablauf einsteigen. Wörter wie „nachdem", „dann", „bevor", „danach", „später", „vorher" und viele andere Zeitmarkierungen unserer Sprache helfen Ihrem Kind, seine Geschichte an einem geeigneten Faden aufzuziehen, chronologisch geordnet. Achten Sie einmal darauf, wie Anna das erste Ereignis in den Zeitverlauf eingliedert; sie markiert es mit „dann" und verweist schon auf das zeitlich darauffolgende Ereignis. All das ist eine direkte Antwort auf die ermutigende Frage des Vaters. Er erfragt noch weitere Informationen, die Annas Wahrnehmungen auf die Probe stellen und regt sie zu der wunderschönen Redewiedergabe an (32). Ihr Zitat ist ein Glanzlicht der Geschichte, finden Sie nicht auch? – „Psst, psst, verscheuch es nicht!"

Es wundert mich etwas, daß Anna nicht recht weiß, was das Wort verstecken bedeutet; zumindest hat sie das Bedürfnis, es in ihren eigenen Worten zu bestimmen (34). Die Frage der Mutter in 35 bringt Anna zum Nachdenken. Nach Annas vergnüglicher Antwort greift die Mutter in 36 die Leichtigkeit des Augenblicks mit ihrer scherzhaften Bemerkung auf; daraufhin nimmt sie die Gelegenheit zu einer nützlichen Analyse wahr, die eine gedankliche Verbindung herstellt – später erwarten wir von unserem Kind, daß es sie selbständig machen kann. Sehen Sie, wie die Mutter die Ereignisse kausal, nach Ursache und Wir-

kung, miteinander verbindet? Eichhörnchen machen das aus dem und dem Grund. Es ist nicht einfach, kausal zu denken; gleichwohl sollten wir versuchen, dieses Denkvermögen bei unseren Kindern zu fördern – es ist schon eine ziemliche Leistung!

Der Vater führt Anna in Äußerung 38 wieder auf die chronologische Abfolge der Ereignisse zurück; er fragt nach, um der Geschichte zu einem Abschluß zu verhelfen. Annas Aufmerksamkeit läßt nach. Nach der lautmalerischen Wiedergabe („tschip-tschip, tschip-tschip") in 39 geht die Phantasie mit ihr durch. Aber bemerken Sie, wie geschickt der Vater damit in 40 umgeht. Er läßt Anna deutlich sehen, daß er um das Märchenhafte eines solchen Endes sehr wohl weiß; und Anna erkennt es von selbst. Er weist sie nicht zurecht mit „halte dich an die Tatsachen!" oder „das hast du dir ja bloß ausgedacht!" Statt dessen beschreibt er den Ausgang als ein märchenhaftes Ende und bewertet ihn zugunsten des Kindes. Annas Schlußformel „und das war's" beschließt die Geschichte. Der Abschluß beweist Annas Erfahrung mit Erzählformen. Vielleicht hat sie sich an Büchern geschult, die ihr Eltern und Kindergärtnerinnen vorlasen. Auch Lehrer schätzen den Kunstgriff, eine Geschichte abzurunden.

So künstlich solche Gespräche Ihnen jetzt vielleicht erscheinen mögen, so problemlos sind sie in den Alltag zu integrieren; man braucht kein besonderes Training dafür. Ein paar Grundlagen werden Ihnen helfen, Ihr Kind zu produktivem Erzählen im Gespräch zu motivieren. Sie brauchen keinen Lehrgang in Psychologie oder Sprachwissenschaft zu belegen, um die fortschreitende Sprachfähigkeit Ihres Kinds weiterhin anzuregen. Vertrauen Sie Ihrem guten Instinkt als Eltern, seien Sie gelöst und achten Sie auf Sprache und Verstand Ihres Kinds. Und vergessen Sie nicht den Spaß an der Sache. Und vor allem, machen Sie aus Ihrem Wohnzimmer kein Klassenzimmer.

Reden über Kinderbilder

Die ersten Versuche eines Kindes, Sinneseindrücke zu vermitteln, ähneln aufs Papier geworfenen Farbspritzern und gesprenkelten Linien. Mit Buntstift, Bleistift oder Tinte porträtieren die Kleinen ihre ganz eigene Wahrnehmung der Welt. Auf den ersten Blick sieht man in dem Gekritzel, in den ausladenden Bögen, in den verdichteten Zeichnungen zunächst nichts als eine konturlose Landschaft von Farben und Strukturen; doch nach und nach erkennt man in den diffusen Teilen ein sinnvolles Ganzes. Da steht ein Vogel mit einem übergroßen Flügel, einem Bein und einem Schnabel wie ein Besenstiel; hier steht ein Haus neben einem Kind, das doppelt so groß ist wie das Gebäude und schier gigantisch für den viel zu kleinen Arm, der aus seinem Hals herausragt. Als nächstes sieht man inmitten eines Feuerballs von Licht und eines Strudels von Rot, Gelb, Grün, Orange und Gold ein undefinierbares Etwas mit großen Ohren, das uns düster anschielt.

Wenn Ihr kleiner Künstler seine neuen Werke mit einem Tusch präsentiert, bietet sich eine weitere Gelegenheit, mit Ihrem Kind zu sprechen. Ich hoffe, Sie gehören nicht zu den Eltern, die aus lauter Angst, die Gefühle des Kinds zu verletzen, seine Kreationen ausschließlich loben und niemals ein „Was ist das?" wagen. Selbstverständlich entscheidet der Ton der Frage über die Antwort. Ohne Ungeduld und ohne Vorurteil kann ein „Was ist das?" einen reichen Redefluß hervorsprudeln lassen, randvoll mit Farben und Tönen, mit einer hervorschimmernden Handlung, wie nur ein Kind sie sehen kann.

Sie haben bereits gesehen, wie Fragen zu Illustrationen in Büchern und Zeitschriften ein längeres Gespräch in Gang bringen können. Nun befragen Sie Ihr Kind zu seinem Bild. Zeigen Sie Ihr Interesse und beschäftigen Sie sich ausgiebig mit jedem Detail; auf diese Weise verlängern Sie die Geschichten Ihres Kindes und Ihr gemeinsames Vergnügen. „Warum beugt sich der Junge zur Seite?" „Wo ist denn der Busfahrer?"; „Warum hat der Apfelbaum keine Blätter?"

Lassen Sie sich auf die Antworten Ihres Kindes ein. Sie müssen nicht unbedingt Ihre Enttäuschung zeigen, wenn ein Gegenstand oder eine Person recht seltsam aussieht. In der Erklärung zu dem Bild teilt Ihr Kind ein Ereignis mit, das in sein Bewußtsein gedrungen ist. Denn in den Bildern und den dazugehörigen Geschichten gibt es seine Sicht der Welt und seine Psyche zu verstehen. Aus den Bildern, die ein Kind malt, gewinnen gute Berater Einblick in die Kinderpsyche und Persönlichkeit – die Probleme, Begabungen, Ängste und Erfolge. Bilder sind ein zusätzlicher Ausgangspunkt für das Erzählen im Gespräch.

Indem Sie über die Bilder reden, stellen Sie eine Verbindung zwischen Bild und Wort her. Sie zeigen, wie beides zusammen Bedeutung vermittelt. Diese kleinen Bilder können Gespräche auslösen, die unmittelbar in das Erzählen im Gespräch überleiten. Dabei können Sie die Tips aus diesem Kapitel schon zur Anwendung bringen. Ermutigen Sie Ihr Kind wann immer möglich, über die Vorstellungen, die es mit den Bildern verbindet, zu sprechen. Dazu eignen sich besonders hingekritzelte Zeichnungen, weil sie meist aus einem spontanen Gefühl heraus entstanden sind. Andere Maltechniken wie Wasser- und Fingerfarben, auch Kreationen aus Modelliermasse eignen sich natürlich genausogut für Gespräche. In jedem Fall üben Sie den Umgang mit Sprache und bereiten Ihr Kind auf das Lesen und Schreiben vor. Diese Gesprächsanreize sind vor allem solchen Kindern eine Hilfe, die eher in sich zurückgezogen sind.

Den meisten Kindern macht es auch Spaß, Bilder aus Zeitschriften auszuschneiden und diese Ausschnitte dann zu einer Collage zusammenzustellen. Solche Aktivitäten sollten Sie unterstützen. „Schneide doch einmal das schönste Zimmer aus, das du finden kannst", oder „Schneide alle roten Dinge, die du nur finden kannst, aus", oder „Suche beim Durchblättern alle Dinge heraus, die mit S anfangen". Nachdem Ihr Kind sein Werk vollendet hat, beginnen Sie mit der Frage „Was ist das?" ein Gespräch. Suchen Sie gemeinsam einen Titel für das neue Werk, oder setzen Sie Sätze darunter, zum Beispiel „Das ist ein geräumiges, freundliches Zimmer", oder „Alle diese Dinge sind rot", oder „Alle Dinge beginnen mit S". Schlagen Sie Themen vor, Ferien, Jahreszeiten oder Monate, Feste und Feiern, insbesondere Ereignisse in der Familie oder in der Schule.

Diese Beschäftigung ist für einen regnerischen Nachmittag sehr zu empfehlen. Einmal angefangen, bannt das kreative Spiel das Interesse eines jeden Jungen und Mädchens. Stellen Sie das Projekt unter ein bestimmtes Thema und besprechen Sie es gemeinsam – „Der Frühling ist da", „Weihnachten ist eine fröhliche Zeit" – und schlagen Sie Ihrem Kind dann vor, mit einem Satz den Hauptgedanken eines jeden Ausschnitts herauszuheben. Sie können auch eigene Fotos miteinbeziehen oder dem Kind zeigen, wie es selber für seine Collagen Fotos und Schnappschüsse machen kann. Es wird ihm bestimmt viel Spaß machen!

Bei der Verwirklichung dieser Vorschläge kann es Ihnen passieren, daß Sie einen Redefluß auslösen, den Sie gar nicht mehr stoppen können – Geschichte nach Geschichte sprudelt hervor, kleine erzählerische Schmuckstücke, einige phantastisch, andere wirklichkeitsgetreu, alle mit großer Intensität und Lebhaftigkeit erzählt. Genießen Sie diese Geschichten. Sie intensivieren den Bezug zu Ihrem Kind und üben wichtige Interaktionsmuster ein. Außerdem helfen Sie Ihrem Kind Sprachfähigkeiten auszubilden, auf die es sein ganzes Leben lang zurückgreifen wird, in der Schule und danach.

6
Sprache im Spiel

Wie können Eltern den Wortschatz ihres Kindes erweitern und seine Wortwahl ausbilden? Wie in anderen Teilbereichen des Spracherwerbs können Sie auch hier das Umfeld zu Hause nutzen, um die angeborene Begabung Ihres Kindes zu fördern. Kinder spielen gerne mit Wörtern. Daher werde ich in diesem Kapitel einige Sprachspiele vorstellen, an denen Ihr Kind und Sie sicher Spaß haben werden; Ihr Kind lernt spielend neues Vokabular und erweitert seinen Denkhorizont. Ich möchte auch über das Schreckgespenst Korrektur reden. Sicher fragen Sie sich, wie Sie mit den vielen kleinen Fehlern im Satzbau, in der Wortwahl und Aussprache umgehen sollen; vielleicht finden Sie hier einige brauchbare Tips. Zuerst der Spaß.

Den Wortschatz ausbauen

Der Wortschatz eines Kinds hängt eng mit seinen Erfahrungen und der Sprache zusammen, die es um sich herum hört und gebraucht. Hierin sind die Experten sich einig. Das Vergnügen an Sprache ist Kindern angeboren. Denken Sie nur an Augenblicke, in denen sie gemeinsam an Unsinns-Wörtern ihren Spaß haben. Lassen Sie sich es sich nie nehmen, zusammen mit Ihrem Kind Wörter zu artikulieren, einzusetzen und mit ihnen zu spielen. Das ist überall und jederzeit möglich; zum Beispiel beim gemeinsamen Einkaufen. Beobachten Sie das immer etwas hektische Treiben im Supermarkt und achten Sie einmal auf die vielen besonderen Wörter, die man dort zur Beschreibung braucht, setzen Sie sie vor Ort ein, erläutern Sie sie – schon bereichern Sie den Wortschatz Ihres Kindes. Beispielsweise vernimmt ein Kind Wörter wie: ausladen, liefern, stapeln, Apfelsinenkiste, Sonderangebot, Kassenbon, Container, Margarine, Abteilung, Lager, Kühlraum und viele andere, völlig neue oder nur entfernt bekannte, auch vertraute. Beziehen Sie die Dinge und Ereignisse ganz natürlich in Ihre Erläuterungen ein und ermutigen Sie Ihr Kind zu Fragen und Beobachtungen.

Sie können auch eine Mitteilung über ein aufregendes Erlebnis zum Anlaß nehmen, Ihr Kind das Ereignis beschreiben lassen. Ein dreijähriges Kind, das zur Tür hereinstürmt und verkündet: „Es schneit!" hat der Worterkundung Tür und Tor geöffnet. Sie könnten sagen: „Schnee? Das ist ja aufregend! Laß uns mal sehen, wie viele Wörter wir finden, die mit Schnee zu tun haben." Es wird Ihnen beiden Spaß machen, zusammen auf Wörter zu kommen wie:

kalt, eisig, naß, weich, gefroren, tanzen, weiß, wirbeln, wehen, frösteln, knirschen, flockig, zittern, kitzeln, pudrig, wie kleine Wattebausche, spielerisch, wie Puderzucker, locker, glatt

Neben dieser Verbindung von Sprache und Erlebnis verblassen alle Versuche, lange Wortlisten zusammenzustellen. Der Vater oder die Mutter sind hierbei die Fundgrube für Wörter, ein Lexikon - aber sie bieten dem Kind viel mehr - nämlich Erfahrung mit Wörtern. Ständig gebrauchen sie neue Ausdrücke, die Teil einer neuen oder bekannten Erfahrung werden. Ein Arztbesuch bringt: Untersuchung, Patient, ein Medikament verschreiben, Stethoskop, Spritze, Blutdruck, Impfung, Betäubung. Ein Kind, das beim Kochen zuschaut, hört und benutzt Wörter wie: sieden, Dampf, abkochen, schmelzen, Kochtopf, Pfanne, Fischmesser, in Würfel schneiden, klopfen, Schimmel, Zimt, Hefe, anbraten, backen. Das Kind, das gerne beim Autowaschen dabei ist, erfährt: ölig, schaumig, schrubben, Radkappen, Stoßstange, Rücklicht, Vorderlicht, Nebelscheinwerfer, Windschutzscheibe. Eine Unterhaltung über ein Bild in einer Zeitschrift wird einen wahren Wortschwall hervorsprudeln lassen. Die Gute-Nacht-Geschichte oder eine Sendung im Fernsehen oder im Radio sind ebenfalls reichhaltige Quellen für neue Wörter.

Kinder zeigen oft von sich aus, wann sie die Bedeutung eines Wortes nicht verstehen. Die Frage: „Was heißt das?" signalisiert den Eltern, daß sie dem Vokabular ihres Kindes nachhelfen sollen. Weiter unten werde ich Ihnen einige Tips geben, wie Sie mit Fragen zu unbekannten Wörtern umgehen. Inzwischen sollten Sie sich das unbekannte Wort merken und über andere Wörter sprechen, die dasselbe oder etwas Ähnliches bedeuten und Beispiele finden, in denen das Wort verwendet wird. Oft lasse ich auch ein mit Sicherheit unbekanntes Wort in ein Gespräch einfließen und warte ab, bis mein Kind nach der Bedeutung fragt.

Seien Sie auch bei scheinbar unbedeutenden Unterschieden präzise, wie zum Beispiel bei Wörtern wie Kochtopf oder Pfanne; gerade bei vertrauten Gegenständen sollten Sie sicher sein, daß Ihr Kind die Begriffsunterschiede kennt. Damit Ihr Kind die exakte Wortbedeutung lernt, können Sie es auch anregen, das Wort mit der allgemeinsten Bedeutung herauszusuchen und an die Stelle von Wörtern mit einem weiten Bedeutungsumfeld spezifische Wörter zu setzen. Suchen Sie mit Ihrem Kind Begriff und Gegenbegriff, dadurch prägt sich die Bedeutung besonders gut ein. Nicht zu jedem Begriff gibt es einen einzig richtigen Gegensatz, oft finden sich Wörter mit sehr feinen Unterschieden. Aber es fällt nicht schwer, die Gegenbegriffe zu Wörtern zu finden wie Tag, schwarz, süß, schwach, Junge, kalt, traurig, leicht, Frau, Freund. Kinder mögen diese Sprachspiele.

Im Sprachzuwachs kommt zunehmend Genauigkeit ins Spiel. Vor einiger Zeit hörte meine Frau ein lehrreiches Gespräch zwischen einem Kind und einem Erwachsenen, als sie zusammen mit anderen vor der Aula wartete, um die Aufführung von „Schneeweißchen und Rosenrot" anzusehen. Eine Mutter versuchte, mit den Freundinnen ihrer Tochter ins Gespräch zu kommen. Zu einem kleinen Mädchen sagte sie: „Du hast aber hübsche Schuhe an!" Das Kind schüttelte energisch den Kopf und antwortete: „Die sind nicht hübsch." „Aber sicher doch, Tini!" entgegnete die Mutter ihrer Freundin, „sie sind sogar sehr hübsch." „Gar nicht. Sie sind ausgefallen." Die Mutter mußte lachen, „na, jedenfalls sind sie wirklich schick."

Hier wählte das Kind ein genau zutreffendes Wort aus seinem Wortschatz aus; es sagt sehr viel mehr über die Schuhe aus und beurteilt sie viel treffender als „hübsch" oder „schick", worauf die Frau so nachdrücklich bestand. „Ausgefallen" ist zwar nicht so genau wie „neue Sandalen" oder „braune Wildlederschuhe", aber gegenüber den Modeworten „hübsch" und „schick" ist es präziser. „Reizend", „nett", „gut", „interessant", „hübsch", „prima" oder „schick" sind recht vage Wörter und für eine Beschreibung ebenso inhaltsarm wie „Ding",

„Sache" und „Gegenstand" oder „gehen", „kommen", „war", „sah" und „tun" für Handlungsabläufe.

Wenn sich eine Gelegenheit ergibt, Wortbedeutungen nachzuspüren, dann wählen Sie am besten solche aus, die eine Eigenschaft so präzise wie möglich bestimmen.

„Also, Niklas, wie hat dir das Buch von Tante Clara gefallen?"

„Es war gut."

„Gut? Kannst du mir genauer sagen, was du meinst? Ich weiß nicht, ob ich verstehe, was du damit meinst."

„Es war eben gut, verstehst du?"

„Willst du damit sagen, es war lustig?"

„Oh, ja. Es war lustig. Es war richtig zum Lachen."

Sobald ein Kind in seinem Wortschatz nach einem treffenderen Wort sucht, sollten Sie es unterstützen und mit ihm ein großes Spektrum an möglichen Wörtern erkunden, um das ungenaue Wort zu ersetzen. Stellen Sie, je nach Alter und Interesse Ihres Kindes, eine Liste zusammen.

Anstatt „gut" (für ein Buch)
lustig, spannend, phantasievoll, ausgefallen, gruselig, nahegehend, realistisch, einfühlsam geschrieben, mitreißend, aufregend, anregend, wirklichkeitsgetreu, herausfordernd, humorvoll, romantisch, anschaulich, unheimlich, lebensnah, spannungsgeladen, unterhaltsam

Anstatt „nett" (für eine Person)
freundlich, hilfsbereit, ruhig, warmherzig, gesprächig, mitfühlend, gütig, verständig, heiter, offen, lebhaft, glücklich, gutgelaunt, schwungvoll, zurückhaltend, nachdenklich, humorvoll, unternehmungslustig, lieb, großzügig

Anstatt „gehen" oder „kommen"
laufen, rasen, eilen, schreiten, springen, marschieren, wandern, trippeln, stolzieren, schlendern, sich trollen, herausstürmen, humpeln, schlurfen, stapfen

Lassen Sie Ihr Kind den Reichtum der Sprache erleben, beschränken Sie sich nicht auf die abgenutzten Standardformulierungen. Die Sprache bietet viel mehr als eingeschliffene Floskeln wie: Ding, Sache, Zeug; machen, kriegen, tun, gehen, haben, wollen; viel, schön, groß, gut, toll.

Zeigen Sie Ihrem Kind behutsam, daß Sie diese allzu gebräuchlichen unpräzisen Ausdrucksweisen nicht besonders schätzen. Folgende Spiele sollen Ihnen behilflich sein, Ihren Wortreichtum zu aktivieren, um dann auf den Wortschatz des Kinds einzugehen und ihn zu erweitern. Kleine und große Erlebnisse sollten sie im Gespräch teilen – oder noch besser, Sie üben sich beide darin, selbst in den alltäglichsten Ereignissen etwas Aufregendes zu entdecken. Was bei diesen Gelegenheiten zur Sprache kommt, ist eine wertvolle Ergänzung; es baut den Wortschatz weiter aus und formt auch die Wahrnehmung. Sprachreichtum ist zugleich Erlebnisreichtum. An Ihrer Sensibilität lernt Ihr Kind, wie es in seinem Leben mit Sprache umgeht, was Sprache bedeuten kann und wie es den Zugang zu Menschen, Büchern, Erkennen und Erleben öffnet. Wortschatz ist ganz wörtlich zu verstehen.

Wortspiele

Lassen Sie sich gemeinsam von der Wortmagie inspirieren – ein Wort kann sich verwandeln und bedeutet auf einmal etwas ganz anderes. Selbst ein unspektakulärer Einkaufsbummel bietet sich dafür an: Sie betreten eine Bäckerei und sehen (oder riechen), daß der Bäcker Brot backt; Sie gehen als Käufer in ein Kaufhaus, um etwas zu kaufen; oder Sie sehen Autos mit Autofahrern auf der Autobahn.

Allein schon die Lust an der Aussprache, an den wechselnden Bedeutungen und den möglichen Variationen macht die unglaubliche Biegsamkeit der Sprache bewußt. Nehmen Sie gemeinsam zusammengesetzte

Wörter unter die Lupe und entdecken Sie mit Ihrem Kind, wie flexibel die Sprache ist. Sie können die Entdeckungen auch in einer Liste festhalten. Lassen Sie sich von Ihrem Kind diktieren, während es Ihnen beim Schreiben zuschaut, oder lassen Sie Ihr Kind auf Tonband sprechen. Schauen Sie einmal, wie viele Wörter man aus dem Wortstamm „spiel" gewinnt:

Spieler, Spielzeug, Spiel, spielerisch, mitspielen, nur gespielt, verspielt, Spielplatz, Spielgefährte, spielend, falsches Spiel, doppeltes Spiel, Spielzeit, Spielraum, verspielen, vorspielen, Rückspiel, Schauspieler, nur zum Spiel, Spielfeld, Gesellschaftsspiel

Bringen Sie die Wortmagie ins Spiel, geben sie Ihrem Kind eine Reihe unvollständiger Sätze, an denen es die Bedeutungswandlungen erproben kann.

1. Das Kind _____ (spielen, mitspielen, spielend etwas schaffen, vorspielen)
2. Das Kätzchen ist _____ (verspielt)
3. Der Schiedsrichter sah das _____ (Foul-Spiel, Rückspiel, Spielfeld)
4. Ich war einmal ein Kapitän/eine Prinzessin, aber nur _____ (im Spiel)

Es gibt noch eine weitere Möglichkeit, Ihrem Kind zu zeigen, daß aus einem Teil eines Wortes, dem Wortstamm, viele Wörter mit den unterschiedlichsten Bedeutungen entstehen können. Zeigen Sie Ihrem Kind ganz verschiedene Sätze mit Lücken, in die es Wörter vom selben Stamm einsetzen soll.

Schlaf
1. Das Baby _____ im Kinderwagen (schläft)
2. Der Hund blinzelt _____ (schläfrig)
3. Ich träume im _____ (Schlaf)

Sicherlich wird Ihr Kind Fragen zu den neuen Wörtern haben. Wie versprochen, betrachten wir nun ein paar Vorgehensweisen, wie Sie am besten auf sie reagieren. Widerstehen Sie der Versuchung, die Bedeutung eines Wortes gleich zu verraten. In der ersten Phase des Spracherwerbs müssen Sie natürlich die Bedeutung angeben, denn Ihr Kind braucht erst einmal eine Art Grundwortschatz für alles weitere. Aber versuchen Sie, ihm so früh wie möglich zu zeigen, daß Sie nicht die einzige Informationsquelle sind; führen Sie Ihrem Kind ein Muster vor, wie Sie selbst sich schwierigen Wörtern nähern und zu einer Erklärung kommen.

Versuchen Sie nicht auch, die neue Wortbedeutung zunächst aus dem Satzzusammenhang zu erschließen? Daraus ergeben sich dann gezielte Fragen. Meist gelingt es, die Bedeutung so präzise einzukreisen, daß Sie schon das Zutreffende finden. Sie können Ihr Ergebnis nachträglich im Lexikon überprüfen. Sooft wie möglich sollten Sie Ihrem Kind die Gelegenheit geben, eine Wortbedeutung spielerisch, durch Raten, zu erarbeiten.

Erinnern Sie sich, wie Saul die Bedeutung von Betrüger herausgefunden hat (vgl. Kapitel 4)? Wenden Sie die Vorgehensweise an, die Sie dort kennengelernt haben.

Angenommen, Ihre Tochter bittet Sie, ihr ein Wort zu erklären, zum Beispiel „gereizt". Sie können mit Ihrer Lust am Spielen und Knobeln rechnen und sie auffordern, aus ein paar Hinweisen im Satz die Bedeutung zu erschließen. „Ich könnte dir die Bedeutung sofort sagen, Tina. Aber es ist viel spannender, wenn du sie ganz allein findest. Ich gebe dir einen Satz, und du versuchst, die Bedeutung zu finden: Die Frau hat die Party verlassen, weil der Zigarettenrauch ihre Augen gereizt hat. Nun, was bedeutet das Wort wohl?"

Diese Vorgehensweise geht nicht immer glatt; denken Sie nur an meinen anfänglichen Fehlgriff, als ich Saul einen Hinweis gegeben habe, der ihm ganz und gar nicht weiterhalf. Wählen Sie einfach andere Sätze, die deutlichere Hinweise geben. Aber die Mühe lohnt; Ihr Kind bringt Ihre Ausdrucksweise mit seiner Sprache und Ihre Hinweise mit seinem Repertoire zusammen – findet es die Bedeutung, hat es ein schönes Erfolgserlebnis.

Sprechen Sie weiter über dieses Wort und bilden Sie andere Sätze damit: „Gut, Tina. Du hast richtig gedacht. Hier bedeutet es stören. Nimm an, ich hätte gesagt, ‚Mama war gereizt, weil das Baby die ganze Nacht hindurch geschrien hat.‘ Was heißt es dann?" Sie könnten fragen: „Wann bist du gereizt?" oder „Was macht dein kleiner Bruder, wenn er gereizt ist?" Kann Ihr Kind schon schreiben, so kann es das Wort aufschreiben und seine eigenen Sätze bilden. Anschließend kann es mit Fotos aus Zeitschriften oder selbstgemalten Bildern das neue Wort illustrieren. Der Begriff wird bildlich.

Vielleicht haben Sie Lust auf Spiele, die den Wortschatz bereichern, mit dem Ihr Kind Gegenstände und Handlungen beschreiben lernt. Diese Spiele zielen auf Ausdrucksvermögen und Genauigkeit. Schauen wir sie uns im folgenden an.

Das Spiel „Das treffende Wort": Sinn des Spiels ist, das treffendste Wort für ein Ding zu finden. Es läßt sich mit Bildern genausogut wie mit richtigen Gegenständen spielen. Leiten Sie es beispielsweise mit den Worten ein: „Gut, Maria, laß uns ein Wortspiel machen. Du sagst mir ein Wort, das ganz genau auf diesen Gegenstand paßt, ja? Bist du bereit? Möbel. Tisch." Nachdem Ihr Kind seine Wahl getroffen hat, sollte es sie begründen, auch wenn es wohl etwas dauern wird, bis es Ihnen die Vorstellungen „allgemein" und „besonders" in seinen Wörtern verständlich gemacht haben wird. Ihr Kind kann dabei die Einsicht gewinnen, daß das genauere Wort das bessere Wort ist. Weiter unten stehen einige Wortgruppen, die sich vom Allgemeinen auf das Besondere zuspit-

zen. Sobald Ihr Kind etwas Übung hat, kann man das Spiel auch zu mehreren machen.

I	II	III
1. Obst	Apfel	
2. Spielzeug	Puppe	
3. Zimmer	Küche	
4. Getreide	Hafer	
5. Buch	Wörterbuch	
6. Lebensmittel	Gemüse	Karotte
7. Flüssigkeit	Getränk	Milch
8. Transportmittel	Auto	Porsche
9. Fleisch	Rindfleisch	Frikadelle
10. Medizin	Tablette	Aspirin

Das ist zwar kein ganz einfaches Spiel, aber die Anstrengung lohnt sich. Ihr Kind lernt dabei, daß Sprache auf Genauigkeit abzielt. Fordern Sie Ihr Kind auf, zu dem exaktesten Begriff eine Zeichnung zu machen. So hervorgehoben, prägt sich das genaue Wort um so besser ein. Der Begriff Lebensmittel umfaßt wohl zu viele Unterbegriffe, an Gemüse gibt es auch eine reiche Auswahl, aber Karotte gibt dem Zuhörer eine ganz bestimmte, eindeutige Vorstellung.

Zum Spiel gibt es auch leichtere Variationen. Sie können zum Beispiel einige allgemeinere Begriffe wie Möbel, Blume, Baum, Süßigkeit, Buch, Getränk, Juwelier, Spielzeug nennen und Ihr Kind auffordern, je ein oder zwei spezifische Begriffe wie Tisch, Gänseblümchen, Birke usw. zu finden. Machen Sie es ihm einmal vor, damit keine Verwirrung entsteht.

Das Spiel „Handlungen raten": Auch Handlungen lassen sich in verschiedenen Begriffen genau oder weniger genau benennen. Sie können Ihr Kind für die verschiedenen Grade an Genauigkeit sensibilisieren und ihm verdeutlichen, daß einige Wörter die Handlung besser einfangen können als andere. Dieses Spiel fördert die Ausdrucksfähigkeit Ihres Kinds. Jedes Kind verfügt über einen bestimmten Bestand an Wörtern, die es immer wieder benutzt. Daneben stehen noch so viele andere Wörter zur Auswahl, Wörter wie „gehen" und „bewegen" zum Beispiel können durch treffendere ersetzt werden: rennen, hüpfen, eilen, rasen, reisen, um nur wenige Beispiele zu geben.

Machen Sie aus der Sprache für Handlungen eine gemeinsame Handlung mit Sprache. Bei Kindergeburtstagen kann man folgendes Gruppenspiel anregen: Schreiben Sie präzise Bezeichnungen auf verschiedene Zettel, die eine Handlung ausdrücken: springen, tanzen, hüpfen, wackeln, schleichen, schleppen, kriechen, stolpern und viele mehr. Die Zettel werden zusammengefaltet und in einem Karton oder Hut gemischt. Ein Kind zieht danach einen Zettel und liest das Wort leise für sich. Daraufhin spielt es die bezeichnete Handlung vor, während die anderen versuchen, das Wort zu erraten. Das Spiel zeigt eine gute Wirkung, auch wenn das Vokabular schwieriger wird: traben, schlendern, flitzen, im Zickzack gehen, entkommen, sich davonstehlen. Mit diesem Spiel können Sie verdeutlichen, daß Wörter oberflächlich zwar dasselbe meinen, aber feine Bedeutungsunterschiede haben. Beispielsweise bedeuten fliegen, rennen, hinausstürzen in der einen oder anderen Weise „zu laufen", aber ein jedes Wort hat eine ganz eigene Qualität: fliegen erinnert an eilen; bei rennen denkt man an Sport und bei stürzen an stolpern.

Das Spiel „Malen mit Wörtern": Dieses Spiel entwickelt die Fähigkeit, sich einen Gegenstand in möglichst vielen Einzelheiten vorstellen zu können. Es bringt Ihr Kind ein ganzes Stück weiter, seine Sinneswahrnehmung zu schärfen und in Sprache zu fassen. Das zählt besonders bei Beschreibungen und Geschichten (blättern Sie gegebenenfalls nach Kapitel 5 zurück). Fügen Sie dem Gegenstand zunächst einfache Wörter für

Sinneseindrücke hinzu und gehen Sie allmählich dazu über, Sätze mit detailgenauen Einzelheiten zu formulieren. Unterziehen Sie ein bestimmtes Wort einer genaueren Prüfung und helfen Sie Ihrem Kind anschließend, sich im wahrsten Sinne des Wortes ein Bild davon zu machen und den Eindruck mit passenden weiteren Wörtern auszumalen.

1	2	3
Wort	dazu: eine Farbe	dazu: ein Wort für die Beruhrungsempfindung
Pullover	ein grüner Pullover	ein flauschiger grüner Pullover
Tisch	ein brauner Tisch	ein harter brauner Tisch
Waschbecken		
Wolldecke		
Apfel		

Wenn nötig, geben Sie Ihrem Kind in 1 und 2 kleine Hilfestellungen. Natürlich können Sie die Einzelheiten je nach Art der Sinnesempfindung verändern:

Wort	Ergänze ein Wort für Geruchs- oder Tastsinn	Ergänze ein Wort für die Farbe
Apfel	ein knackiger Apfel	ein knackiger grüner Apfel

Irren ist menschlich

Kaum ein Vater oder eine Mutter würde bestreiten, daß die Art, in der wir reden (damit einhergehend was wir reden) darüber entscheidet, ob andere uns verstehen oder nicht – oft sogar, ob sie uns ernst nehmen oder nicht. Unsere Sprache ist wie unsere Kleidung: beides bestimmt beim anderen den ersten Eindruck. Aus beidem werden Rückschlüsse auf Charakter, Intelligenz und Geisteshaltung gezogen.

Natürlich sind Menschen viel mehr als das, was sie sagen und tragen. Der wahre Charakter eines Menschen wird oft durch die relativ unbedeutende Oberfläche des Erscheinungsbildes überdeckt. Wenn Menschen es mit der Kleidung nicht so genau nehmen, heißt das noch lange nicht, daß sie es mit ihrem Verstand auch nicht so genau nehmen; ebenso sind Menschen, die sich nur schlecht ausdrücken können, noch lange keine ungebildeten Menschen. Sensible Menschen schauen unter die Oberfläche, um die im Innern verborgenen Qualitäten zu entdecken.

Doch das wäre die Aussicht auf eine liebevolle, ideale Welt; aber sie entspricht nicht der Wirklichkeit, mit der sich Ihr Kind während seines ganzen Lebens auseinandersetzen muß. Nicht nur Lehrer legen großen Wert auf „differenzierte Ausdrucksweise". Auch in der Ausbildung und im Berufsleben wird jeder, der sich nicht dem sozialen Umfeld gemäß ausdrücken kann, benachteiligt, sei er noch so umgänglich und talentiert. Schon so mancher mußte einem sprachgewandteren Bewerber den Vortritt lassen.

Derartige Bedingungen sollen damit keinesfalls gerechtfertigt werden, ich spreche lediglich die Realität unserer modernen Welt an. Man beurteilt die Menschen nach ihrem Ausdrucksvermögen; ob das richtig ist oder nicht, ist eine andere Frage. Bestimmt wissen Sie aus eigener Erfahrung, wie störend ein persönlicher Sprachtick wirken kann oder ein Satzmuster, das ständig von „oder", „gell", „ne" oder „woll" unterbrochen wird; ähnlich mühsam ist es, einem verqueren Satz folgen zu müssen. Vor einiger Zeit hielt der New Yorker Bürgermeister Edward Koch den öffentlichen Schulen ei-

ne Standpauke, weil sie die Aussprache allzusehr vernachlässigten. Für Koch grenzt eine undeutliche Aussprache, bei der man einen unkorrekten Laut anstelle eines korrekten verwendet, an Analphabetismus. Jeder hat seine wunden Punkte: sei es ein Mmmmmh-Laut anstelle einer Antwort, eine undeutliche Erklärung oder der immer mehr im Vormarsch begriffene Dativ statt eines Genitivattributs wie „das Auto von meinem Vater" anstatt „das Auto meines Vaters"; sei es „Spontanität" anstatt „Spontaneität" oder „Dokter" statt „Doktor"; seien es Verschleifungen wie „hamse" und „sinze" anstelle von „haben Sie" und „sind Sie".

Kinder könnten später durch unpassenden oder ungenauen Sprachgebrauch benachteiligt sein. Wir möchten bestimmt nicht, daß man unserem Kind, das später vielleicht einmal studieren möchte oder sich um einen Ausbildungsplatz bewirbt, schlechte Aussprache und mangelnde sprachliche Ausdrucksfähigkeit vorwirft. Selbstverständlich wird sich niemand über einen kleinen sprachlichen Ausrutscher oder eine fehlerhafte Aussprache aufregen. Aber häufig werden wir, ohne daß es uns bewußt ist, von scheinbaren Nebensächlichkeiten entscheidend beeinflußt. Warum gegebene Möglichkeiten außer acht lassen?

Was können Mütter und Väter also tun, um ihren Kindern zu helfen, sich angemessen auszudrücken? Wenn ich die Frage schon aufgeworfen habe, möchte ich Ihnen auch nicht verschweigen, daß sie nicht leicht zu beantworten ist. Zuallererst sollten wir zu Hause Gespräche anregen und dafür eine entspannte Atmosphäre schaffen; das Kind sollte die Freiheit verspüren, über alles und jedes reden zu dürfen, ohne Angst, gleich kritisiert oder lächerlich gemacht zu werden. Ein feinfühliges Kind kann sehr leicht einen hilfreichen Vorschlag oder einen wohlmeinenden Kommentar als herbe Kritik mißverstehen. In einem solchen Fall

sind wir gefordert, das Gespräch nicht ab-
brechen zu lassen und die Kommunikation
weiterzuführen. Obwohl wir in den Gesprächen mit unseren Kindern viele Bereiche
abdecken müssen – von der Sinn- und Be-
deutungsebene bis hin zu Aussprache und
Grammatik –, sollten unsere Antworten und
Reaktionen immer konstruktiv bleiben.

In meiner Jugend, meine Mutter hatte
Ende der zwanziger Jahre die Schule verlassen, weil sie arbeiten mußte, wurde bei uns
zu Hause unnachgiebig auf eine „richtige"
Sprache geachtet. Ohne viel von Spracherziehung zu wissen, hat meine Mutter nie
ganz deutlich machen können, was sie genau unter reiner Sprache verstand. Doch
meine Schwester und ich wußten, daß es eine Mischung aus Aussprache und Wortgebrauch sein mußte – klares Reden, deutliche Aussprache und eine höfliche Stimmlage. Das hatte meine Mutter während ihrer
ersten und einzigen Berufstätigkeit als Se-
kretärin gelernt. Es traf aber ebenso mit ihrer ganz persönlichen Einstellung zu ange-
messener Ausdrucksweise zusammen, mit
der man sich in der Welt bewegt. Selbst im
heißesten Wortgefecht – wegen eines Märchens, das von Ungerechtigkeiten erzählt,
einer Ausrede, um später als sonst ins Bett
zu gehen, einer Bitte um Taschengelderhö-
hung – bestand sie darauf: „Sprich richtig!"
Sie stand vor uns, mit verschränkten Armen,
die Hände auf den Ellbogen, mit hochge-
zogenen Augenbrauen und weit geöffne-
ten Augen – was wollte sie uns damit sagen?

Unsere feurige Rede wurde meist durch
ihre Ermahnungen erheblich gedämpft und
unsere gesamte Aufmerksamkeit von dem
Was auf das Wie unseres Anliegens gelenkt.
Obwohl ich ihr dankbar bin, daß sie uns
half, eine Sensibilität für Sprache und soziale Umgangsformen zu entwickeln, denke
ich, daß uns einige gute Gelegenheiten zu
gemeinsamen Gesprächen entgangen sind.
Wir konzentrierten uns vielleicht allzusehr
auf die Form. Aber ich erkenne inzwischen

auch, wieviel Glück ich hatte, daß ich keine
nachträglichen Korrekturversuche über
mich ergehen lassen mußte.

Eingeschliffene Fehler im nachhinein
korrigieren zu wollen, kostet unendlich viel
Mühe. Es gibt sanfte aber wirkungsvolle
Mittel und Wege, mit Aussprachefehlern
umzugehen, vorausgesetzt, sie haben sich
noch nicht verfestigt. Dann brauchen Sie
auch nicht Fehler nach Fehler zu finden
und zu korrigieren, worüber man sehr leicht
ungeduldig und ungehalten wird und die
Kommunikation mit dem Kind im Keim er-
stickt. Im Gespräch mit Kindern sollte Kor-
rektheit nie zum obersten Gebot werden. Eine entspannte, streßfreie Gesprächsatmosphäre ist für ein geglücktes Gespräch viel
wichtiger.

Sie werden selbst ein Gefühl dafür entwickeln, wie Ihre Korrekturen der Aussprache bei Ihrem Kind ankommen. Vielleicht
ist sie ihm in einem bestimmten Gesprächs-
moment völlig gleichgültig. In diesem Fall
sollten Sie das, was Ihrem Kind im Gespräch gerade wichtiger ist, respektieren.
Versuchen Sie bitte nicht, im Gespräch Ihren Willen durchzusetzen. Als meine Tochter Melissa noch im Vorschulalter war, hat
sie uns einmal über unsere unaufgeklärte
Haltung belehrt. Wir wollten einen Satz verbessern und sie sagte einfach: „Ich mag es
aber falsch!" Es ist das gute Recht des Kindes, zu seiner Sprache zu stehen. Am besten, Sie fördern das, was Ihnen korrekt erscheint, und achten auf sprachliche Schwierigkeiten. Vor allem sollte eine Korrektur
das Gespräch nicht unterbrechen. Merken
Sie sich die Fehler und bringen Sie sie zur
Sprache, wenn Ihr Kind bereit ist, sie zu
verarbeiten.

Ein weiteres wichtiges Thema ist das Formulieren ganzer Sätze. Halten Sie Ihr Kind
dazu an, in vollständigen Sätzen zu sprechen und nicht in Satzfragmenten, diesen
Gesprächsstückchen und -häppchen, die
wir zu Genüge überall um uns herum hören.
Wir kommen damit auch gut durch – gibt es

also überhaupt einen Grund, warum unsere Kinder in ganzen Sätzen sprechen sollten?

Ganz gewiß. Zum einen finden viele Menschen Kommentare von ein oder zwei Wörtern Länge recht unergiebig und unhöflich. Gute Lehrkräfte verlangen unermüdlich: „Antwortet bitte in ganzen Sätzen." Ein Satz kann viele Informationen beinhalten. Ein Satz nennt den Handelnden; er sagt aus, was dieser tut oder was mit ihm getan wird. Er teilt uns eine Reihe von miteinander verbundenen, ineinandergreifenden Einzelheiten mit, so daß wir uns eine erste Vorstellung machen können.

Zweitens steht, wie schon mehrmals betont, die gesprochene Sprache mit der geschriebenen in einem engen Zusammenhang. Ihr Kind muß als Leser und als Schreibender diesen Zusammenhang meistern. Je früher Sie Ihrem Kind helfen, Sätzen einen Sinn zu geben und einen Sinn für Sätze zu entwickeln, desto müheloser wird es sich später schriftlich ausdrücken können. Die anfängliche Angewohnheit, unvollständige Sätze zu produzieren, wird zum Fehler, der sich bis in die höheren Schulen hineinzieht. Aus diesem Grund möchte ich bei diesem Problem etwas stehen bleiben und Ihnen einen realistischen Bezugsrahmen anbieten, mit dem Sie Ihrem Kind helfen, diesen Fehler zu vermeiden. Denn meiner Meinung nach wird dieser Punkt in den meisten Schulen vernachlässigt.

In den letzten Jahren haben Untersuchungen gezeigt – es mag Sie erstaunen – daß die meisten von uns in vollständigen und komplexen Sätzen sprechen. Dieser überraschende Befund widerlegt die früher weitverbreitete Ansicht, daß die gesprochene Sprache an grammatischen Strukturen ärmer sei als die geschriebene Sprache. Natürlich spricht ein Kleinkind in Worten und Wortfolgen, denen regelmäßig die formalen Satzbausteine wie Artikel, Konjunktionen, Präpositionen fehlen. Oder es zwingt mehrere kurze Sätze zusammen, um eine umfassendere Bedeutung herzustellen („Mama

dableiben. Nina Angst."). Aber zwischen zwei und drei Jahren lernt das Kind, mehrere Bedeutungen in einen einzigen Satz zu fassen. Es lernt, einzelne Wörter in den Satzzusammenhang einzugliedern, Umstandsbestimmungen einzufügen und Handlungen in die richtige Zeitabfolge zu bringen.

Es ist immer wieder beeindruckend, wie geschickt ein Kind bald mit Sprache umgehen kann, wie gut ihm Sätze gelingen, die grammatisch meist vollständig und richtig konstruiert sind. Verzweifeln Sie nicht über hartnäckig beibehaltene Ausrutscher. Zum Beispiel kann ein Kind durchaus bis zu seinem fünften Lebensjahr einen Akkusativ anstelle eines Dativs setzen und fragen: „Kannst Du mich helfen?" Kinder haben ihr eigenes Tempo, beim Erlernen der Regeln unseres Sprachsystems. Das Forscherehepaar de Villiers erinnert uns daran, daß „der Lernprozeß bis zur Beherrschung der Erwachsenensprache keinesfalls ohne Fehler abläuft". Kinder erfinden Wörter und Satzmuster, sie machen auch systematische Fehler, aber auch sie haben auf dem Weg des Spracherwerbs ihren Wert. Einer meiner Kollegen sagte seinen Studenten, daß Kinder unglaubliche Satzmaschinen sind und die Grammatik besser beherrschen, als sie selber wissen.

Glauben Sie nicht, Ihr Kind könnte keine vollständigen Sätze bilden; aller Wahrscheinlichkeit nach kann es das sehr wohl. Versuchen Sie nicht, ihm etwas beizubringen, was es bereits kann. Aber Sie können Übungen für ganze Sätze anbieten, so daß Ihr Kind seine Fähigkeiten verbessern kann und einen Sinn für geschriebene, grammatisch richtige Sätze entwickelt. Auch wenn Ihr Kind in der gesprochenen Sprache bereits grammatisch korrekte Sätze formulieren kann, gerät das schriftliche Ausformulieren von Gedanken oft noch zu einem Glücksspiel. Natürlich verständigen sich Erwachsene und Kinder in der Alltagssprache oft auch mit unvollständigen Sätzen:

„Hallo, Sabine!"

„Hallo, Mark! Wo ist dein Bruder?"

„Zu Hause im Bett."

„Was hat er denn?"

„Och, nichts Schlimmes. Einen bösen Schnupfen."

„Schade."

„Ja. Nichts mit Fußballspielen."

In dieser Unterhaltung kommen nur zwei vollständige Sätze vor. Die Umgangssprache hat ihre eigenen Kennzeichen: Sie fordert Schnelligkeit, verlangt nach unmittelbarer Antwort, ist auf Fragen angewiesen – und beinhaltet eben auch fragmentarische Äußerungen. Natürlich ist es kein Fehler, wenn wir in unseren täglichen Gesprächen teilweise abgekürzt reden und den sogenannten Telegrammstil benutzen.

Interessant ist, daß die Fragmente, die man in Texten von Kindern antreffen kann, gerade nicht der Alltagssprache entnommen sind. Mir kommen in den meisten Fällen Fragmente unter, bei denen eine ursprünglich vollständige Einheit zu einer unvollständigen gekappt wird. Ein eigentlich einem Hauptsatz untergeordnetes Element steht ohne Anschluß da; das Kind hat dem Hund den Schwanz abgeschnitten und will jedem weismachen, der Schwanz sei der ganze Hund. Einige geben sich auch mit der Erklärung zufrieden, daß die schriftlichen Äußerungen eines Kinds deshalb so viele unvollständige Gedanken enthalten, weil es gewöhnlich unvollständige Gedanken um sich herum hören kann; aber das überzeugt mich nicht.

Ich vermute eher, daß einem Leseanfänger in unserer Umwelt eine Vielzahl unvollständiger geschriebener Äußerungen in die Augen springt wie AUSGANG, RAUCHEN VERBOTEN, DRÜCKEN. Solche sprachlichen Zeichen sind trotz der knappen Form lang genug, um uns ausreichend zu informieren. Besonders Zeitungen und Zeitschriften wollen unseren Blick möglichst schnell einfangen, damit ein Produkt oder eine Idee sich in unserem Kopf festsetzt: „Der schnellste Weg zu mehr X", „Sensation", „Jetzt neu: Super-Spar-Angebote für Familien-Freizeit". Ganz ohne Zweifel werden unsere angehenden Leser von diesem Stil beeindruckt. Suchen wir nach den Ursachen für die fragmentarische Schreibweise unserer Kinder, dann müssen wir schauen, wo sie diese Versatzstücke schriftlich sehen: in Überschriften. Sie kopieren also Schrift und nicht Gespräche.

Allerdings rechtfertigt natürlich die weite Verbreitung solcher geschriebenen Kürzel noch nicht ihren übermäßigen Gebrauch, und diese Gebilde verdienen es nicht, Vorbild für korrektes und ausgereiftes Schreiben zu sein. Kinder sollten nicht erst in der Schule lernen, vollständige Gedanken in vollständigen Sätzen auszudrücken.

Legen Sie Wert darauf, daß Ihr Kind frühzeitig den Namen für eine Person oder einen Gegenstand findet; fragen Sie gegebenenfalls nach. Ermuntern Sie Ihr Kind, in ganzen Sätzen zu sprechen. Greifen Sie mit Fragen ein, damit es eventuelle Lücken erkennen und füllen kann. Sie tun das nicht, um dem Kind Fehler nachzuweisen, sondern um ihm Sprachmodelle zu bieten, die es später in Schrift umsetzen kann. Aus diesem Grund achten viele Lehrer so sehr darauf, daß Gedanken in vollständigen sprachlichen Äußerungen ausgedrückt werden. Aber leider verfolgen nicht alle Lehrer dieses Ziel mit genügendem Nachdruck. Die fehlende Aufmerksamkeit ihrer Schüler rührt oft von der mangelnden Technik her, interessante Fragen zu formulieren. Häufig stellen Lehrer Fragen, die mit einem schlichten ja oder nein beantwortet werden können. Falls sich das Repertoire auf derartige Fragen beschränkt, verhindern sie selbst, daß Kinder zusammenhängende Sätze zur Antwort geben.

Kennen Sie den Spiegelungs-Effekt? Einige meiner Kollegen haben mir diesen Kunstgriff gezeigt, der in der Fachwelt Monitortechnik genannt wird; er eignet sich auch für Vier- und Fünfjährige. Sobald Ihnen am Sprachverhalten Ihres Kinds etwas auffällt, worauf sie es aufmerksam machen wollen, „spiegeln" Sie es ihm vor, das heißt, wiederholen Sie das unpassende Verhalten genauso, wie Sie es von Ihrem Kind gehört haben. Hier ein Beispiel:

Kind: Ich möchte Malstifte ham.
Mutter: Ham?
Kind: Möchte Stifte zum Malen ham
Mutter: Du möchtest Malstifte, hamm, hamm?
Kind: Nein! Ich möchte Malstifte haben.

Die Mutter betont das fehlerhafte Wort und macht das Kind so darauf aufmerksam. Sie stellt eine Frage, die die falsche Aussprache wiederholt. Kritiker dieser Methode sagen zwar, das Kind würde in seiner Äußerung unterbrochen, aber ich habe bisher weder von Eltern noch von Kindern gehört, daß sie darunter gelitten hätten. Sie betrachten es eher als Spiel.

Es gibt noch einen anderen Zugang zum Fehler; man kann den Satz bis zu dem Fehler wiederholen und dann warten, bis das Kind die richtige Form einsetzt. Auch hier kann man durch eine leichte Überbetonung des Worts dem Kind zeigen, was von ihm verlangt wird:

Kind: Ich möchte Malstifte ham.
Mutter: Du möchtest Malstifte . . .
Kind: Ich möchte Malstifte ha-ben.

Beachten Sie, daß die Mutter ihrem Kind die richtige Aussprache nicht vorsagt. Sie erwartet, daß ihr Kind es ganz allein schafft. Mit anderen Worten, die Mutter gibt dem Kind zu erkennen, daß es das richtige Wort sehr wohl kennt, es aber nicht benutzt hat. Im ersten Beispiel mußte die Mutter die unpassende Form wiederholen, weil ihr Kind die Absicht nicht gleich verstanden hat. Aber im weiteren korrigierte es seinen Fehler selbständig. Und das macht die Spiege-

lungstechnik so wertvoll: Zunächst wird das Kind unmittelbar nachdem es den Fehler gemacht hat, auf ihn aufmerksam; und dann lernt es, daß es selbst in der Lage ist, ihn zu korrigieren. Wir müssen uns nicht als Lehrmeister für Sprache und Satzbau aufspielen. Statt dessen lassen wir durchblicken, daß wir unserem Kind durchaus die Fähigkeit zutrauen, selber den passenden Ausdruck zu finden. Unsere Aufgabe ist dabei, den Fehler zu markieren. Und unsere Haltung zeigt: Ich weiß, daß du ein angemessenes Sprachverhalten wählen kannst.

Die Spiegelungstechnik wirkt nicht nur bei fehlerhafter oder undeutlicher Aussprache, sondern auch bei Formen, die nicht dem Standard entsprechen („ich geh nach Oma", „hab nicht Puppe") oder bei Füllwörtern („ne", „woll", „ja", „oder", „irgendwie"). Ich habe die Spiegeltechnik mit meinen eigenen Kindern erprobt und kann Sie Ihnen nur empfehlen.

Einige Lehrer wenden diese Methode auch in der Klasse an, sie spiegeln eine Antwort, wenn sie nicht zur gestellten Frage paßt:

Lehrer: Erzähl uns, was wir auf unserem Ausflug besichtigt haben.
Schüler: Es hat mir keinen Spaß gemacht.
Lehrer: Es hat dir keinen Spaß gemacht?
Schüler: Wir haben uns sehr früh auf dem Schulhof getroffen und sind dann . . .

Der Schüler gab eine Beurteilung ab, während der Lehrer zu einem Bericht aufgefordert hat. Die Spiegelungstechnik stellt das Problem heraus. Ein Kind, das schon etwas Erfahrung mit diesen Hinweisen gesammelt hat, kann an der Körperhaltung und Betonung des Lehrers bald ablesen, wie und wann es eine Äußerung wiederholen soll.

Man kann auch etwas anders vorgehen und dem Kind zeigen, welcher Art die Antwort war, die es gegeben hat und es danach an den Inhalt der eigentlichen Frage erinnern:

Lehrer: Erzähl uns, was wir auf unserem Ausflug besichtigt haben.

Schüler: Es hat mir keinen Spaß gemacht.

Lehrer: Gut. Du sagst uns, daß du nicht zufrieden warst. Damit hast du uns deine Meinung gesagt. Aber ich habe dich gefragt, ob du uns einen Bericht geben kannst. Wie verlief der Ausflug?

Diese Vorgehensweise zeigt nicht nur, wo das Problem liegt, sondern erklärt es auch und hilft dem Kind, eine geeignete Lösung zu finden. In einigen Fällen weiß es vielleicht tatsächlich nicht, wie es angemessen antworten soll. Aber dann greifen Sie ohnehin helfend ein. Lassen Sie dabei keine Bemerkungen über die Fähigkeiten Ihres Kindes fallen, sondern gehen Sie ganz natürlich vor. Verhalten sollte beschrieben, nicht be- oder gar verurteilt werden. Halten Sie Ihrem Kind den Spiegel vor, um es auf einen Fehler aufmerksam zu machen. Sagen Sie das, was Ihnen unkorrekt erscheint, ohne es zu bewerten. So kritisieren Sie den Fehler, nicht das Kind.

7
Die Welt als Gesprächsanlaß

Wie wichtig es für Eltern ist, einen „Blick für die Welt" zu entwickeln, wissen Sie bereits aus Bemerkungen in einem früheren Kapitel. Ich habe versucht, Ihnen eine bestimmte Haltung im Zusammenleben mit Ihrem Kind nahezulegen; gehen Sie von dem Moment an, wo Ihr Kind in Ihr Leben tritt, gemeinsam mit offenen Augen durchs Leben. Einen Blick für die Welt zu haben heißt auch, in der Alltagsroutine Gelegenheiten zu finden, Gedanken, Gefühle und Vorstellungen mit Ihrem Kind zu teilen. Das Gespräch ist das beste Mittel, Erfahrungen mitzuteilen und andere daran teilhaben zu lassen.

Zunächst haben wir Sprache und Spracherwerb von theoretischer Seite betrachtet und anhand einiger konkreter Beispiele gezeigt, wie man Kinder zu einem Gespräch anregen kann. So nähern wir uns dem Ziel, das Gespräch in den Mittelpunkt unserer Familie zu rücken. In diesem Kapitel möchte ich den Zusammenhang von Theorie und Praxis noch weiter ausführen und um einige praktische Beispiele erweitern. Damit sollen vor allem denjenigen Eltern Anregungen an die Hand gegeben werden, die unsicher sind, worüber sie mit Ihrem Kind reden sollen. Dabei wiederholen sich einige Punkte, die wir vorher bereits angesprochen haben, doch erscheinen sie in neuem Licht. Vorrangig möchte ich einige Grundsätze herausfiltern, wie Sie mit Ihrem Kind zu Hause reden und seinen Sprachschatz um wesentliche Wörter, Gedanken und Einstellungen bereichern können. Am besten wäre es, wenn Sie die ganze Welt als Gesprächsstoff wahrnehmen. Die kleinen alltäglichen Ereignisse sind wie Atome und Moleküle in einem bewegten zwischenmenschlichen Austausch, Sprache ist wie der Schmelztiegel, in dem sich die Erfahrungen durchdringen, geteilt und mitgeteilt werden.

Was tun Lehrer für ihre eigenen Kinder?

Lehrer repräsentieren in vielem die gebildete Mittelschicht unserer Gesellschaft. Wenn ich frage, wie sie in ihren Familien mit Sprache umgehen, so erhoffe ich mir davon, für alle einige wichtige Hinweise und Methoden zur Spracherziehung zu entdecken. Kinder aus Lehrerfamilien sind nicht notwendigerweise hellere Köpfe als andere, aber insgesamt gesehen scheinen sie im Schulunterricht außergewöhnlich gut zurechtzukommen.

Lehrer haben eine besondere Stärke: ihr großes Vertrauen in die Schule, trotz aller Probleme, die sie ja selber am eigenen Leib erfahren. Diese Einstellung geben sie an ihren Nachwuchs weiter. Lehrer vermitteln ihren Kindern eine positive Grundeinstellung zum Lernen: Der formale Unterricht, die Institution Schule ist für uns da, damit wir uns bilden und durch Wissen entwickeln können, damit wir in unserer Gesellschaft glücklich und erfolgreich leben und uns als selbständige, kritikfähige Menschen in die Gesellschaft einbringen. Lehrer pflegen die Vorstellung, daß Lese- und Schreibfähigkeit und alles, was damit zusammenhängt, für uns besonders lebensnotwendig und wertvoll ist. Sie sind der Überzeugung, daß zwar unsere unmittelbare Umgebung unser Wertesystem grundlegend prägt, daß aber Wissen unseren Horizont erweitert und uns auch wichtige andere Wertmaßstäbe und Verhaltensmuster zur Verfügung stellt. Lehrer stellen an ihre Kinder hohe Erwartungen und setzen in der Betreuung bei einem qualitativ hohen Standard an. Und sie glauben an die Kraft der Familie, dem Kind eine Zukunft geben zu können. Unter diesen sozialen und erzieherischen Voraussetzungen rangieren Kinder in der Skala ganz weit oben.

Warum kommen gerade Kinder aus Lehrerfamilien in der Schule so gut zurecht? Wie schon erwähnt, glauben Lehrer an die Qualitäten dieser Institution und unterstützen sie. Außerdem haben Lehrer viel Zeit darauf verwendet, Theorien über Kindererziehung zu lernen. Zusätzlich, und das ist vielleicht ausschlaggebend, scheuen sie nicht vor der Anstrengung zurück, diese Theorien an ihren Kindern anzuwenden. Sicher lernen viele Eltern Theorien darüber kennen, wie man die Sprachkompetenz eines Kindes ausbildet. Aber nur wenige, darunter zum größten Teil Lehrer, bemühen sich wirklich, dies in die Praxis umzusetzen. Das heißt auch, daß Lehrer viel Zeit mit ihren Kindern verbringen können. Der Tagesablauf von Erwachsenen und Kindern sieht ganz ähnlich aus sie gehen morgens in die Schule und kehren gegen Nachmittag zurück, bevor die Arbeiten oder Aktivitäten außerhalb der Schule beginnen. Die Ferienzeiten stimmen überein, und man verbringt die Ferien gemeinsam.

Damit sage ich aber nicht, daß Eltern in anderen Berufsgruppen oder in anderen sozialen Feldern sich weniger um ihre Kinder bemühen und weniger gut erziehen würden. Beileibe nicht. Lehrerfamilien sind nur besonders geeignete Untersuchungsbeispiele, weil Wertvorstellungen, Erziehung und Übung von Berufs wegen so zusammentreffen, daß man anhand dieser Beispiele fundierte Praktiken für Gespräche zu Hause verallgemeinern kann. Ich greife sie als Repräsentanten der Mittelschicht auf.

Als ich für dieses Buch arbeitete, sprach ich mit vielen Lehrern darüber, wie sie auf die Sprachentwicklung ihrer Kinder einwirken. Ich las auch einiges darüber, wie Lehrer und andere Eltern aus der Mittelschicht die Lese- und Schreibfähigkeit ihrer Kinder fördern. Einiges davon möchte ich gerne an Sie weitergeben. Den Grundton werden Sie aus anderen Kapiteln wiedererkennen. Meine Absicht ist dabei, die Hauptgesichtspunkte in einer Übersicht zusammenzustellen, anhand der Sie zu Hause den Sprachzuwachs Ihres Kinds systematisch lenken können.

Die Ratschläge beruhen auf den Erfahrungen und Übungen von Lehrern, in zeitintensiven Berufen beschäftigten Eltern, die für eine Familie verantwortlich sind und einen nicht geringen Anspruch an ihr Leben verwirklichen. Nach der Schule und in den Ferien nehmen sie an Weiterbildungskursen teil; die tagtägliche Stundenvorbereitung frißt sehr viel von der angeblichen Freizeit; Institute, Kurse an der Volkshochschule Konferenzen und Arbeitsgemeinschaften mit Schülern besetzen den Großteil der Zeit zwischen zwei und fünf Uhr nachmittags. Auch in diesem Punkt repräsentieren sie die Mittelschicht.

Grundregeln für die Spracherziehung zu Hause

● Ein Gespräch beruht immer auf Gegenseitigkeit. Im Kapitel über das Geschichtenerzählen ist schon deutlich geworden, daß ein bewegter Dialog zu ausführlicherem Erzählen anregt und Ihr Kind darin unterstützt. Ob Sie Ihr Kind auffordern, eine unglaubliche Geschichte oder etwas wirklich Erlebtes zu erzählen, immer sollten Sie es im Gespräch als gleichwertigen Partner behandeln. Die Art des Gebens und Nehmens entscheidet, ob ein Gespräch glückt.

Kinder haben ein ganz besonders feines Gespür, Gekünsteltes von Echtem zu unterscheiden. Ein wirkliches Gespräch mit einem Kind zu führen bedeutet deshalb auch, sich um eine aufrichtige Partnerschaft zu bemühen. Unter Aufrichtigkeit verstehe ich hier die Sensibilität für Argumente und Regeln, die man nach einem überzeugenden Gespräch vielleicht verändert, sowie die ständige Aufmerksamkeit eines wirklich interessierten Zuhörers.

Neuere Untersuchungen zeigen, daß Eltern auf die Sprachentwicklung ihres Kindes ganz wesentlich einwirken können, wenn sie von frühester Kindheit an das Gespräch mit ihnen kultivieren. Erinnern Sie sich an Paula Menyuks Untersuchung? Wenn die Sprache einfach nur auf Ihr Kind einströmen würde, wenn es von einem Wortstrom überflutet wird und nicht direkt angesprochen ist, ist ihm nicht geholfen. Eine einseitige Kommunikation trägt wenig zur Sprachfähigkeit bei. James Britton, ein international anerkannter Experte auf dem Gebiet der Sprache und des Spracherwerbs, schreibt dazu: „Der ganze Unterschied besteht darin, daß eine erwachsene Person das Kind von Anfang an in Gespräche einbezieht."

Das gilt besonders für jene Kinder, die sich mit der Sprache schwertun. Bringen Sie Bemerkungen ein und warten Sie die Antwort ab. Stellen Sie ihm eine Frage und machen Sie eine Pause. Die Antwort besteht vielleicht in einer unscheinbaren Geste mit der Hand, in einem kurzen Augenaufschlag, um zu sehen, von wem die Stimme kommt, in einem zaghaft angedeuteten Lächeln

oder einem leichten Stirnrunzeln. Bevor Sie wieder zu sprechen anheben und selbst die Antwort geben oder Ihre Bemerkung ausführen, bevor Sie mit einem aufmunterndem Laut oder Ausruf die Stille brechen, sollten Sie etwas Geduld aufbringen und dem Kind Zeit geben.

Mit solchen Verhaltensweisen üben Sie die Konventionen eines Dialogs. Aber noch wichtiger: Sie machen das Kind zum gleichberechtigten Partner in einer grundlegenden menschlichen Handlung, der Sprachhandlung nämlich. Vom ersten Moment seines Lebens an behandeln sie es als einzigartiges Individuum, das mit kommunikativen Fähigkeiten begabt ist. Auch wenn diese noch ganz am Anfang stehen, kündigen sie sich doch schon in den ersten Lauten an. In diesem Zusammenhang spricht die Soziologin Shirley Brice Heath, auf die ich wegen ihrer genauen Beobachtung des kindlichen Spracherwerbs immer wieder zurückgreife, von einer Art Interessengemeinschaft zwischen Mutter und Kind, vom „gegenseitigen Austausch gemeinsamer kommunikativer Absichten".

Ist Ihr Kind im Vorschulalter oder schon darüber hinaus, sollten Sie darauf vorbereitet sein, Ihre Gedanken und Vorstellungen im Gespräch denen Ihres Kinds anzugleichen. Wenn Sie also von Ihrem Kind wissen wollen, ob Sie diesen Pullover zu dem Rock tragen können, wenn Sie seine Meinung zu einer Fernsehsendung oder einem Spielzeug hören wollen, dann gehen Sie das Risiko ein, Ihre Vorstellungen in Frage stellen zu müssen. Natürlich sollen Sie den Wünschen Ihres Kindes nicht immer nachgeben, aber nehmen Sie das Gespräch ernst, so lassen Sie sich damit auch auf Konsequenzen ein. Begreift man das Gespräch wirklich als Austausch, muß man zu Geben und Nehmen, zum Aushandeln und zum Ergebnis auch stehen.

Wenn man einem Kind ein Erlebnis nach dem anderen bietet, ohne diese im Gespräch zu verarbeiten, trägt man nicht viel zur Entwicklung seiner Sprachfähigkeit bei. Ein Ereignis sollte immer mit Sprache verbunden werden. Einzig das Gespräch kann das Interesse an Lese- und Schreibfähigkeit wecken. „Die Art, wie Eltern mit ihren Kindern über ein Ereignis sprechen, beeinflußt das Wissen, das das Kind aus dem Ereignis zieht und wie es dieses Wissen später beim Lesen verwertet. Erst das Gespräch über die Ereignisse erweitert Vorstellungen und Wortschatz", so der bedeutende Bericht „Becoming a Nation of Readers" der „Commission on Reading" („Wie wir eine Nation von Lesern werden" von der „Senatskommission für das Lesen").

- Lesen Sie Ihrem Kind regelmäßig vor, am besten ab dem sechsten Monat. Beginnen Sie so früh wie möglich mit Vorlesen. Wecken Sie schon in der Kleinkindphase das Interesse für Bücher. Wann immer es möchte, sollte das Kind die Seiten anfassen und im Buch herumblättern dürfen. Haben die Bücher ungiftige Umschläge (i. d. R. alle Kinderbücher) oder einen einfachen Pappeinband, brauchen Sie nicht beunruhigt sein, wenn Ihr Kind die Bücher in den Mund nimmt. Zeigen Sie mit Worten und Reaktionen, daß Sie es gerne sehen, wenn es Bücher an sich drückt und die Bilder anschaut.

Mit der Zeit nimmt Ihr Kind die besonderen Stimmen beim Vorlesen wahr. Ihr Leseverhalten formt bestimmte Konventionen und führt vor, was den Kern des Lesens ausmacht: Die Seiten, die sie umblättern und das Gedruckte, dem Sie Ihre Stimme leihen, tragen eine Bedeutung. Und das Aufspüren dieser Bedeutung wird die entscheidende Fähigkeit beim Lesen sein. Meiner Meinung nach rühren die Lernschwierigkeiten vieler Kinder daher, daß sie nie gelernt haben, in den aneinandergereihten Buchstaben eine Verkettung von Bedeutungen zu sehen. Diese Kinder lesen einzelne Wörter, als ob die Bedeutung einfach durch die Addition isolierter Wortbedeutungen zustande käme. Ihre Stimme verbindet Sprache, Gedanken und Bedeutung, die grundlegenden Bestandteile sinnvollen Lesens. Eine wichtige Voraussetzung für das Lesen ist die Fähigkeit, Bedeutung und Gedrucktes miteinander in Beziehung setzen zu können.

Ihr Kind sollte Sie regelmäßig lesen sehen, denn Ihre eigene Lesetätigkeit ist das Modell für das Leseverhalten Ihres Kinds. Ihr Sohn oder Ihre Tochter sehen, wie Sie sich mit einem Buch bequem im Sessel zurücklehnen, auf das Bett oder der Couch ausstrecken. Ihr Gesicht, Ihr konzentrierter Blick und Ihr zeitweilig aufscheinendes Lächeln bezeugen den persönlichen Genuß, den Ihnen Gedrucktes geben kann. Nur wenige Personen können ihrem Kind eine Vorstellung davon geben, wie die Freude am Lesen einen bannen kann. In der Tat, wo sonst als zu Hause sollte ein Kind sehen, wie Menschen aus purem Vergnügen lesen? Macht es Ihnen dagegen mehr Spaß fernzusehen, dürfen Sie auch nicht überrascht sein, in fünf oder zehn Jahren Ihr Kind vor dem Bildschirm und ohne ein Buch in der Hand zu sehen; es spiegelt Ihre Gewohnheiten wider.

Wenn Sie zur Entspannung ein Buch oder eine Zeitschrift lesen, sollten Sie immer damit einverstanden sein, daß Ihr Kind in der Nähe ist. Meine Kinder wollten mir laufend auf den Schoß klettern, während ich las. Ich bin sicher, sie wollten vor allem meine Aufmerksamkeit zurückerobern, die sich nun unverständlicherweise auf das Buch gerichtet hat. Aber ich denke auch, daß die natürliche Neugierde, die ich in ihnen mit ihren eigenen Büchern erwecken wollte, auch auf meine Bücher übergriff. Melissa, Joseph und Saul haben gelernt: Zeit zum Lesen ist Zeit zum Reden. „Was machst du da? Warum liest du? Warum spielst du nicht mit uns?"

Ich habe auf solche Fragen immer versucht, den Stellenwert von Büchern in unserem Leben darzustellen. Gleichgültig, was die Fragen beabsichtigen, nehme ich solche Fragen immer zum Anlaß, über mein persönliches Lesevergnügen zu sprechen und über die Schätze, die jeden erwarten, der sich mit seiner Vorstellungskraft in die Welt eines Buches hineinversetzt. Ich stelle einen Vergleich zwischen Lesen und Fernsehen an und stelle den Unterschied heraus. Eine im Kopf erfundene Welt regt mein Vorstellungsvermögen viel wirkungsvoller an als eine Welt, die auf dem Bildschirm reproduziert wird. Ich erzähle meinen Kindern, wie gerne ich mich in die Welt eines Buches hineindenke, und nachdem ich ihnen das erklärt habe, fordere ich sie auf, sich neben mich zu setzen und selbst zu lesen oder sich mit irgend etwas anderem zu beschäftigen, was keinen Lärm macht.

Aber bei Gelegenheit rede ich auch gerne über das Buch, das ich gerade lese. Ich nenne Titel und Autor, ich erzähle etwas über die Handlung und die Charaktere (wenn es ein Roman ist) oder über den Hauptgedanken. Meist lese ich auch ein paar Sätze vor. Ich versuche zu erklären, warum ich gerade dieses Buch lese. Handelt es sich um eine Zeitschrift oder eine Zeitung, bin ich eher bereit, meine persönliche Lesezeit zugunsten eines Gesprächs aufzugeben. Wir schauen uns gemeinsam die Bilder an und diskutieren über die Artikel. Kinder sind durchaus in der Lage, auch Dinge, die vorrangig Erwachsene angehen, zu verstehen - vorausgesetzt, die Erwachsenen fassen die Information verständlich zusammen. Eigentlich spricht nichts dagegen, daß Ihr Kind über ein paar Meldungen aus der Presse nachdenkt.

Ein Kind, das frühzeitig an Bücher herangeführt wird, erwirbt bereits ein Vorstadium der Lese- und Schreibfähigkeit. Dieses Vorstadium untersuchte das Forscherehepaar Scollon an ihrer zweijährigen Tochter Rachel und hielt die Ergebnisse 1979 in einer Studie fest. Noch bevor sie lesen lernte, konnte Rachel auf eine Art und Weise reden und auf Gedrucktes reagieren, die bereits den erwachsenen Umgangsweisen mit Texten entsprach. Diese Fähigkeit wurde dabei eindeutig von der Umwelt des Kindes angeregt. Und hier liegt sicherlich auch Ihr Interesse: Wie können Sie zu Hause die Bedingungen für solche Verhaltensweisen schaffen?

Die Scollons weisen auf sechs wesentliche Verhaltensmuster und Einstellungen hin, die ihre Tochter im Umgang mit Büchern und dem daraus gewonnenen Wissen an den Tag legte:

1. *Sie entwickelte einen Sinn für Bücher.* Bücher sind etwas Positives und gehören ganz selbstverständlich zu unserem Leben.
2. *Sie erkannte, daß jedem Buch eine Schreibtätigkeit vorausgeht.* Bücher und Schreiben stehen in einem unmittelbaren, ursächlichen Zusammenhang.
3. *Sie wußte um den Unterschied von Schrift- und Umgangssprache.* Wenn wir vorlesen oder über ein Buch sprechen, gebrauchen wir eine andere Sprache als in unseren alltäglichen Gesprächen.
4. *Sie verband Lesen und Spiel.* Wie das Spiel greift auch das Lesen über die unmittelbare Realität hinaus; und wie das Spiel liefert Lesen eine Vielzahl verschiedener Hinweise, die den Unterschied zu unseren normalen Gesprächen aufdecken.
5. *Sie erwarb ein Bewußtsein für die Konventionen der Redesituation.* Im Verlauf eines Gesprächs wechseln die Partner ständig die Gesprächsrollen; es gibt immer einen Sprecher, der das Gespräch vorantreibt und Fragen stellt (anfangs meist der Erwachsene) und einen Hörer, der zuhört und antwortet (oft das Kind).
6. *Sie kannte die Konventionen, wenn man über Bücher redet.* Zum Beispiel wußte sie, daß man nicht einfach alles sagen kann, was man über ein Buch weiß, statt dessen stellt man seine Darstellung auf die Frage ab.

Sie ahnen wahrscheinlich schon, warum das alles so wichtig ist. Die Verhaltensmuster entsprechen genau den Erwartungen, die im Schulunterricht an Ihr Kind gestellt werden. Auch die ersten schulischen Aktivitäten setzen ein gewisses Maß an Wissen um die Konventionen der Lese- und Schreibfähigkeit voraus.

Ihr Kind mag im Unterricht vielleicht eine schöne Geschichte erzählen, aber Anerkennung dafür bekommt es erst, wenn es zeigt, daß es bestimmte Konventionen kennt. Es muß Maßstäbe beachten, die sich auf Lesen und Schreiben beziehen. Zum Beispiel soll es wissen, daß eine Geschichte sich aus Einleitung, Ausführung und Abschluß zusammensetzt und mit den entsprechenden formalen Mitteln (wie in Kapitel 5 besprochen) dargestellt wird. Es wird auch erwartet, daß eine Geschichte mit einer gewissen Betonung vorgetragen wird. Falls ein Kind keine Abfolge in die Erzählung bringen kann (wenn es zum Beispiel die Punkte 3, 4 und 6 nicht befolgt), erzählt es sprunghaft oder stockend, wird es von der Lehrerin unterbrochen und mit Fragen auf eine angemessene Erzählstruktur gelenkt.

Sie sehen selbst, Sie können im täglichen Umgang mit Wort und Schrift Ihrem Kind viel mitgeben, was wichtiger ist, als einfach Buchstabenreihen zu erkennen. Ihr Kind muß wirklich nicht vor seiner Einschulung lesen können; Sie brauchen sich nicht darum zu kümmern, Ihrem Kind das Lesen beizubringen, das nehmen die Lehrer in die Hand. Setzen Sie Ihre Energien vielmehr dafür ein, Ihrem Kind eine positive Einstellung zu Büchern zu vermitteln. Ich versichere Ihnen, daß Sie, die Eltern, die einzigen sind, die Ihrem Kind die Voraussetzungen für Lese- und Schreibfähigkeit mitgeben können. Wie gut die Schule auch immer sein mag, sie kann aus Ihrem Kind niemals einen „angehenden Literaten" machen.

Noch mal: Verschwenden Sie Ihre kostbare Zeit nicht damit, Ihrem Kind zu Hause das Lesen beizubringen! Machen Sie Ihr Kind lieber mit Einstellungen und Sichtweisen im Umgang mit Büchern vertraut, die ihm im Schulsystem, besonders in den ersten Jahren, Sicherheit und Orientierung geben. Und Sie werden staunen, mit welcher Auffassungsgabe Ihr Kind lesen lernt.

● Benennen, Bezeichnen, Etikettieren. Lehrer wissen es zu schätzen, wenn Ihr Kind das richtige Wort findet, und Eltern schätzen es nicht weniger, erinnern Sie sich nur an die Wortspiele aus Kapitel 6. Ich möchte den Nutzen, im Gespräch neue Wörter herauszuheben, keinesfalls überbetonen; ich zitiere lediglich William Bennett vom Ministerium für Erziehung, der feststellt: „damit das Lesen glückt, müssen die Kinder über einen Grundwortschatz verfügen . . . und über die Fähigkeit, über das Gelernte zu reden".

Beginnen Sie so früh wie möglich damit, die Gegenstände und ihre Merkmale aus der Umgebung Ihres Kindes zu benennen. Bezeichnen Sie Familienangehörige, Nahrungsmittel, Spielzeug, Möbel und alles, was Ihr Kind interessant findet. Weiten Sie Ihre Beschäftigung mit dem Wortschatz dahingehend aus, daß Sie allmählich die Wörter im einzelnen erläutern und deren Bedeutung herausstellen. In einem nachfolgenden Beispiel kommt eine Mutter zu Wort, die über eine Obstbaumplantage spricht, wobei sie das Wort geschickt herausstellt und ihrem offenbar unwissenden Kind eine Definition anbietet. In diesem Buch haben Sie bereits weitere Beispiele für Benennen, Bezeichnen und Etikettieren kennengelernt.

Bezeichnen und bestimmen Sie einen Gegenstand, stehen Sie jenem Poeten von Shakespeare nicht viel nach, der einen Gegenstand „bestimmt und ihm seinen Platz zuweist". Sie reißen das Objekt aus seiner Anonymität heraus. Sie spielen Ihrem Kind das Wort zu, das es daraufhin in seinen Sprachbestand aufnimmt. Sie können sich kaum vorstellen, wie viele Kinder Probleme haben, zu auch noch so einfachen und gebräuchlichen Wörtern bedeutungsgleiche Bezeichnungen, Synonyme, zu finden. Dabei ist der Wortschatz doch ein so wichtiges Mittel, seiner Persönlichkeit Ausdruck zu geben. Er gibt viel mehr wieder als die intellektuelle Fähigkeiten; in ihm spiegeln sich Gefühle, Bedürfnisse und die Psyche eines Individuums. Immer und überall sind wir – wollen wir uns mit anderen Menschen verstehen – auf einen gewissen Kern an Sprachkenntnis angewiesen, der allen gemeinsam sein muß. Es ist natürlich kein Weltuntergang, wenn jemand die Bedeutung von Radieschen oder Seifenlauge nicht kennt. Aber man muß sich einmal bewußt machen, daß wir alle in unserem Alltagswissen beschnitten werden, sobald für einige Sprachteilnehmer der Bedeutungsumfang eines Wortes in eine sprachliche Dunkelzone verschwindet.

Das „British Journal of Sociology of Education" (Britische Zeitschrift für Erziehungssoziologie) berichtet in einer Studie von 1981, daß Stil und Inhalt der Sprache, die den Umgang zwischen Eltern und Kindern bestimmt, auf Anhieb voraussagen läßt, ob ihr Kind einmal ein guter Leser wird oder nicht.

● Stellen Sie die Erfahrungen in neue Zusammenhänge. Gegenstände zu bezeichnen reicht allein noch nicht aus. Gehen Sie über das bloße Bezeichnen von Gegenständen und ihrer Merkmale hinaus und eröffnen Sie einen anderen Zusammenhang. Wenn Sie eine schon bekannte Erfahrung in einen neuen Zusammenhang stellen, können sich die Fähigkeit zu kritischem Denken entfalten. Übertragen Sie einen bestimmten Bestandteil einer Situation auf eine andere, indem Sie ein einzelnes Kennzeichen abändern und ein neues hinzufügen; auf diese Weise erschaffen Sie einen neuartigen, den Einfallsreichtum fordernden Umstand.

Betrachtet Ihr Kind mit Ihnen einen Laubbaum, könnten Sie beispielsweise fragen: „Wie wäre es, wenn wir diesen Baum mit Kerzen und bunten Kugeln schmücken würden?" Eine solche Frage regt zu kreativem Denken an, denn Sie verändern bestimmte Kennzeichen der tatsächlichen Situation und machen einen anderen Zusammenhang vorstellbar. Verändern Sie den Kontext einer Situation, lernt Ihr Kind, verschiedenartigen Phänomenen einen Sinn zu geben und gemeinsame oder angrenzende Bestandteile in einen Zusammenhang zu bringen – eine Fähigkeit, die man in unserer komplizierten und scheinbar zusammenhanglosen Welt nicht unterschätzen darf.

Ihr Gespräch sollte darauf abzielen, daß Ihr Kind eine Handlung mit einer anderen oder einen Gedanken mit einem anderen verbinden kann. Eine ganze Reihe von Vorgehensweisen stehen Ihnen dabei zur Verfügung. Vergleichen Sie die Personen aus dem Buch mit Personen aus dem täglichen Leben. („Siehst du den kleinen Hund dort? Erinnert er dich nicht an die Geschichte, die wir neulich gelesen haben?")

Stellen Sie Verbindungen zwischen den Erlebnissen aus einem Buch und ähnlichen oder deutlich anders gearteten Erlebnissen aus dem Leben her. Decken Sie Parallelen zwischen vergangenen und gegenwärtigen Ereignissen auf. („Wohin fliegt wohl die Taube mit dem Zweig in ihrem Schnabel? Was wird sie damit anfangen?") Verknüpfen Sie einzelne Gegenstände oder Gedanken mit anderen Elementen, die Teil einer übergeordneten, allgemeineren Menge sind. („Nein, ich habe keinen Bleistift; aber ich habe etwas anderes zum Schreiben. Rate mal, was ich noch an Stiften habe. Womit kann man denn noch schreiben?")

Schauen Sie sich einmal den folgenden Ausschnitt eines Gesprächs zwischen einer Mutter und ihrem Kind im Vorschulalter an; es findet während des Einkaufs statt. Es werden nur die Worte der Mutter wiedergegeben.

Schau mal, die schönen Kirschen, da neben der Kasse! Magst du nicht auch welche?

Weißt du, wo die Kirschen wachsen?

Ja, richtig, auf Kirschbäumen. Kannst du dich an den Baum erinnern, der bei uns an der Straßenecke steht? Er steht in Frau Sommers Garten. Das ist so ein Kirschbaum. Warum hat sie ihn wohl in ihren Garten gepflanzt?

Er sieht wirklich schön aus, nicht wahr? Frau Sommer liebt Bäume und Sträucher. Sie erntet aber nicht viele Kirschen. Woran liegt das wohl? Ich denke, du liegst mit deiner Vermutung ganz richtig. Es ist wegen der Vögel und Eichhörnchen.

All die schönen Blüten auf dem Baum werden einmal Kirschen. Einige Bauern pflanzen Kirschbäume, damit wir alle Kirschen kaufen können. Die Kirschbäume werden in großen Obstgärten angepflanzt. Weißt du, was eine Obstplantage ist?

In Obstplantagen pflanzen die Bauern ganz viele Obstbäume an. Wenn die Kirschen auf den Bäumen reif sind, müssen sie geerntet werden; kannst du dir denken, wie man sie vom Baum herunterbekommt? Ja, einige fallen herunter, aber dann platzen sie auf, und niemand will sie mehr kaufen.

Richtig! Die Leute pflücken sie. Kannst du dir denken, wie sie die Kirschen pflücken?

Es wäre bestimmt ziemlich anstrengend, auf einen Baum zu klettern und sich so lange oben festzuhalten, bis man genug gepflückt hat. Nein, ich glaube, die Leute nehmen Leitern und Körbe. Weißt du noch, als Papa einmal fast von der Leiter gefallen ist? Er hat beim Fensterstreichen nicht aufgepaßt. Und wenn ich die Leiter nicht festgehalten hätte, wäre er heruntergefallen. Was glaubst du, machen die Leute, damit sie nicht von ihrer Leiter herunterfallen? Das sollten wir einmal in der Bücherei nachschauen.

Du meinst, sie nehmen Kranwagen? Vielleicht. Aber ich glaube, daß solche großen Kranwagen eher für Hochhäuser und Reparaturen an Telegrafenmasten genommen werden. Ich glaube nicht, daß man sie beim Kirschenpflücken nimmt.

Meinst du vielleicht Leiterwagen? Du hast schon ganz recht, Kirschen hängen ganz weit oben, aber so hoch, daß man sie mit einem Kran pflücken müßte, auch wieder nicht. Kranwagen braucht man nur zum Hausbau.

Wie kommen wohl die Kirschen in den Supermarkt? Steht das nicht in deinem Buch über Lastwagen?

Das stimmt. Sie werden in Tiefkühlcontainern transportiert, wie andere Lebensmittel auch.

In Zügen? Das ist auch möglich. Vielleicht transportiert man sie in Zügen, wenn sie weite Strecken gefahren werden. Das ist noch etwas, das wir in der Bücherei herausbekommen können.

Weißt du, was aus den Kirschen wird, wenn man sie kocht und viel Zucker dazugibt?

Ja, Kirschmarmelade. Du magst Marmelade, nicht wahr?

Bleiben wir einen Moment bei der Sprache der Mutter. Ich habe hier nur die eine Seite zu Wort kommen lassen, um zu verdeutlichen, daß die Initiative für ein Gespräch von den Eltern ausgehen muß. Außerdem möchte ich zeigen, daß auch eine alltägliche Situation, wie hier das Einkaufen, Anregungen zu einem Dialog gibt. Einkaufen wird oft als stumpfsinnige Alltagsroutine gesehen; aber es liegt allein am Erwachsenen, was er aus der Situation macht. Jeder Situation kann man etwas abgewinnen, was für ein Kind neu ist und seine Sprachkenntnisse praktisch erweitert. Die Mischung aus Erzählen, Kommentieren und Fragen wirkt wie ein leichter Wechselstrom (die Antworten des Kinds können Sie hier mit Leichtigkeit ergänzen), der das Kind zum Denken und Analysieren anstößt.

Die Mutter bemüht sich, ständig neue Zusammenhänge herzustellen. Zunächst bietet der Obststand im Supermarkt einen Anlaß, über die appetitlichen Kirschen zu reden, die vor Mutter und Kind ausgebreitet sind. Aber schon im nächsten Augenblick befinden wir uns jenseits des Supermarkts, und uns steht ein Kirschbaum aus Nachbars Garten vor Augen. Wieder haben wir Gelegenheit zu einem kurzen „Sachkunde-Unterricht". Die Mutter erklärt den Zusammenhang zwischen den duftenden weißen Blüten, die das Kind vorher schon einmal gesehen hat, und den Früchten, die es in der Redesituation selbst sehen kann. Beachten Sie, wie natürlich die Mutter das Wort Obstplantage in das Gespräch einflicht und definiert.

Hat die Mutter auf eine Frage keine Antwort parat, verweist sie auf die Bibliothek. Damit kennzeichnet sie Bücher als eine Fundgrube für Wissen, auf die man ganz selbstverständlich zurückgreifen kann. Diese Einstellung gibt sie an ihr Kind weiter. Kinder, die häufiger hören, wie Bibliotheken in Gesprächen erwähnt werden und sie auch selbst schon benutzen, finden dort nicht nur schöne Geschichten zum Lesen, sondern auch Antworten auf Probleme und Fragen.

Auch im weiteren Verlauf des Gesprächs verknüpft die Mutter das Erlebnis im Supermarkt mit einem vergangenen Ereignis, an dem das Kind teilhatte. Sie stellt einen Zusammenhang zwischen den Leitern, die im allgemeinen für die Kirschernte verwendet werden, und einer dem Kind von zu Hause bekannten Leiter her. Auf diese Weise bringt die Mutter ihm eine neue Situation nahe. Beide übertragen nun gemeinsam Konzepte und Bezeichnungen von einer Situation auf eine andere. Kann Ihr Kind unterschiedliche Kontexte in einen Zusammenhang bringen, so hat es einen entscheidenden Schritt auf dem Weg zur Lese- und Schreibfähigkeit getan.

Noch ein paar weitere Punkte sind hier von Bedeutung. Die Mutter macht die Welt der Bücher an dem gerade gelebten Augenblick fest. Sie weist das Kind auf sein Buch über Lastwagen hin und läßt so die aus dem Buch gewonnene Erfahrung lebendig werden. In einem solchen Moment versucht das Kind, seine unmittelbare Umgebung mit den Wörtern und Bildern aus einem vorher gelesenen Buch in Einklang zu bringen. Im Gespräch vereinigen sich die unmittelbar vor Augen liegende Realität mit ihrer Repräsentation in Wort und Schrift.

Sie haben bereits beim Vorlesen die Erfahrung gemacht, wie wichtig es ist, die Vorstellung eines Gegenstandes mit seiner Wirklichkeit in Übereinstimmung zu bringen. In Gesprächen kommt es auch auf diesen Zusammenhang an. Wenn Sie also Ihrem Kind eine Geschichte über Kirschbäume vorlesen, dann sollten Sie eine durchlebte Situation – Kirschen im Supermarkt oder in der eigenen Küche, der Kirschbaum in Nachbars Garten oder ähnliches – als Aufhänger für ein Gespräch nehmen. Ich möchte nicht den Eindruck erwecken, als solle die Wirklichkeit hinter den Büchern zurücktreten; aber zum Verständnis gehören beide Seiten, Buch und Wirklichkeitsbezug. Wie die Mutter aus unserem Beispiel können Sie ein gegenwärtiges Ereignis nutzen, um eine Leseerfahrung in Erinnerung zu rufen. Die Kirschen im Supermarkt bieten Mutter und Kind die Gelegenheit, das Gelesene in die Situation mit einzubeziehen. Wann immer sich die Gelegenheit dazu ergibt, sollten Sie Ihrem Kind verdeutlichen, daß unser Dasein in Bücher miteinfließt, wie wir auch umgekehrt Bücher in unser Leben einbeziehen.

Am Ende des Gesprächs bemüht sich die Mutter, dem Kind ein anderes Erscheinungsbild der Kirschen vor Augen zu stellen; sie verändert bestimmte Kennzeichen des gegebenen Kontexts. Kocht man Kirschen, dann verändern sie ihre Konsistenz; sie sind nicht mehr rund und prall, sondern dickflüssig. Aus Kirschen wird durch Kochen Kirschmarmelade. Die Frage der Mutter fordert das Kind auf, sich den Gegenstand in einem anderen Zustand vorzustellen. Um eine Voraussage treffen zu können, muß das Kind die Informationen kombinieren können, ohne den gegenwärtigen Kontext aus den Augen zu verlieren. Eltern haben die große Chance, Kindern solche Denkoperationen nahezubringen: Erfahrungen in Sprache Form geben, ein oder zwei Kennzeichen einer gegenwärtigen Situation verändern, um sie mit einer anderen Situation zu verbinden und Konsequenzen absehen zu können.

Beachten Sie auch, wie unterschiedlich in Qualität und Schwierigkeitsgrad die Fragen sind; diese Vorgehensweise kennen Sie bereits gut aus Kapitel 3. Die wenigen Alternativfragen (Ja-Nein-Fragen) haben hier die Funktion, sich gemeinsamer Erfahrung zu versichern. Es sind Fragen, die meist keine lange Überlegung erfordern wie: „Du magst Kirschen, nicht wahr?", „Kannst du dich an den Kirschbaum an der Ecke zu unserer Straße erinnern?" Mit diesen Fragen bekräftigt die Mutter die gemeinsame Wahrnehmung. Sie bezieht Ihr Kind damit in die Kommunikation ein.

Und achten Sie einmal darauf, wie andere Fragen auf gründliches Nachdenken zielen. Die Art, wie Eltern ihren Kindern Fragen stellen, hat einen entscheidenden Einfluß auf das, was Kinder aus eigener Erfahrung für ihr Leben lernen können. Fragen können das Kind dazu bringen, seine Erlebnisse in eigene Worte zu fassen; das ist die Grundstufe des Denkens. Sie können aber auch tiefgreifende Warum- und Wie-Fragen aufwerfen, wie Sie in diesem Beispiel sehen: „Warum hat sie wohl einen Kirschbaum angepflanzt?", „Warum wohl nicht, was meinst du?", „Kannst du dir denken, wie man sie vom Baum herunterbekommt?", „Wie pflückt man denn Kirschen?" Das sind Fragen, die Denkanstöße geben. Und solche Fragen regen das intellektuelle Wachstum an, das zum Leseerfolg nötig ist.

Achten Sie abschließend noch einmal auf die Fragen, Kommentare und kleinen er-

zählerischen Einschübe, mit denen die Mutter wichtige Denkfähigkeiten anregt. Ich erwähnte bereits, daß sie ihr Kind in dem Abschnitt über das Kochen auffordert, den Ausgang eines Ereignisses vorauszusagen. Aber es gibt in diesem Gespräch noch mehr Momente, in denen das Kind wichtige Denkfähigkeiten übt. Als sie fragt, wie denn die Kirschen in den Supermarkt gelangen, fragt sie auch nach Ereignissen, die noch nicht eingetreten sind; ihr Kind muß Handlungen entwerfen, die noch in der Zukunft liegen.

Es muß auch Dinge miteinander vergleichen und voneinander absetzen – Kirschen im Supermarkt, Kirschen im Garten der Nachbarin; Leitern um Kirschen zu ernten und Papas Leiter, die er zum Fensterstreichen nahm. Es muß Ursache und Wirkung erwägen, auch wenn das Resultat erst zu einem späteren Zeitpunkt sichtbar wird. Wie erntet man Kirschen? Wie verhindern die Pflücker, vom Baum zu fallen?

Es ist eine typische Anforderung der Schule, daß Kinder einen Sachverhalt in einen neuen Zusammenhang stellen müssen und die damit verbundenen Veränderungen mitbedenken. Ohne diese Fähigkeiten ist die Schulreife eines Kindes stark eingeschränkt. Shirley Brice Health zeigt an mehreren Beispielen, wie entscheidend die Fähigkeit ist, von einem Kontext zu einem anderen zu gelangen und Zusammenhänge sehen zu können. Historische Ereignisse bleiben beispielsweise zusammenhanglos nebeneinander stehen, wenn man lediglich das Wissen um Daten und Namen heranzieht.

Das Verständnis ergibt sich erst aus einem größeren Zusammenhang, dem die einzelnen Ereignisse zugeordnet werden und die darin ihren Stellenwert bekommen. Auf jeder Ebene der schulischen und akademischen Ausbildung gilt, daß Lernen besonders gut gelingt, wenn man ein „Kontexter" ist, das heißt, wenn man eine Situation aus anderen ableiten und auf andere übertragen kann und das Verhältnis zwischen Teil und Ganzem versteht. Ihre frühzeitigen Versuche, Erlebnisse und Konzepte miteinander zu verbinden, bereitet Ihr Kind ideal auf die Anforderungen der Schule vor.

● Nehmen Sie mindestens eine Mahlzeit pro Tag gemeinsam ein. Wie vielen Familien ist uns daran gelegen, einmal am Tag an einem Tisch zusammenzusitzen. Wenn ich gerade auf Reisen bin, telefoniere ich kurz vor oder nach der Essenszeit, so bleibe ich auf dem laufenden. Eine Mahlzeit in Gesellschaft, auch wenn man nur wenig Zeit hat und die Äußerungen nur so hervorschießen, muntert einen jeden auf.

Beim Abendessen fliegen die Worte nur hin und her; man plaudert aufs Geratewohl und spricht kurz Termine ab. Bei drei Kindern muß immer eines warten, bis die anderen erzählt haben, aber früher oder später kommt jeder zu Wort. Das Abendessen ist gleichzeitig der Abschluß eines Tages, in dem sich jeder im Gespräch Luft macht. Alles kommt zur Sprache: Erfolgserlebnisse, Rückschläge, Lustiges, Bedrückendes, besondere Überraschungen, zufällige Begegnungen, verpaßte Gelegenheiten. Ein Gespräch am Abend läßt die Tagesereignisse im Schnelldurchlauf vorbeiziehen.

Überlegen Sie sich einmal, welche geistige Leistung es für ein Kind bedeutet, Ereignisse aus seiner Perspektive zu beschreiben. Wenn Sie beispielsweise fragen: „Was hat dir heute am besten gefallen?" muß Ihr Kind alle Tagesereignisse durchgehen, sie beurteilen und anschließend den übrigen Familienmitgliedern seine Meinung vortragen. Das ist ein wichtiger Moment. Um ein Ereignis zu schildern, das anderen noch gänzlich unbekannt ist, muß das Kind auf sein Erinnerungsvermögen zurückgreifen. Vielleicht liegt der Augenblick noch nicht lange zurück, vielleicht ereignete sich gerade vorher etwas Spannendes im Kindergarten, im Hof oder im Kinderzimmer. Gleich-

wohl muß es sich an Einzelheiten genau erinnern, eine zusammenhängende Abfolge aufbauen, unwichtige Details außer acht lassen und zeigen, daß es mit bestimmten Formen des Erzählens umzugehen weiß.

Aus der Kindheit kennen viele von uns noch einen Tagesablauf, in dem eine gemeinsame Mahlzeit eine feste Gewohnheit war. Oft hatten wir regelrechte Gewissensbisse, wenn wir einmal nicht zur üblichen Zeit um sieben Uhr abends auf unserem Platz saßen. Heute haben sich die Lebensverhältnisse verändert. Vater und Mutter arbeiten nicht selten über den Dienstschluß hinaus, und Aktivitäten am Nachmittag hindern unsere Kinder, zur ausgemachten Zeit zu Hause zu sein. Wenn Sie es aber einrichten können, sollte sich die Familie zu einer Mahlzeit am Tag um einen Tisch versammeln.

Auch ein gemeinsames Frühstück gibt hervorragende Anlässe zu Gesprächen: man kann gemeinsam den Tagesablauf planen, wer wohin geht, was man zu tun hat, wer mit wem spielen will, welche Pflichten zu erledigen sind. Beim Frühstück erfahren wir, was jeder am jeweiligen Tag vorhat; wenn möglich, stimmen wir unsere Aktivitäten aufeinander ab. Ein gemeinsames Essen ist eine der günstigsten Gelegenheiten, Gespräche anzuregen und in Gang zu halten. Welche Mahlzeit Sie sich dafür aussuchen, spielt keine Rolle. Frühstück, Mittagessen, Kaffeetrinken, Abendessen, ein kurzer Imbiß, ein kleiner Kaffee, ein großes Picknick oder ein Essen mit Freunden – die Kombination Familie und Essen schafft zauberhafte Momente für Gespräche. Ergreifen Sie jede Gelegenheit, sich mit Ihrem Kind in entspannter Atmosphäre zu unterhalten.

In ihrem Buch „Ways with Words" (Wege mit Worten) beschreibt Shirley Heath ihre Untersuchungen mehrerer Gruppen von Familien aus der Mittelschicht, die in Elterninitiativen mitwirken. Die Kinder der einen Gruppe kommen in der Schule sehr viel besser zurecht als die der anderen beiden.

Ich möchte diesen Abschnitt mit dem Fazit aus der Untersuchung Shirley Heath beschließen, denn darin kristallieren sich alle Empfehlungen, die mir in diesem Kapitel wichtig sind. Wiederum werden Sie in der Ansicht bestärkt, daß Sie die Sprachfähigkeit Ihres Kindes ohne viel Aufwand entscheidend verbessern können, indem Sie zu Hause möglichst viele Gespräche mit ihm führen.

Eltern von Kindern, die in der Schule auffallend schnell Erfolge verzeichnen, arrangieren für ihre Kinder häufig soziale Aktivitäten und, ebenso wichtig, achten auf jene Aktivitäten. Auf diese Weise kann ein Kind sowohl an einem Ereignis teilnehmen und es anschließend gedanklich und sprachlich erfassen. „Es ist geradezu wie in einem Schauspiel über das Leben", sagt Shirley Heath mit bemerkenswertem Scharfblick, „die Eltern halten im Verlauf eines Spiels einzelne Szenen an bestimmten Stellen an. Innerhalb dieses überschaubaren Ausschnitts lenken Sie die Aufmerksamkeit des Kindes auf Gegenstände oder Ereignisse, auf die Sprache bezug nimmt. Für die Gegenstände soll das Kind Bezeichnungen finden, außerdem geben ihm die Eltern Wendungen an die Hand, wie man über diese Gegenstände sprechen kann und sie zu Gesprächsgegenständen macht. Die Umwelt des Kindes wird gewissermaßen einen Moment lang angehalten, damit Eltern und Kind sie im Gespräch gemeinsam untersuchen können. Konzentrieren Sie sich auf einen einzigen Punkt, den Sie als Ausgangspunkt für ein Gespräch nehmen." Das ist der Schlüssel für das Reich der Sprache.

Worüber sollen wir reden?

Im Folgenden möchte ich einige Möglichkeiten für Gespräche mit Ihren Kindern aufzeigen. Sie sollen als Anregung für Ihre eigenen Ideen, die sich ganz natürlich im Gespräch mit Ihren jüngsten Familienmit-

gliedern ergeben, dienen. Sicherlich können Sie bereits viele Vorgehensweisen aus den vorangegangenen Kapiteln ins Spiel bringen. Vor allem sollten Sie die Gerüsttechnik nicht vergessen. Auch hier dient sie dazu, Fragen aufzuwerfen und das Gespräch aufrechtzuerhalten. Dadurch fördern Sie wichtige Denkfähigkeiten wie Klassifizieren, Vergleichen und Unterscheiden, Ursache und Wirkung darlegen, Abfolgen erkennen, Folgen absehen, bestimmte Kennzeichen einer Situation in einen neuen Zusammenhang bringen, allgemeine Konzepte auf das Besondere anwenden und umgekehrt, und einiges mehr, womit wir uns beschäftigt haben. Wo immer Sie können, sollten Sie einige dieser Vorgehensweisen in Ihr Gespräch einbringen und in Unterhaltungen über Bücher praktisch umsetzen. Zu diesem letzten Punkt finden sie in Kapitel 9 konkrete Buchtips. In Gesprächen sollte es vor allem Ihr Ziel sein, sich wirklich auf die Wahrnehmungen Ihres Kindes einzulassen und einen Redestrom auszulösen, der Ihr Kind in die Welt hineinträgt. Seien Sie ein guter Zuhörer. Loben Sie. Bitten Sie um mehr.

Gespräche zu Hause

Reden Sie über alles, was Ihr Kind in seiner näheren Umgebung sehen kann: über die verschiedenen Zimmer und ihre Funktionen, über die verschiedenen Möbelstücke und wo sie herkommen, wie man sie umstellen könnte, was man anders anstreichen könnte, wie Ihr Kind ein Zimmer einrichten würde, welchen Raum es am liebsten mag und warum. Stellen Sie Vergleich und Unterschied gegeneinander: ordentlich gegen unordentlich, laut gegen ruhig, sonnig gegen dunkel. Erzählen Sie, wie die Zimmer nach und nach Gestalt angenommen haben und wie sie verändert werden könnten. Kennzeichnen Sie die Formen: Rechtecke, Quadrate, Dreiecke, Kreise und Ovale. Sprechen Sie über Haustiere, wie sie im Haus gehalten werden und wie sie in der Natur leben; warum einige Leute Haustiere halten und ob sich Ihr Kind in die Rolle eines Haustieres versetzen könnte: Wie würde Ihr Kind den Tag erleben? Stellen Sie ein Buch mit Bildern zusammen, die Ihr Kind zum Thema Haus und Wohnen angefertigt hat, und lassen Sie sich zu jedem Bild und jedem Zimmer einen Satz diktieren; danach können Sie das selbstgemachte Buch lesen und sich darüber unterhalten.

Im Badezimmer bieten sich eine ganze Reihe Gesprächsthemen an. Sprechen Sie über den Körper und Körperpflege, über Seife, Cremes, Körpermilch und wie und warum man sie aufträgt. Über den Durchlauferhitzer oder den Boiler und wozu er gut ist, wo das Wasser herkommt und wohin es abfließt, über Baden und Duschen und was man lieber mag, über den Arzneimittelschrank samt Inhalt (besonders über Flaschen, die mit einer Warnung versehen sind) und die Heilwirkung von Medikamenten und warum sie gesondert aufbewahrt werden. Fragen Sie, wie man sie anordnen könnte und was zu tun ist, wenn man sich das Knie aufgeschürft oder in den Finger geschnitten hat und blutet; fragen Sie, was Ihr Kind zu einem anderen Kind, das sich verletzt hat, sagen würde, wie es trösten und helfen würde. Sprechen Sie über die Gefahren von heißem Wasser, über altmodische Badezimmer und über den Klempnerberuf.

In der Küche ergeben sich andere Themen. Zum Beispiel können Sie Haushaltsgeräte erklären (Kühlschrank, Herd, Toaster, Getreidemühle usw.) und erläutern, wie sie funktionieren, wie man sie bedient und welche Gefahren und Sicherheitsmaßnahmen es gibt. Planen Sie vielleicht einmal gemeinsam ein Essen, zum Beispiel zum Geburtstag. („Morgen hat Mama Geburtstag, und ich möchte ein Essen für sie machen. Weißt du, was ihr Lieblingsgericht ist? Was wird sie wohl zu dieser Überraschung sagen?") Besprechen Sie, wie man Gerichte zubereitet. („Möchtest du heute morgen einmal versuchen, dein Frühstücksei selber zu kochen? Was passiert, wenn wir die Butter in die

Pfanne geben? Was passiert, wenn wir das Ei kochen? Wie sieht ein gepelltes Ei aus? Und was wäre, wenn wir das Ei verquirlen, bevor wir es in die Pfanne geben? Wie magst du dein Ei am liebsten? Und Papa? Woher kommen die Eier? Hilfst du mir beim Plätzchenbacken? Welche Sorte sollen wir denn machen? Und wie? Was kommt zuerst in die Rührschüssel? Was wäre, wenn wir Rosinen und Nüsse anstatt Schokolade nähmen?"). Sprechen Sie über Tischmanieren: Welche Regeln gibt es? Wer macht sie? Welche Regeln mag Ihr Kind nicht? Und warum?

Sprechen Sie über die Namen und die Zubereitung von Lebensmitteln, über Möglichkeiten, sie im Küchenregal und im Kühlschrank sinnvoll anzuordnen, zum Beispiel alle Konservendosen auf einem Brett, Reis- und Nudelvorräte auf einem anderen, Zutaten für das Müsli auf einem dritten usw. und frisches Obst und Gemüse ganz unten. Oder alle Obstkonserven zusammen mit dem Frischobst in eine Abteilung, ebenso Gemüse und Gemüsekonserven, oder die runden und eckigen Behälter der Form nach geordnet. Oder alles für das Frühstück hier, alles für warme Gerichte da, alles für den Nachtisch dort. Unterhalten Sie sich über für und wider die verschiedenen Möglichkeiten, über Herkunft und Aufbewahrung der einzelnen Nahrungsmittel, darüber, was Ihr Kind am liebsten mag und weshalb. Sie können über Verpackung, Vorder- und Rückseite, Beschriftung und Abbildungen reden, über Rezepte, Zutaten, Kochbücher und Speisefolgen. Reden Sie über Haushaltsgeräte (Töpfe, Pfannen, Backblech, Tassen, Tee- und Eßlöffel) und wie man sie handhabt.

Auch das Telefon ist ein Thema. Wie nimmt man einen Anruf entgegen, warum muß man deutlich sprechen, wie verhält man sich am Telefon? Wie richtet man Botschaften aus und gibt sie an die richtigen Personen weiter? Wie wählt man? Und warum darf man einem Fremden am Telefon keine Auskünfte geben? Was ist ein Notruf?

Im Kinderzimmer können Sie mit Ihrem Kind über die verschiedenen Spielsachen sprechen, was seine Lieblingsspielzeuge sind und weshalb, wer sie mitgebracht hat und was für ein Spielzeug es erfinden möchte; darüber, die Spielsachen nach dem Spielen wieder am vorgesehenen Platz zu verstauen. Wie würde Ihr Kind Ordnung machen? Wie möchte es Spiele, Puppen oder Kleidung in Regalen und Schränken unterbringen? Auch über Kleidung läßt sich reden: über Lieblingspullover, Hosen, Kleider, Badesachen oder Schuhe. Warum mag Ihr Kind bestimmte Kleidungsstücke, andere nicht? Fragen Sie Ihr Kind nach den Gründen. Verändern Sie ein Merkmal der Kleidung: „Was wäre, wenn ich kleine Glöckchen an deinen Schuhen annähen würde?", „Stell dir vor, wir würden deinem Teddy Mamas Sonnenhut aufsetzen." Erlauben Sie Ihrem Kind, sich mit Ihren alten Sachen zu verkleiden und fragen Sie, ob es zu der Person, die es darstellt, eine kleine Geschichte weiß: Wer bist du? Warum? Was tust du? Vergleichen Sie Spielzeug, Puppen und Spiele. Denken Sie sich Situationen aus: „Stell dir vor, deine Kitti könnte reden und mit dir in den Kindergarten gehen oder zusammen mit uns in den Supermarkt. Wie sähe ein Tag in ihrem Leben aus?" Stellen Sie sich eine Situation vor, in der ein bestimmtes Problem auftaucht. Fragen Sie Ihr Kind nach Lösungsmöglichkeiten: „Kannst du dich an den Sturm erinnern, der letztes Jahr getobt hat? Stell dir vor, wir hätten die Fenster offen gelassen. Was wäre passiert? Was hätten wir dann tun müssen?"

Stellen Sie für jedes Zimmer einen Putzplan auf: Was machen wir zuerst sauber, was dann und was danach usw.? Warum gerade in dieser Reihenfolge? Gibt es noch eine andere sinnvolle Reihenfolge? Greifen Sie einzelne Aufgaben heraus, das Bettenmachen, beispielsweise. Wie wird das Bett denn gemacht? Wie sehen die einzelnen Schritte aus? Sprechen Sie auch über Schlaf, über verdunkelte Schlafzimmer, über Ängste, Alpträume und schöne Träume. (Einige Bücher, die in Kapitel 9 vorgestellt werden, befassen sich mit Ängsten. Ergreifen Sie die Gelegenheit, die Erlebnisse und Reaktionen Ihres Kindes mit denen im Buch zu vergleichen.) Unterhalten Sie sich darüber, wie man das Schlafzimmer verschönern könnte. Welche Bilder würde Ihr Kind aufhängen, welche Bettwäsche würde es aufziehen? Und reden Sie über Bücher, Bücher und nochmals Bücher! Lesen Sie Ihrem Kind Zeitschriften und Bücher vor. Bitten Sie Ihr Kind, Ihnen vorzulesen. Auch wenn es die Wörter noch nicht lesen kann, werden Sie Ihre Freude daran haben, wie es den Bildern Geschichten entnimmt oder eine Geschichte, die Sie ihm vorgelesen haben, nacherzählt.

Schauen Sie mit Ihrem Kind aus dem Fenster, reden Sie über die Szenerie vor dem Fenster. Wie verändert sich die Umgebung mit den Jahreszeiten? Unterhalten Sie sich über das, was Sie in dem Moment vor Augen haben und verändern Sie ein Merkmal: „Jetzt haben wir Februar. Kannst du dir vorstellen, wie der Mandelblütenbaum im Frühling aussieht? Welche Leute siehst du regelmäßig vorbeigehen? Wohin gehen sie wohl? Was machen sie?" Sie können auch über Tag und Nacht, über Dämmerung, Abend- und Morgenrot reden. Erzählen Sie Ihrem Kind auch etwas über den Mond, die Sterne und die Sternbilder. Sprechen Sie über Tiere, die tagsüber schlafen und nachts auf die Jagd gehen. Wo schlafen die Tiere, die Ihr Kind in der näheren Umgebung selber schon einmal gesehen hat? Könnten wir uns vorstellen, uns einmal in einem Nest, Horst, in einem Erdloch oder in einer Kuhle einzunisten?

Im Wohnzimmer bietet sich das Thema Raumaufteilung an. Sprechen Sie darüber, wie sich jeder auf seine Art entspannen und ausruhen will und wie man die verschiedenen Vorstellungen in einem Raum miteinander in Einklang bringen kann. Zeigen Sie

Ihrem Kind auch, welche Gegenstände Ihnen „heilig" sind und erzählen Sie, warum Ihr Kind zum Beispiel nicht mit der geerbten Tiffany-Lampe spielen darf oder warum es die zerbrechliche Muschel nicht anfassen soll, mit der Sie bestimmte Erinnerungen verbinden. Hat Ihr Kind bestimmte Gegenstände liebgewonnen, die niemand außer ihm berühren darf? Reden Sie darüber, wie sich die verschiedenen Personen im Wohnzimmer bewegen. Finden Sie heraus, was Ihr Kind mag und was es nicht mag und fragen Sie nach den jeweiligen Gründen. Was würde es gerne verändern? Reden Sie übers Fernsehen, über Kinderprogramme, über einen Zeitplan zum Fernsehen, über Sendungen, die sich gleichermaßen für Erwachsene und Kinder eignen und über Verhaltensweisen, wenn mehrere gemeinsam einen Film anschauen. (Wenn Sie mehr zum Thema Fernsehen erfahren wollen, lesen Sie Kapitel 8.) Besprechen Sie die Fernsehprogramme, bevor Ihr Kind sie sich anschaut oder nachdem es sie gesehen hat. Falls Sie zusammen ferngesehen haben, können sie sich zusammen ausdenken, wie die Geschichte hätte anders verlaufen können. Charakterisieren Sie eine Person und beschreiben Sie, wie sie sich von anderen unterscheidet.

In der Nachbarschaft

Wenn Sie der Empfehlung folgen, über die Szenerie vor ihrem Fenster zu reden, sollten Sie nach und nach das Beziehungsgeflecht der Dinge ausdehnen. Sie können beispielsweise über Häuser in der Nachbarschaft und über ihre Nachbarn sprechen oder die am Straßenrand geparkten Wagen. Klären Sie Ihr Kind über sicheres Verhalten im Straßenverkehr auf, zum Beispiel, daß man die Straße an übersichtlichen Stellen erst überqueren soll, nachdem man aufmerksam in beide Richtungen geschaut hat, und auf keinen Fall zwischen parkenden Autos Bällen hinterherjagt, die beim Spielen auf die Straße rollen. Reden Sie über Bäume, Sträu-

cher und Blumen, die den Gärten in der Nachbarschaft ein bestimmtes Gepräge verleihen, und vergleichen und gruppieren Sie die verschiedenen Pflanzen. („Schau mal, wie viele Baumarten es gibt. Was für ein Baum steht bei uns im Garten? Weißt du, was für ein Baum im Garten auf der anderen Straßenseite angepflanzt ist? Ähneln sich die Bäume, oder sind sie ganz verschieden?") Unterhalten Sie sich über die anderen Kinder aus der Nachbarschaft. Kann sich Ihr Kind vorstellen, womit sie sich in einem bestimmten Moment am Tag beschäftigen? Was sieht Ihr Kind, wenn die anderen Leute morgens zur Arbeit gehen? Was machen sie, nachdem sie aus dem Haus gegangen sind? Warum? Was haben sie an?

Geben Sie Ihrem Kind ein Bild der verschiedenen Berufe, denen die Leute nachgehen. Reden Sie über Berufstätige, die regelmäßig in seiner Umgebung auftauchen – Briefträger, Busfahrer, Lieferanten, Bauarbeiter, Arbeiter von der Müllabfuhr, der Bäcker, Kanalarbeiter, Straßenreiniger, Gärtner – und worin jeweils ihre Tätigkeit besteht. Was ist ihre Beschäftigung, was haben sie zu tun? Wie wäre es, wenn Ihr Kind einen Tag lang diese oder jene Arbeit verrichten würde? Welche Arbeiten würden ihm Spaß machen? Was wäre harte Arbeit? Kennzeichnen Sie die verschiedenen Formen der Gegenstände auf der Straße – Lastwagen, Briefkästen, Mülltonnen, Hauseingänge, Dächer und Fenster. Oder verfolgen Sie den Weg eines Briefs vom Sender zum Empfänger.

Und wenn Sie an öffentliche Plätze gehen, können Sie mit Ihrem Kind auf dem Weg dorthin über sie sprechen. Sprechen Sie über den Wochenmarkt, den Supermarkt, die Apotheke, die Reinigung, über den Eisenwarenladen, die Tierhandlung, den Feinkostladen, über die Post, das Rathaus, die Tankstelle und den Schuhmacher – die Liste ist unendlich. Jede Station birgt einen Schatz an möglichen Gesprächen; seien es die Erlebnisse unterwegs, sei es, daß Ihr Kind ein öffentliches Gebäude sieht und Sie ihm vor Ort erklären, was die Leute darin arbeiten. Zu welchem Zweck gibt es das Kaufhaus? Warum gehen die Leute dorthin? Beachten Sie auch die unterschiedlichen Sinneswahrnehmungen an diesen Plätzen, die Geräusche, Gerüche, Farben und Handlungen. Fragen Sie Ihr Kind einige Tage später, ob es sich noch an diesen oder jenen Ort erinnern und ihn beschreiben kann. Schauen sie sich im Wartezimmer gemeinsam Zeitschriften und Bücher an, sprechen Sie über einzelne Dinge, die sie um sich herum sehen. Erklären Sie, was Ärzte und Zahnärzte tun, weshalb sie es tun und wie man ein Fachmann in Sachen Gesundheit wird.

Sprechen Sie über Berufskleidung und über wetterfeste Kleidung. Warum tragen Ärzte und Krankenschwestern meist weiße Kittel? Warum haben Briefträger und Polizisten eine Uniform? Was sind die besonderen Kennzeichen dieser Uniformen? Warum tragen wir im Winter dicke Kleidung? Stellen wir uns einmal vor, es wäre Sommer. Was würden wir anziehen? Wie sieht unsere Straße im Sommer aus?

Auch der Jahresurlaub ist ein dankbares Gesprächsthema. Was bedeutet der Jahresurlaub für jemand, der das ganze Jahr arbeiten muß? Wie wirkt er sich auf den Straßenverkehr aus? Sprechen Sie über die Erwartungen und Erholungsmöglichkeiten. Wie sieht ein Urlaub in der Stadt, wie am Meer oder in den Bergen aus? Was würden sie dort unternehmen? Wie hat man den letzten Urlaub verbracht? Wie viele Urlaubsfahrten sind Ihrem Kind im Gedächtnis geblieben? Welche Jahreszeit kann es sich am besten für einen Urlaub vorstellen? Und weshalb? Falls gerade Vorweihnachtszeit ist, können Sie über die Tradition sprechen - über den geschmückten Weihnachtsbaum, die Weihnachtsgeschichte aus der Bibel, über das Schenken. Wofür stehen diese Feste, und warum begehen wir sie Jahr für Jahr? Wie

gestalten wir besondere Festtage? Gibt es an diesen Tagen besondere, traditionelle Gerichte - eine Weihnachtsgans und Weihnachtsplätzchen, Silvesterkarpfen und Sekt, Fastnachtskrapfen, Osterlamm und Ostereier, Broträder zum Erntedankfest, Wein und Zwiebelkuchen nach der Weinernte, oder welche besonderen Bräuche in Ihrer Region gepflegt werden.

Reden Sie auch über besondere politische Gedenktage wie 1. Mai (Tag der Arbeit), 17. Juni (Tag der deutschen Einheit), 19. November (Volkstrauertag) sowie über religiöse Festtage und Festtagsbräuche - zum Beispiel Osterfeuer oder Martinsritt.

Erzählen Sie Ihrem Kind über berühmte Gestalten und Ereignisse: die Artusritter, das Zeitalter der Dinosaurier, wie Menschen in prähistorischer Zeit lebten - um nur einen kleinen Teil aus Tausenden von Gelegenheiten herauszugreifen. Besuchen Sie regelmäßig die Stadtbücherei, um diesen Dingen nachzugehen, und sprechen Sie über die Bibliothek. Was tun Bibliotheksangestellte und Bibliothekare? Wie können sie uns behilflich sein? Gehen Sie die Regale entlang und ziehen Sie hier und da ein Buch heraus, zeigen Sie Titel und Umschlagsbild und fragen Sie Ihr Kind, was es von diesem oder jenem Buch erwarten würde. Wovon handelt dieses Buch wohl? Erinnert es an bereits gelesene Bücher? Welche Ereignisse aus dem wirklichen Leben ruft es wach? Blättern Sie es zusammen mit Ihrem Kind durch, überfliegen Sie den Inhalt und bringen Sie mehr in Erfahrung. Aber beschränken Sie sich nicht nur auf Bücher, die das Hier und Jetzt behandeln; Bücher, die sich ausschließlich auf die Welt beziehen, die dem Kind unmittelbar zugänglich ist. Ihr Kind wird in der Schule leider eine ganze Zeit lang nichts über Geschichte, Erdkunde und Politik hören. Deshalb sollten Sie sein Interesse an der Allgemeinbildung wecken, an fremden Ländern und versunkenen Zeitaltern. Wie lebte ein Kind im alten Rom, im Mittelalter, welche Erfinder und Entdecker gab es, welche kühnen Forscher, politischen Größen, welche berühmten Athleten usw.?

Auch ein kleines Kind sollte einmal einen Bibliothekskatalog gesehen haben. Wofür braucht man ihn? Wobei helfen Sie uns? Wie sind die Bücher angeordnet, systematisiert? Schauen Sie sich zusammen die verschiedenen Zeitschriften an und unterhalten Sie sich über die Abbildungen. Schauen Sie sich die Sammlung der Videokassetten an, der Schallplatten und Tonbänder. Wofür zeigt Ihr Kind Interesse? Was möchte es gerne ausleihen, um es zu Hause in aller Ruhe anzuschauen? Warum? Machen Sie es auf die Leute aufmerksam, die in der Bücherei lesen und arbeiten. Wie verhält man sich in einer Bibliothek?

Jenseits der Nachbarschaft
Planen Sie zusammen mit Ihrer Familie Ausflüge, Ferienreisen und Spaziergänge, die Sie aus der bekannten Umgebung herausführen, in Waldgebiete hinein, zu Seen oder an Flußufer. Unterhalten Sie sich darüber, was sie gern besichtigen möchten, ein Museum, eine Sehenswürdigkeit, eine Burg, die nächste Stadt, oder möchten sie mal wieder Verwandte besuchen? Wie kommen wir dahin? Was gibt es auf der Fahrt zu sehen? Was erwartet uns dort? Wie sieht es da wohl aus? Wie unterscheidet sich die fremde Stadt von der, in der wir leben? Jenseits unserer gewohnten Umgebung entdecken wir eine neue Vielfalt; der Unterschied macht uns sensibel für neue Eindrücke. Jede Stadt, hat ihre eigene Atmosphäre, jede Landschaft ihren besonderen Charakter. Vielleicht sieht Ihr Kind dort Menschen, Berufsgruppen und Bräuche, die es zu Hause nicht oder selten antrifft – Fischer, die früh morgens ihren Fang anpreisen, Schäfer, die von Weide zu Weide ziehen, die Kumpel, die unter Tage in einem Bergwerk arbeiten, Bauern, die ihre Kühe auf die Alm treiben. Sie sollten Ihr Kind auch auf verschiedene ethnische Gruppen mit ihren kulturellen Besonderheiten aufmerksam machen. Worin ähneln sie uns? Was unterscheidet sie von uns? Sprechen Sie über Vorurteile gegenüber ausländischen Mitbewohnern und über die Notwendigkeit, offen miteinander umzugehen. Wie können wir aus unserer Kultur heraus eine andere Kultur betrachten? Was können wir wissen und verstehen, ohne das Fremde einzuebnen oder auszugrenzen?

Schon auf der Fahrt können Sie viel sehen, über das zu reden lohnt. Außerdem können Sie Wortspiele anregen, beispielsweise könnten sie zusammen alle roten, runden, schnellen oder langsamen Gegenstände ausfindig machen – Ihr Kind oder Sie geben eine Kategorie vor und suchen gemeinsam Objekte, die in die jeweilige Klassifizierung hineinpassen. Sie können auch Dinge suchen, die mit dem gleichen Anfangsbuchstaben beginnen (A: Ampel, Auto, Anhänger, Apfel; B: Baum, Bahn, Bank, Bürgersteig). Lesen Sie ausländische Nummernschilder und unterhalten Sie sich über die Menschen in den Autos. Wohin fahren sie wohl? Was für einen Eindruck machen sie? Lassen Sie Ihr Kind nach einem gemeinsamen Ausflug alles aufzählen, was ihm besonders gefallen hat und was nicht. Unterhalten Sie sich über das, was Sie zu Hause erwartet und über Unternehmungen, die Ihr Kind in der folgenden Woche vorhat. Rufen Sie sich zusammen die Erlebnisse in Erinnerung und erzählen Sie sich gegenseitig ihre Eindrücke. Ändern Sie ein oder zwei Merkmale der Stadt und fragen Sie Ihr Kind, ob es sich die Stadt auch anders vorstellen könnte. Was wäre, wenn man mit einer Person, die man besucht oder einfach nur im Vorbeigehen wahrgenommen hat, für einen Tag tauschen würde? Wenn Sie im Bus oder in der Bahn reisen, können Sie all das ebenfalls anregen, und sogar noch mehr. Die verschiedenen Fortbewegungsarten, die unterschiedlichen Arten zu reisen üben auf Kinder eine ungeheure Faszination aus.

Auf Flughäfen oder Bahnhöfen gibt es so viel zu sehen und zu erklären: allein schon die Terminals, in denen sie auf das Flugzeug warten, und die vielen Leute aus fremden Ländern. Befragen Sie Ihr Kind über das, was es sieht. Was machen die Arbeiter dort auf dem kleinen Transporter? Was hat der Pilot im Cockpit zu tun? Was der Lokführer? Wer kassiert, wer sitzt hinter dem Schalter und gibt die Tickets oder Fahrkarten aus? Im Zoo gibt es viel über die Tiere zu erzählen. Wo leben sie in freier Wildbahn, wie leben sie im Zoo? Welche Vor- und Nachteile haben sie im Zoo? Was geschieht mit kranken Tieren? Wer kümmert sich um sie? Wie kommen die Tiere eigentlich in den Zoo? Beobachten Sie gemeinsam die Fütterung und kommentieren Sie, wovon sich die verschiedenen Tiere ernähren. Wer füttert sie? (Nach dem Zoobesuch können Sie Ihr Kind fragen, wie die Fütterung vor sich ging; beachten Sie, ob Ihr Kind in der richtigen Reihenfolge erzählt und greifen Sie gegebenenfalls durch Nachfragen ein.) Sprechen Sie über den Nachwuchs von Tieren und darüber, wie Tierfamilien ihre Jungen großziehen. Was wäre, wenn ein bestimmtes Tier - ein Löwe, ein Elefant oder ein Affe - mit den Besuchern reden könnte, was würde er uns sagen? Vergleichen Sie die Tiere miteinander und weisen Sie Ihr Kind auf die verschiedenen Arten und Klassen hin. Worin ähneln sich Löwen und Tiger, und worin unterscheiden sie sich? Welche Tiere gehören zu den Säugetieren? Welche zu den Wildkatzen? Zu Vögeln? In welche Klasse gehören Menschenaffen? Reden Sie auch darüber, wie man sich im Zoo angemessen verhält und helfen Sie den Unterschied erkennen, ob man die Tiere bedrängt oder sich an ihnen freut.

Auch ein Museum bietet unzählige Gesprächsthemen. Zeigen Sie Ihrem Kind, daß es keinesfalls ein abgeschlossener Aufbewahrungsort ist, der mit der Gegenwart nichts mehr zu tun hat; versuchen Sie, zwischen Vergangenheit und Gegenwart eine Verbindung herzustellen. Wie kamen die Menschen im Altertum für ihre täglichen Bedürfnisse auf? Kann man ihre Werkzeuge, Waffen, Krüge und Vasen mit unseren heutigen vergleichen? Warum werden diese Gegenstände im Museum aufbewahrt? Woher stammen die Objekte? Wer hat sie gefunden? Sprechen Sie über Malerei und lassen Sie Ihr Kind beschreiben, was es sieht. Machen Sie gemeinsam eine Reise in die Vergangenheit. Wie lebten die Leute damals? Womit würde Ihr Kind den Tag verbringen, wenn es zu der Zeit gelebt hätte? Kann man sich vorstellen, ein Kind im alten Ägypten zu sein? Oder bei den Wikingern? Unter Indianern? Schauen Sie sich mit Ihrem Kind ein Porträt an, könnten Sie Ihr Kind fragen, ob es diese Person gerne kennenlernen möchte: warum, warum nicht? Vor einem Landschaftsbild könnten Sie fragen, ob Ihr Kind einmal eine solche Landschaft in Natur erleben möchte. Warum, warum nicht? Verraten Sie Ihrem Kind, was Ihnen an einem Bild besonders zusagt, welchen Ausschnitt, welches Detail Sie schätzen oder welche Farben und Schattierungen Ihnen gefallen. Nachdem Sie einige Zeichnungen, Bilder oder Skulpturen angeschaut haben, könnten Sie Ihr Kind bitten, Ihnen das Bild, das ihm selbst am besten gefällt, zu erläutern.

All das sind natürlich nur Anregungen; aber ich denke, Sie wissen, worauf es ankommt. Die ganze Welt bietet Ihnen und Ihrem Kind Gesprächsstoff, die ganze Welt wird zu einem wahren Konversationsstück.

8
Gespräche im Zeitalter elektronischer Medien

Wer kennt sie nicht, diese quälenden Schuldgefühle angesichts der Fernsehbegeisterung unserer Kleinen? Zumal sich anscheinend die meisten Pädagogen und Erzieher einig sind: Der Flimmerkasten inmitten unserer Wohnzimmer verursache die meisten Probleme mit der Lese- und Schreibfähigkeit. Viele professionelle Erzieher disqualifizieren das Fernsehen als „Kommunikationskiller". Fernsehen sei das Suchtmittel unserer Zeit und würde uns nur verdummen. Solche Stimmen fallen in Klagen soziologischer und psychologischer Untersuchungen ein, die – mit wechselndem Erfolg – zwischen Programminhalten und Fernsehzeiten einerseits und unserem Verhalten, unseren Gedanken und unseren Gefühlen andererseits gefährliche Wechselbeziehungen ausmachen. Ständig erhalten wir neue Ergebnisse, ständig wird uns der Zusammenhang von Gewalt im Fernsehen und Gewalt in der Realität vor Augen geführt, ständig warnt man uns, wie sehr unsere Kinder durch raffinierte Werbung manipuliert werden, immer wieder wird mangelnde Lese- und Schreibfähigkeit mit dem zunehmenden Fernsehkonsum in Verbindung gebracht.

In den USA sehen die Kinder in manchen Familien bis zu sechs Stunden täglich fern, an Wochenenden sogar mehr. Im Alter von sechs bis zwölf sitzen sie durchschnittlich 75 Stunden pro Woche vor dem Bildschirm. Nach ihrem Schulabschluß werden sie 4000 Stunden länger vor dem Bildschirm als in der Schule gesessen haben – etwa 15000 Stunden Fernsehen gegenüber 11000 Schulstunden. Die Hälfte aller Grundschüler – nicht nur in Amerika – schaut täglich über zwei Stunden fern. Dieselben Kinder bringen zu Hause gerade vier Minuten täglich zum Lesen auf. Sie können Ihren Augen trauen – ganze vier Minuten.

Eine Untersuchung des Erziehungsministeriums des Bundesstaats Kalifornien aus den Jahren 1979/80 bezieht die dürftigen schulischen Leistungen einschließlich der Intelligenzquotienten auf die zunehmende Tendenz, die Zeit vor dem Fernsehgerät zu verbringen. Auch zwischen Übergewicht und Fernsehen besteht ein Zusammenhang. Das „New England Medical Center" (Medizinische Zentrum von Neuengland) fand bei einer Untersuchung an Kindern im Alter von sechs bis zwölf Jahren heraus: Je länger die täglich vor dem Fernseher verbrachte Zeit, desto größer die Wahrscheinlichkeit, zu einem übergewichtigen Jugendlichen heranzuwachsen.

Noch ernster wird es beim Thema Aggression. Sehen Kinder Gewalt im Fernsehen, werden sie zu aggressivem Verhalten verleitet, auch wenn sie sonst in keiner Weise zu Gewalttätigkeit neigen. Vor einigen Jahren hat man mit 96 Vorschulkindern einen Versuch gemacht; man teilte sie in vier Gruppen auf; die erste sahen sich Schaukämpfe in der Realität an; die zweite Gruppe sah sie in Filmaufzeichnungen; die dritte in einem Zeichentrickfilm; die vierte Gruppe, die Kontrollgruppe, schaute sich keinerlei aggressive Verhaltensmuster an. Anschließend brachten die Wissenschaftler alle Kinder auf einen Spielplatz und provozierten sie etwas. Daraufhin ließ man die Kinder zwischen aggressivem und nichtaggressivem Spielzeug wählen. Die Kinder aller drei Gruppen, die mit eigenen Augen aggressive Verhaltensweisen mitangeschaut haben, legten weitaus mehr Aggressivität an den Tag als die Kinder, die keine Gewalttaten sahen.

Soweit war das Ergebnis absehbar. Unerwartet war das Ausmaß: Fast 80 Prozent der Kinder, die den Zeichentrickfilm anschauten und 90 Prozent derjenigen, die die Gewaltdarstellung im Film oder in Wirklichkeit gesehen haben, kopierten die zuvor gesehenen aggressiven Verhaltensweisen. Die Kinder, die im Film Gewalttäter sahen, schienen am stärksten beeinflußt.

Auch wenn der Bösewicht für seine Gewalttaten bestraft wird, erinnern sich Kinder sehr viel lebhafter an die Gewaltakte als an die „gerechte" Strafe. Kinder, die mit Vorliebe Figuren sehen, die ihre Ziele mit Gewalt durchsetzen, tendieren dazu, Gewalt auch im täglichen Leben zu akzeptieren. Sie werden abgehärtet und durchbrechen leichter die Regeln im zwischenmenschlichen Umgang. Sie vermeiden es, Probleme gemeinsam mit anderen zu lösen und Meinungsverschiedenheiten auszudiskutieren.

Gäbe es nur Negatives zum Thema zu berichten, könnten wir das Problem mit Leichtigkeit abtun. Verbannen Sie das Fernsehgerät für immer aus Ihrem Zuhause, und Sie haben sich aller Sorgen entledigt.

Ich weiß, wie verführerisch dieser Gedanke oft ist. Die Mahlzeiten werden verschoben, weil eine beliebte Serie Vorrang hat; oder schlimmer, man ißt vor dem flimmernden Bildschirm, umgeben von fremden Stimmen, ständig begleitet vom „Psst!" und „Schscht!" einer ansonsten stummen Familie. Hausarbeiten bleiben unerledigt liegen, weil am Dientagabend ein Abenteurer neue Gefahren bestehen muß. Noch bevor Sie am Sonntagmorgen richtig aufgewacht sind, verwandeln Zeichentrickfilme Ihre Wohnung in einen lärmenden Zirkus.

Es wäre allzu einfach, das Fernsehgerät wie einen bösen Traum zu verbannen. Denn damit ist es nicht getan. Der Kommunikationstheoretiker Marshal McLuhan hat recht: Das Medium selbst ist die Botschaft. Und da wir Eltern das Programm aus wirtschaftlichen Gründen, aus Gründen des Geschmacks und der Unterhaltungspolitik nicht verbessern können, sollten wir nicht einzelne Fernsehsendungen zum Inhalt unserer Bemühungen machen, sondern den Umgang mit dem Medium selbst. Letztlich kann nur der vernünftige Umgang mit dem Fernsehgerät eine Antwort auf die Probleme der verführerischen, allgegenwärtigen Unterhaltungsmaschine sein, die uns Eltern so viel Vergnügen und so viele Schuldgefühle bereitet.

Kinder und Fernsehen: ins rechte Licht gerückt

Sicherlich klingt auch Ihnen seit geraumer Zeit eine ganze Reihe beliebter Ratschläge in den Ohren:

Schauen Sie sich gemeinsam mit Ihrem Kind, zu gleicher Zeit, im selben Raum, das Fernsehprogramm an.
Achten Sie auf die Qualität der Sendungen.
Vermeiden Sie Filme, die Gewalt zeigen.
Halten Sie die Fernsehzeit in bestimmten Grenzen.
Benutzen Sie das Fernsehgerät nicht als elektronischen Babysitter.
Prüfen Sie die Programme im voraus, die Ihr Kind sich ausgesucht hat.
Passen Sie auf, daß das Fernsehen nicht das Leben Ihres Kinds bestimmt.

Nehmen Sie die Mahlzeiten in einem Raum ein, in dem kein Fernsehgerät steht.

Vermeiden Sie, dauernd umzuschalten und stumpfsinnig von einem Programm zum anderen zu springen.

Das sind zwar wohlmeinende Ratschläge, aber sie entsprechen kaum der Realität. Es ist schon schwierig genug, einen Zeitpunkt zu finden, an dem alle zusammen essen, geschweige denn, zusätzlich noch einen weiteren, an dem gemeinsam ferngesehen wird. Und auch wenn Sie regelmäßig mit Ihren Kindern zusammen Sendungen anschauen, haben Sie wirklich Lust, das anzuschauen, was Ihre Kinder sich ausgesucht haben? Oder umgekehrt? Ich brauche meinen Kindern eine Sendung nur zu empfehlen, und sie ziehen lange Gesichter. Ihre Gedanken kann ich ihnen vom Gesicht ablesen: „Wenn Papa will, daß wir die Sendung anschauen, ist sie bestimmt langweilig."

Ebenso gut ist der Rat gemeint, daß der Fernseher nicht die Rolle eines Babysitters übernimmt. Allerdings ist er nur schwer durchzuhalten, vor allem, wenn Sie nicht immer zu Hause sind, das Fernsehgerät aber sehr wohl. Sind die Kinder einmal ohne Aufsicht zu Hause, fliegen sie auf den Fernseher wie Motten ins Licht. Sie wählen die zu dem Zeitpunkt einzig verfügbare Gesellschaft von Stimmen und Handlungen, die mit unterschiedlicher Wellenlänge den leeren Raum ausfüllen. Doch ziehen Sie bitte auch die Bedürfnisse Ihrer Kinder in Betracht, wenn Sie in Sachen Fernsehen demnächst strenge Regelungen einführen. Sicher können Sie auf strikte Einhaltung dieser Regeln pochen, falls Sie ständig zu Hause sind. Aber das ist unwahrscheinlich, und Sie müssen ja auch den Tagesablauf im Blick behalten und sich auf das einstellen, was sich bei Ihnen in der Familie sonst noch abspielt.

Damit will ich sagen, daß wir nicht gleich schlechte Eltern sind, wenn wir den Anweisungen von Pädagogen, Lehrern und Psy-

chologen nicht unbedingt Folge leisten. Meine Frau und ich wachen sehr über die Einhaltung der vereinbarten Fernsehzeiten; allerdings mußten wir lernen, auch manchmal nachzugeben und Zugeständnisse zu machen. Unsere Kinder sehen auch Filme, die wir nicht immer gutheißen. Fernsehen ist für das Kind ein wichtiger Bestandteil sozialer Anerkennung. Haben Sie schon einmal gehört, wie Kinder sich über ihre Lieblingssendungen verständigen, die wir gleich als Schund abtun würden? Vor einiger Zeit fiel die Wahl unserer Jüngsten auf eine Serie, die wir ganz und gar nicht gutheißen konnten. Wir verbannten sie – mit dem Erfolg, den Bann bald danach wieder aufzuheben. Wir bemerkten nämlich, daß unsere Kinder sich aus Gesprächen ihrer Freunde ausgeschlossen fühlten, die regelmäßig ihre Eindrücke von dem Film austauschten und sich Szenen wiederholten. Wir schluckten unseren Unmut hinunter und versuchten, dem Problem mit anderen Mitteln als einem strikten Verbot beizukommen. Es handelt sich hierbei um ein Problem von ziemlicher Tragweite.

Als der Regisseur Steven Spielberg 1987 eine Auszeichnung einer angesehenen Filmakademie erhielt, rühmten viele Kritiker seine Beredsamkeit, mit der er gleiches Recht für Bücher und Filme einforderte. Er sagte: „Der Film war die Literatur meines Lebens." Er sprach vorrangig von zeitgenössischen Filmemachern, denen das Medium in ihrer Kindheit vorenthalten wurde, und sicherlich würde er bei vielen Kindern Zustimmung finden. Die Filmliteratur ist eine Literaturform unserer Tage. Ich meine, wir sollten über die Bandbreite an Themen, Charakteren und Motiven froh sein. Ich bin mit der fantastischen Welt der Bücher aufgewachsen (sie waren nicht alle gut und handelten auch nicht immer von guten und friedliebenden Menschen), und meine Kinder wachsen ebenfalls mit der Welt der Einbildungskraft auf, aber genauso mit der Phantasiewelt der Bilder aus Fernsehen und

Kino. Sie kennen „Babar den Elefanten", „Die wilden Kerle" und „Pippi Langstrumpf", aber genauso gut kennen sie „Miß Piggy", „Ernie und Bert" und „Die Schlümpfe".

Und niemand kann bestreiten, daß sich das Fernsehen auch positiv auf die Entwicklung unserer Kinder auswirkt. Auch Lehrer, Pädagogen und Psychologen setzen Medien zu Bildungszwecken ein. „Sesamstraße" oder „Die Sendung mit der Maus" und andere sind wahre Lehrstücke, ebenso Naturfilme und Sendungen über ferne Länder und versunkene Zeiten. Neue Wörter und Konzepte, neue Ideen, fremdartige Kulturen – all das spricht genauso für das Fernsehen wie unsere Bedenken dagegen; Pro und Contra halten sich die Waage.

Die frühen wissenschaftlichen Untersuchungen zum Fernsehverhalten in den Industriestaaten wie England, Amerika und Israel klangen in der Tat recht ermutigend. Die inzwischen klassischen Studien aus den fünfziger Jahren unterstreichen den vorteilhaften Einfluß auf das Lernverhalten. Und zweifellos stellt das Fernsehen für Kinder, die gehaltvolle Sendungen anschauen und anschließend in der Familie oder in der Klasse darüber reden können und ihre Erfahrung mit Medien kritisch betrachten, ein äußerst wirkungsvolles Lehrmittel dar.

Vielleicht interessiert Sie ein Bericht von Gavriel Solomon aus dem Jahre 1983, den er für die American Psychological Association verfaßt hat. Zusammen mit einem Kollegen entdeckte er, daß Kinder bei Lese- und Verstehenstests entschieden besser abschneiden, wenn sie angeregt werden, zu den Sendungen Fragen zu stellen und infolgedessen aktive Fernsehzuschauer werden. Diese und andere Studien legen nahe, daß Kinder durchaus eine ganze Menge aus Fernsehsendungen lernen können, obwohl sie Fernsehen eher als passive Tätigkeit einstufen und sich für unbeteiligt halten. Vorausgesetzt, sie schauen das Programm eingehender an und denken darüber nach. Für Fernsehen und Lesen gilt der gleiche Grundsatz: Kinder brauchen Anregungen, sei es nun beim Film, um über die Bilder zu sprechen, sei es nun beim Buch, um über Sätze und Abschnitte kritisch nachzudenken. So wachsen sie zu erfahrenen Lesern und Zuschauern heran.

Michael Scarborough arbeitete in England mit „nicht-pädagogischen" Fernsehprogrammen und berichtete folgende Ergebnisse: Wird Zehnjährigen ein Sachverhalt auf dem Bildschirm präsentiert, so verarbeiten sie die Informationen mit mehr Tiefe und Durchdringung als wenn Ihnen der gleiche Inhalt mit gedrucktem Material vermittelt wird. Schon Vier- und Fünfjährige können an dem, was ihnen auf dem Bildschirm vermittelt wird, kritische Urteilskraft entwickeln. Und um die kritische Auseinandersetzung mit den Inhalten des Fernsehens zu fördern, haben Aimee Dorr und ihre Kollegen einige Unterrichtsmaterialien sogar schon für das Kleinkindalter entwickelt. Es soll Kindern helfen, ernsthafte Fragen über den Realitätsgehalt des Fernsehens aufzuwerfen.

Patricia Marks Greenfield, Professorin für Psychologie an der Universität in Los Angeles, stellt fest, daß Kinder dank der bewegten Bilder auf dem Bildschirm bestimmte Arten von Informationen leichter aufnehmen, zum Beispiel Informationen über Orte, Handlungen und deren Veränderungen. Sie kommt in ihren Untersuchungen zu dem Ergebnis, daß die beweglichen Bilder den geistigen Fähigkeiten kleiner Kinder angemessen sind. Fernsehen ist also auch ein Mittel – ein Medium – zum Lernen. Die Schlußfolgerung ist meiner Ansicht nach bemerkenswert: „Kinder lernen, Informationen über Handlungen, Vorgänge und physikalische Veränderungen aus allen Arten von Film und Fernsehen zu verarbeiten. Das wirkt sich auf das Denken, aber nicht so sehr durch den jeweiligen Inhalt, sondern durch Technik und Form der Präsentation."

Natürlich soll diese Schlußfolgerung nun nicht als Rechtfertigung dienen, unsere Kinder stundenlang vor den Bildschirm zu setzen, aber ich denke, die Absicht ist deutlich geworden. Fernsehen ist ein effektives Lehrmittel, und sein Inhalt hindert unsere Kinder nicht notwendigerweise daran, wesentliche Fähigkeiten zu erwerben.

Es ist sicherlich besser, Kinder nach einem ausgewogenen Plan fernsehen zu lassen und Sendungen herauszusuchen, die die intellektuellen Fähigkeiten herausfordern. Bei manchen Sendungen wäre es uns lieber, wenn unsere Kinder sie meiden. Aber man sollte berücksichtigen, daß sie Qualitäten haben, die die schlechten Seiten wieder wettmachen. (Bitte verstehen Sie das jetzt nicht als Rezept, Ihrem Kind Gewalt, Sex und brutale Sprache zu verordnen!)

Nur sollte man Vor- und Nachteile gegeneinander abwägen und das Fernsehen weder gleich verteufeln noch übertriebene Schuldgefühle bekommen. Es kann nicht in unserem Interesse liegen, unser ohnehin schon ausgeprägtes Gefühl von Hilflosigkeit noch zu verstärken und uns aufzureiben, und noch weniger, unseren engsten Vertrauten aus der Welt der Elektronik schlichtweg zu ignorieren. Damit lehne ich die Ratschläge, die wir mittlerweile über zwei und drei Generationen hinweg hören, allesamt ab; auch ich bin dafür, mit vernünftigem Maß und Ziel mit dem Medium Fernsehen umzugehen und werde Ihnen hierfür im folgenden einige Empfehlungen geben.

Kate Moody kritisiert in ihrem 1980 erschienenen Buch „Growing Up on Television" (Aufwachsen mit dem Fernsehen) das Kabelfernsehen, betont aber gleichzeitig, wie wichtig es ist, mit unseren Kindern über sämtliche Probleme, die uns über den flimmernden Bildschirm ins Haus kommen, zu diskutieren. Der sprechende Kasten ist zugleich auch immer ein Kasten, über den man spricht. Sie können das Fernsehen als weitere Gesprächsquelle nutzen, um wichtige Denkfähigkeiten Ihres Kindes anzuregen

und es auf seinem Weg zur Sprachkompetenz weiterzubringen.

Wenn wir das Fernsehen als Mittel erkennen, die Sprachkompetenz unseres Kinds zu fördern, können wir einige quälende Bedenken ausräumen. Hören Sie noch einmal Patricia Greenfield: „Man sollte die Auswirkungen der Medien nicht mit den Medien selbst verwechseln; die Folgen hängen davon ab, wie wir mit den Medien umgehen ... Fernsehen kann sehr wohl eine geisttötende Beschäftigung sein, aber das muß nicht sein, wenn Eltern bei ihren Kindern den Blick für bestimmte Dinge schärfen und ihnen zeigen, wie man ein kritischer Zuschauer wird und aus dem Gesehenen lernen kann."

Gespräche über das Fernsehen

Bisher habe ich in bezug auf das Fernsehen eher die sozialen und moralischen Probleme angesprochen. Mein eigentliches Interesse richtet sich aber auf die Frage, wie wir das Medium nutzen können, um mit unseren Kindern Gespräche zu führen. Strikte Verbote und starre Regelungen sind keine Mittel, den Blick unserer Kinder zu schärfen und sie zu kritischen Zuschauern zu erziehen, damit sie aus dem Gesehenen lernen können. Auf gemeinsame Gespräche kommt es an. Falls die nichts nützen, können Sie immer noch Verbote aufstellen, aber zuerst sollten Sie versuchen zu diskutieren, zu beobachten und zu verhandeln. Lassen Sie uns einmal einige der bekannten Regeln in Sachen Fernsehen betrachten:

1. *Achten Sie darauf, was und wie lange Ihre Kinder fernsehen.* Welchen Platz nimmt das Fernsehen im Laufe eines Tages tatsächlich ein? Selbst wenn Sie die meiste Zeit mit Ihrem Kind verbringen, können Sie nicht unbedingt davon ausgehen, daß Sie die gesamte Video-Parade, die innerhalb eines Tages an Ihrem Kind vorbei-

zieht, überblicken können. Ältere Geschwister schauen sich nachmittags eine Sendung an, der berufstätige Elternteil will sich nach der Arbeit erst einmal ablenken, oder Sie gehen in die Küche, um Kaffee zu kochen; Sie lassen Ihr Kind allein weiterschauen, wenn Sie ans Telefon gehen oder wenn es an der Tür klingelt: all das sind zusätzliche Gelegenheiten, das Fernsehgerät laufen zu lassen.

Wie können Sie da den Überblick behalten? Durch Gespräche. „Welche Sendung hast du dir heute angeschaut? Was hat dir daran am besten gefallen? Was hat denn die Biene Maja oder Pippi wieder Lustiges angestellt?" Jane Brody, die Kolumnistin für Gesundheit in der New York Times, empfiehlt Eltern, einen Stundenplan über Fernsehzeiten und Sendungen anzulegen. (Unten sehen Sie ein Beispiel.) Erstellen Sie den Stundenplan gemeinsam mit Ihren Kindern; am besten, Sie hängen einen großen Zettel in die Küche oder in die Nähe des Fernsehgeräts, so daß jeder seine Wünsche und Fernsehzeiten eintragen kann. Wenn Ihr Kind bereits Buchstaben und Zahlen schreiben kann, ermutigen Sie es, seine Eintragungen selber zu machen. Scheint Ihnen das Fernsehen zuviel Zeit zu beanspruchen, fällt die Angleichung an vereinbarte Zeiten leichter, wenn Ihr Kind die Bilanz mit eigener Hand geschrieben hat. Sie werden staunen, wie die Stunden sich addieren.

Stundenplan zum Fernsehen

Tag	Sendung	Fernsehzeit
1.		
2.		
3.		
4.		
5.		

Aber bevor Sie ein Urteil abgeben und die Fernsehzeit beschneiden, sollten Sie das Fernsehverhalten Ihres Kinds beobachten. Als meine Tochter Melissa ein Vorschulkind war, dienten die meisten Sendungen außer ihrer Lieblingsserie nur als Untermalung für sonstige Aktivitäten. Sogar während der Programme, die sie eigens ausgesucht hatte, spielte sie häufig mit ihrem Spielzeug, blätterte ein Buch durch oder malte ein Bild. Dabei konzentrierte sie sich nicht so sehr auf das Fernsehprogramm als vielmehr auf die andere Beschäftigung. Sie bekam alles mit, was sich sonst noch um sie herum ereignete; wahrscheinlich unbewußt, aber immerhin war sie in der Lage, wann immer sie wollte aus dem laufenden Programm auszusteigen und sich wieder hineinzufinden. Ich habe viel von ihr gelernt, als ich ihr beim Fernsehen zusah.

Obwohl es meiner Gewohnheit nicht entspricht, kann ich nun auch verstehen, wie ältere Kinder tatsächlich bei laufendem Radio oder Fernsehen lesen oder lernen können. Ich für meinen Teil brauche beim Lesen oder Schreiben völlige Ruhe. Aber viele schalten das Radio oder den Fernseher ein, weil das gleichmäßige Murmeln und Rauschen ihnen erlaubt, andere Ablenkungen abzuschalten. Das gleichmäßige Brummeln bewirkt eine andere Art von Stille, so daß sich einige dabei leichter konzentrieren können.

Mein Sohn Joseph dagegen schaute sehr intensiv fern, und daran hat sich bis heute auch nichts geändert. Das Fernsehen fesselte ihn und nahm seine Aufmerksamkeit ganz und gar in Anspruch. Er würde den Bildschirm niemals aus den Augen lassen, während er nach einem Glas oder einer Knabberei greift. Hat ein Kind diese Sehgewohnheit, sollten Sie die Fernsehzeit kurz halten, so daß es sich mit gleicher Aufmerksamkeit auch anderen Dingen zuwenden kann.

2. *Stellen Sie angemessene Richtlinien zum Fernsehen auf.* Nehmen Sie den Stunden-

plan zur Hand, wenn Sie mit Ihrem Kind besprechen, wieviel Zeit auf das Fernsehen und wieviel auf andere, geplante oder spontane, Aktivitäten verwendet werden soll. Welche Zeiteinteilung hält Ihr Kind für vertretbar? Hören Sie sich seine Gründe dafür an und erwarten Sie, daß Ihr Kind seinerseits Ihnen zuhört. Versichern Sie sich, daß Ihr Kind versteht, warum Sie eventuell die Fernsehzeit einschränken. Ein drei- oder vierjähriges Kind hat noch kein Zeitgefühl; es kann Stunden oder Minuten noch nicht richtig einschätzen. Sie können über lange und kurze Sendungen reden und über die Notwendigkeit, die Fernsehzeiten im Rahmen zu halten, um noch andere Dinge machen zu können – um in die Bücherei oder in den Zoo zu gehen, Freunde zu besuchen oder auf dem Hof zu spielen.

Führen Sie Beispiele aus Ihrer eigenen Erfahrung an. Auf welche Fernsehsendungen verzichten Sie, um Zeit für etwas anderes zu haben? Warum ist das andere ebenso wichtig? Wenn Sie sich einmal geeinigt haben, wieviel Fernsehzeit am Tag vernünftig ist, erwarten Sie nicht, daß Ihr Kind sich getreu daran hält. Die Versuchung, das Gerät aus lauter Gewohnheit einzuschalten, ist groß. Ist die Hand im Begriff, wieder einmal den Knopf zu drücken, sollten Sie eine andere Beschäftigung vorschlagen. Vielleicht fühlt sich Ihr Kind durch die Limitierung zunächst einmal herausgefordert und unterzieht sie täglich, vielleicht sogar stündlich neuen Verhandlungen. Obwohl es in Ordnung ist, manchmal nachzugeben und mehr Sendungen als sonst zu erlauben – schließlich sind die Regelungen ja nicht in Stein gehauen –, sollte eine Änderung immer besprochen werden. „Warum ist es dir so wichtig, heute eine halbe Stunde länger als sonst fernzusehen? Findest du eine Sendung, auf die du verzichten könntest, um die vereinbarte Zeit einhalten zu können?"

Videorecorder entschärfen das verzweifelte Argument „Ich will das aber unbedingt sehen!", das Eltern immer wieder zu schaffen macht. Lohnt es sich, eine Sendung anzuschauen, die Ihr Kind aus einem bestimmten Grund sehen möchte, können Sie sie aufzeichnen und für einen anderen Tag einplanen. Aber seien Sie vorsichtig! Videos lassen die Fernsehzeiten rapide in die Höhe schnellen. Ihr Kind möchte vielleicht auf einmal seine Lieblingssendungen zum wiederholten Male sehen. Rechnen Sie diesen Gelegenheiten die unzähligen Filme, Zeichentrickfilme und Lernprogramme hinzu, die im Verleih angeboten werden – schon kommen Sie auf eine schier astronomisch anmutende Zahl von Stunden, in denen Ihr Kind sich ausschließlich von audiovisuellen Medien anregen läßt. Daher ist es im Umgang mit Videogeräten um so notwendiger, bestimmte Zeiten wirklich einzuhalten.

Möglicherweise müssen Sie mit älteren Kindern sogar strenger sein als mit kleinen. Falls Ihr Kind nicht regelmäßig seine Schulaufgaben erledigt oder sie bis zum letzten Moment aufschiebt, dann sollten Sie darauf bestehen, daß die Hausaufgaben vor dem Fernsehen Vorrang haben und gute Gründe für diese Regelung nennen. Ihr Kind sollte ebenfalls seinen Standpunkt darstellen. Vielleicht können Sie sich probeweise auf einen neuen Fernsehplan einigen.

Wenn Ihr Kind seinen Umgang mit den Hausaufgaben geändert hat, sollten Sie wieder ein Gespräch mit ihm suchen und die Regelung etwas lockern. Wahrscheinlich moniert Ihr Kind anfangs, daß die Einschränkung zu hart und einseitig ausfällt, aber Sie wissen, daß sie nicht aus der Luft gegriffen, sondern gut begründet ist und erneut überprüft werden kann. Seien Sie offen für verschiedene Lösungen; wenn möglich, schlagen Sie Ihrem Kind im voraus einige Entscheidungsmöglichkeiten vor, die es erst einmal selbst in Ruhe abwägen kann. Will Ihr Kind eine Sendung um sieben Uhr abends anschauen, heißt das, daß die Lieblingssendung um acht Uhr wegen anderer Aufgaben entfallen muß. Welche Sendung möchte Ihr Kind wählen? Drängen Sie auf eine Entscheidung und achten Sie darauf, daß Ihr Kind auch zu ihr steht. Loben Sie seine Bemühungen. Wir sollten unser Kind bei jeder sich bietenden Gelegenheit ermutigen, begründete Entscheidungen zu treffen und es unsere Anerkennung spüren lassen, vor allem bei unliebsamen und schwierigen Entscheidungen. In offenen Aussprachen üben wir Problemlösungen, ohne gleich Widerwillen zu erregen – eine Situation, der man als Erwachsener immer wieder gegenüberstehen wird. Viele von uns lassen sich heute noch verunsichern, weil unsere Eltern uns kaum angeleitet haben, mit solchen Situationen umzugehen. Geben wir unseren Kindern eine bessere Ausgangsposition.

3. *Unterstützen Sie Ihr Kind aktiv bei der Programmauswahl und ermutigen Sie es zu vorausschauenden Planungen.* Nehmen Sie sich etwas Zeit, um zusammen mit Ihrem Kind das Programmheft durchzuschauen. Seien Sie ihm dabei behilflich, seine Interessen und Vorlieben mit den ausgemachten Fernsehzeiten zu vereinbaren. Der Schlüssel zum Erfolg ist auch hier wieder das Gespräch. Es ist nicht Ihre Aufgabe, die Wahl zu treffen, sondern Ihrem Kind durch Diskussionen zu helfen, selbständig zu einer Entscheidung, seiner Entscheidung, zu kommen. Lassen Sie sich von Ihrem Kind erklären, welche Sendungen es gerne sehen möchte und warum. Ohne Zweifel wäre Ihnen ein ausgewogenes Verhältnis zwischen Unterhaltungssendungen und lehrreichen Programmen am liebsten. Sie können Ihr Kind auf interessante Sendungen aufmerksam machen, aber nehmen Sie ihm die Entscheidung nicht aus der Hand. Arbeiten Sie zusammen eine Liste aus, damit Sie den Überblick behalten.

Es ist ein großer Vorteil, das Programmheft schon vor den Sendungen durchgeschaut zu haben. So können Sie schnell und ohne viel Aufwand Einblick in den Inhalt der gewählten Sendung gewinnen. Anhand der Kommentare zu einzelnen Sendungen können Sie absehen, was Ihr Kind erwarten kann. Die Programmvorschau mit meinem Kind schätze ich besonders deswegen, weil mein Kind das Wort hat und mir aufgrund eines kurzen Abrisses erzählt, was es sich unter dieser oder jener Sendung vorstellt; nach der Sendung überprüft es seine Erwartung. Eine solche Diskussion übt wichtige Denkfähigkeiten – Folgen voraussagen, Vergleiche anstellen und Gedanken analysieren.

Schon eine einzige Zeile an Beschreibung genügt, um einen Redefluß auszulösen. Vor kurzer Zeit stand in einer Zeitung zu einem Zeichentrickfilm folgende Anmerkung: „Ein Zeichentrickfilm der beliebten Serie ‚Charlie Brown und seine Freunde'. Heute: Snoopys Alptraum". Mein Sohn Joseph hatte vorher noch nie einen Zeichentrickfilm mit Charlie Brown gesehen. Wir sprachen über die Beschreibung und unterhielten uns darüber, warum und wovon Snoopy schlecht träumen könnte.

Saul dachte einen Moment nach und hielt dann drei Minuten lang einen kleinen Vortrag über Snoopy. Er erzählte, daß er vielleicht etwas angestellt habe (zum Beispiel könnte er Charlies Freund gebissen haben) und Charlie ihn deswegen ausschimpfe, daß Snoopy sich daraufhin in seine Hundehütte verkrieche und träume, er würde von Charlie hinausgeworfen und müsse sich nun eine andere Bleibe suchen, daß Charlie sich aber wahrscheinlich Sorgen mache und ihn suchen ginge. Wir sprachen anschließend ganz allgemein über schlechte Träume und ihre Bedeutung; auch, inwiefern ein Traum nicht Wirklichkeit ist.

Dann wollte ich Saul ermutigen, von seinen schlechten Träumen zu erzählen, die er von Zeit zu Zeit hatte. Aber er weigerte sich, darüber zu sprechen. Wenn er nach einem solchen Traum völlig verschreckt aufwachte, konnte ich nicht viel mehr tun, als ihn in den Arm zu nehmen und zu trösten. Gerne hätte ich mit ihm darüber gesprochen. Mit der Zeit verlor er aber seine Angst und gewann so etwas Abstand, um dem Problem vernünftig beizukommen. Ich nahm es ihm nicht übel, daß er mir über seine bösen Träume zunächst nichts erzählen konnte oder wollte. Nach dem Gespräch umarmte er mich, bevor er wegsauste, und ich verstand, daß es für ihn ein wichtiges Gespräch gewesen ist. (Überlassen wir es den Psychologen, die allgemeinen Kinderängste zu analysieren, den Wunsch nach Auflehnung gegenüber Autoritäten und die unterschwellige Ablehnung sowie das Gefühl von Verlassenheit, das Saul auf Snoopy übertrug.) Ich wußte, er wird sich an unser Gespräch und seine Träume erinnern, wenn er sich diese Sendung anschaut, und es wird ihm helfen, seine Angst etwas zu verlieren. Ich wußte auch, daß es uns Spaß machen würde, Sauls Vermutungen mit der Geschichte auf dem Bildschirm zu vergleichen.

Gleichgültig, wie knapp der Kommentar zu einer Sendung ausfällt, Ihr Kind erkennt in der Diskussion, daß Fernsehen mehr sein kann als irgendeine passive Beschäftigung. Und für uns ist es ein weiteres Mittel, die Sprachfähigkeit unseres Kinds auf angenehme Art und in einem sinnvollen Zusammenhang zu fördern. Auf derselben Seite fanden wir noch einen Film mit dem Titel „Seltene Tiere". Wir unterhielten uns über das Wort selten, wobei Saul seltene Tiere, die er bereits kannte, in Worten an sich vorbeiziehen ließ: das Schnabeltier mit Entenfüßen und Entenschnabel, das Opossum, das sich zum Schlafen mit seinem Schwanz kopfüber an einen Ast hängt, der Gepard, dessen Fell über und über mit kleinen Tupfen bedeckt ist.

Unterhalten Sie sich mit Ihrem Kind über Fernsehprogramme – es ist eine weitere gute Gelegenheit, zu Hause längere Gespräche

anzuregen. Auch gute Lehrer spornen Kinder an, erst über Bücher zu reden, bevor sie sie lesen. Einmal mehr bieten Sie Ihrem Kind eine nützliche Übung, die es auf die Schule vorbereitet.

4. *Versuchen Sie, so oft wie möglich die Sendungen, die sich Ihr Kind anschaut, zu verfolgen und mit ihm zu besprechen.* Es ist etwas aufwendig, dieses Ziel zu erreichen, aber es lohnt sich.

Sie haben mehrere Möglichkeiten. Die nächstliegende wäre, sich die Sendung, die Ihr Kind ausgesucht hat, im voraus anzusehen. Dann wüßten Sie genau, wer „Ronja, Räubertochter" ist und wie gefährlich „Elliot das Schmunzelmonster" wirklich ist. Auf diese Weise würden Sie sich zwar sehr genau informieren können und die Wahl Ihres Kinds aufgrund eines fundierten Urteils beeinflussen. Aber die wenigsten Eltern haben Lust und Zeit dazu. So gut es sicher wäre, ich würde es Ihnen trotzdem nicht empfehlen.

Eine andere Möglichkeit besteht darin, zusammen mit Ihrem Kind fernzusehen. Sie können alles mitverfolgen und sich merken, was Ihr Kind in Bild und Ton besonders beeindruckt hat. Anschließend können Sie ein Gespräch über das Gesehene führen – über einen ungewöhnlichen Charakter, über einen Ausschnitt einer besonderen Handlung, über eine spezielle Formulierung, die geklärt und diskutiert werden will.

Jedoch finden beschäftigte Eltern (und noch beschäftigtere Kinder) oftmals keine Zeit, um sich ohne Ablenkung in aller Ruhe einen Film anzuschauen. Kinder finden genug Gelegenheiten fernzusehen, wenn wir es nicht sehen. Und wenn wir etwas von unserer kostbaren Freizeit auf das Fernsehen verwenden, verlangt es uns nicht besonders nach den Mätzchen einer Biene Maja oder eines Fred Feuerstein.

Es bleibt Ihnen aber auch noch eine andere Möglichkeit, die Sie ohne viel Aufwand verwirklichen können; nehmen Sie einfach Ihre Arbeit mit vor das Fernsehgerät. Falls Sie einen tragbaren Fernseher haben, können Sie ihn in dem Raum aufstellen, in dem Sie gerade zu tun haben. Während Sie Ihre Arbeit erledigen, können Sie die Sendung mit halbem Auge mitverfolgen. Bei dieser Lösung hat Ihr Kind nicht das Gefühl, kontrolliert zu werden, noch haben Sie den Eindruck, zu kurz zu kommen.

Es genügt, wenn Sie ab und zu von Ihrer Arbeit aufsehen und gelegentlich zu der Handlung und den Charakteren Kommentare abgeben. Das geht genauso gut, als würden Sie sich ausschließlich der Sendung widmen. Stellen Sie Ihrem Kind Fragen und ermutigen Sie es zu Bemerkungen und Beurteilungen über die Szenen auf dem Bildschirm. Ihre Einwürfe sollten darauf abzielen, unverständliches Verhalten zu klären, Denkanstöße zu bestimmten Verhaltensweisen zu geben, Ausdrucksweisen, die nicht geläufig sind, zu erklären und zu Beobachtungen anzuregen.

In vielen Familien wird zwar recht häufig zusammen ein Fernsehabend veranstaltet, aber nur selten kommen dabei Gespräche in Gang, die die Wahrnehmung schärfen und Kritik an dem üben, was auf dem Bildschirm dargestellt wird. So die Klage einiger Wissenschaftler. Sie betonen aber auch, daß gemeinsames Fernsehen nichtsdestoweniger eine soziale Aktivität ist und bleibt, da viele verschiedene Dinge nebenher gemacht werden können. Sobald mehrere zusammen fernsehen, ergeben sich regelmäßig Diskussionen und Interaktionen. In „Television and Human Behavior" (Fernsehen und Verhalten) stellen Georg Comstock und seine Kollegen heraus, daß Gespräche über 25% der Tätigkeiten ausmachen, die das gemeinsame Fernsehen begleiten. Über die Hälfte der Gespräche konzentriert sich auf das, was gerade im Fernsehen gezeigt wird; über ein Fünftel an Gesprächen kommt erst nach der Sendung auf, während man noch wei-

terschaut. Kenneth Bruffee begreift diese soziale Natur gemeinsamen Zuschauens als wesentliche Möglichkeit, aus Medien zu lernen. Erinnern Sie sich an den Kult um die „Rocky Horror Picture Show"? Die Zuschauer kleideten sich ebenso verrückt wie die Personen aus dem Film, und sie führten das Stück miteinander auf, während im Hintergrund der Film auf der Leinwand ablief. Die soziale Interaktion unter den Zuschauern war dabei viel wichtiger als die Ereignisse auf der Leinwand.

Wenn Sie sich all diese Informationen durch den Kopf gehen lassen, stoßen Sie vielleicht auf ein Paradox. Einerseits verhindert das Fernsehen weder sozialen Austausch noch Kommunikation, andererseits läßt man sich aber auch nicht durch Gespräche vom Fernsehen ablenken. Wir haben bereits bestimmte Sehgewohnheiten beim Fernsehen angenommen, die Gespräche und zwischenmenschlichen Austausch durchaus nicht unterbinden. Daher gibt gemeinsames Fernsehen wirkungsvolle Anregungen, zu Hause auf informelle Art Wissen zu erwerben. Allerdings scheinen wir unser Gespräch während der Fernsehzeit nicht besonders nutzbringend führen zu können, sobald wir unseren Kindern mit längeren Erklärungen helfen wollen, der Geschichte zu folgen. Stützen Sie sich beim Fernsehen auf das gemeinschaftsstiftende Moment. Besprechen Sie mit Ihrem Kind, was es auf dem Bildschirm gesehen hat. Dank einer gemeinsamen Diskussion kann Ihr Kind bestimmte Verhaltensweisen, die ihm im Fernsehen vorgeführt werden, besser beurteilen. Wie Untersuchungen bestätigen, lernt es Sozialverhalten kritisieren, das es sonst unhinterfragt hinnehmen würde.

Das „Journal of Communication" (Zeitschrift für Kommunikationsforschung) berichtet von einem Experiment mit zwei Gruppen vier- und fünfjähriger Kinder. Jede Gruppe schaute sich im Beisein desselben Erwachsenen (in diesem Fall eine Lehrerin) einen Film an, in dem Kinder beim

Fußballspielen in Streit geraten. Bei der ersten Gruppe gab der Erwachsene nur völlig wertfreie Kommentare zu dem Geschehen ab. Bei der zweiten Gruppe kommentierte die Lehrerin durchgehend die Wertvorstellungen, die eine bestimmte Episode wiedergab. Beispielsweise sagte sie: „Oh, nein! Der Junge steckt aber wirklich in Schwierigkeiten", oder „Er arbeitet mit Tricks, das ist unfair." Die Kinder der zweiten Gruppe wußten sogar noch eine Woche nach der Vorführung genau Bescheid, warum das Spiel unfair verlief, und sie dachten über Zustimmung, Ablehnung und Beurteilung nach. Nicht so die erste Gruppe.

In einem weiteren Experiment schaute sich eine Gruppe von fünfjährigen Kindern einen Film an, in dem die traditionellen Geschlechterrollen durchbrochen wurden (der Ehemann kochte, während die Frau Haushaltsgeräte reparierte). Der Film half, die stereotype Rollenverteilung zu erkennen und Klischeevorstellungen abzubauen. Dieser Erfolg zeichnete sich besonders in den Fällen ab, als Erwachsene der unkonventionellen Vertauschung der Geschlechterrolle deutlich ihre Zustimmung gaben. Patricia Greenfield zitiert eine Gruppe von Vorschulkindern, die sich gewaltverherrlichende Episoden aus „Batman" ansahen. Mit Hilfe der Interpretation von seiten der Erwachsenen entwickelten die Kinder eine kritische Haltung gegenüber Gewalt im Fernsehen. An diesen Untersuchungen wird deutlich, daß die Interpretationen und Erklärungen der Eltern für die Erfahrung, die Kinder mit dem Fernsehen machen, außerordentlich wichtig sind. Dank der Kommentare können unsere Kinder sich von den Wertvorstellungen, die vom Bildschirm aus auf sie einwirken, frei machen.

5. *Besprechen Sie mit Ihrem Kind die Sendungen, die es sich angeschaut hat.* Von allen Vorschlägen scheint mir dieser der wichtigste zu sein. Sie sollten wirklich mit Ihrem Kind über Fernsehsendungen reden, die es im Laufe eines Tages anschaut. Wenn Sie berufstätig sind und Ihre Zeit zu Hause knapp bemessen ist, ist es vielleicht nicht ganz einfach, gemeinsam fernzusehen. Meistens finden Sie erst Zeit zum Fernsehen, nachdem Sie Ihre Kinder zu Bett gebracht haben. Zudem fällt Ihre Wahl auf Filme, die Ihr Kind nicht unbedingt sehen will oder sollte. Aber auch wenn Sie nicht dabei waren, können Sie sich sicherlich über die Fernseherlebnisse unterhalten, die Ihr Kind während des Tages hatte. Sie sollten das Gespräch über Fernsehen unbedingt in Ihr Repertoire an Berührungspunkten mit Ihrem Kind aufnehmen. Das Gespräch über Fernsehen ist in Ihrem Gesprächsrepertoire ein weiterer Berührungspunkt mit Ihrem Kind, und Sie sollten ihm einen Platz einräumen.

Ob wir es mögen oder nicht, Film und Fernsehen sind ein wichtiger Bestandteil im Leben unserer Kinder. Auch wenn wir ihr Interesse an den einzelnen Sendungen nicht in gleichem Maße teilen, sollten wir unserem Kind zeigen, daß wir uns für sein Interesse an Medien interessieren. Wenn Sie sich über eine Sendung unterhalten, die nur Ihr Kind gesehen hat, dann lassen Sie es mit seiner Nacherzählung im Mittelpunkt stehen. Dann übernimmt Ihr Kind die Rolle des Lehrers. Die Situation erfordert einige Denkfähigkeiten. Das Kind muß sich an die Handlung und den Ablauf der Geschichte erinnern und eine Zusammenfassung geben; es muß bestimmte charakteristische Merkmale einer Person schildern, ihr Erscheinungsbild, ihre Handlungsweise und ihren Charakter; weiterhin muß es Fragen beantworten, die Sie ihm zu dem Film stellen. Hier bietet sich Ihnen eine weitere Gelegenheit, Ihr Kind zum Erzählen und zu Gesprächen anzuregen. Ermutigen Sie Ihr Kind, Ideen ausführlich darzustellen und bestimmte Vorstellungen zu erklären. Dazu können Sie auf die Fragen zurückgreifen, die in Kapitel 3 vorgeschlagen wurden. Ihr Kind kann von den elektronischen Medien lernen. Zeigen Sie ihm, wie es an diesem dynamischen Lernprozeß teilhaben kann.

Greenfield betont, daß „Eltern oder andere Erwachsene durch Diskussionen über die Fernsehsendungen die positiven Auswirkungen verstärken und die negativen abschwächen" können. Schaut Ihr Kind in Ihrer Abwesenheit fern, versäumen Sie nicht die Gelegenheit, sich von Ihrer Tochter oder Ihrem Sohn die Fernseherlebnisse berichten zu lassen.

Achten Sie dabei vor allem darauf, in welcher chronologischen Abfolge Ihr Kind den Handlungsstrang einer Sendung wiedergibt. Stellen Sie ihm Fragen, in welcher Reihenfolge die Ereignisse abgelaufen sind. Was geschah zuerst, was danach? Einem kleinen Kind fällt es nicht leicht, die Handlung in der richtigen Reihenfolge nachzuerzählen. Seien Sie also nicht überrascht, zuerst etwas über den Höhepunkt zu hören, bevor Sie die Ereignisse erfahren, die auf ihn hinführten.

Kleine Kinder haben ihre Schwierigkeiten damit, aus einer halb- oder einstündigen Sendung eine überschaubare Einheit herauszufiltern, die sich spannend erzählen läßt. Kinder verlieren sich leicht in Einzelheiten. Wahrscheinlich hören Sie eine unendliche Reihung von „und dann . . . und dann . . . und dann . . .". Helfen Sie Ihrem Kind mit einigen Vorgehensweisen, die ich in Kapitel 5 dargestellt habe. Versuchen Sie, die Äußerungen Ihres Kindes auf einen bestimmten Punkt zu konzentrieren, indem Sie beispielsweise fragen: „Was waren denn die wichtigsten Teile dieser Geschichte?"

Auch die allgemein gehaltene Frage „Worum geht es in dem Film?" ist eine harte Nuß. Normalerweise erwarten wir ein paar Sätze, die den Inhalt im wesentlichen erfassen; wir erwarten jedoch nicht, alle Einzelheiten zu erfahren. Kinder hingegen sehen in einer Geschichte erst mal nichts anderes als eine Sammlung lauter Einzelheiten. Die Sinnesreize, die vom Bildschirm aus in das Bewußtsein des Kindes strömen, werden im Gedächtnis als einzelne Eindrücke abgespeichert. Wenn die Erinnerung mit der Zeit verblaßt, werden sie leicht aus dem zeitlichen und logischen Zusammenhang herausgerissen. Es stimmt zwar, daß die Einzelheiten dem Kind in einer bestimmten Anordnung vor Augen treten; und natürlich tragen sie zum Gesamteindruck bei, aber mit Sicherheit hat Ihr Kind diese Eindrücke beim Sehen noch nicht in Sprache gefaßt.

In diesem Zusammenhang bietet sich ein Vergleich mit der elektronischen Datenverarbeitung im Computer an. Denken Sie an die vielen elektronischen Grundeinheiten – Bits –, die noch völlig ungeordnet wie Magnetspäne auf einem großen Blatt Papier liegen. Einige berühren sich, andere liegen unzusammenhängend nebeneinander. Wenn Sie unter dem Papier einen Magneten an die magnetischen Teilchen heranführen, richten sie sich mit einem Schlag auf die Pole aus. In dieser Art organisieren sich die im Computer gespeicherten Informationen.

Die Ereignisse auf dem Bildschirm sind wie willkürlich angehäufte Bits im Kopf des Kindes. Ihre Frage nach dem Hauptgedanken („Wovon handelt der Film?") wirkt wie ein elektromagnetisches Kräftefeld. Ihr Kind organisiert die erhaltenen Informationen und bringt sie in einen Zusammenhang.

Die Frage „Worum ging es in dem Film?" verlangt von Ihrem Kind, Gedanken und Sprache so in Übereinstimmung zu bringen, daß ihm eine Verallgemeinerung gelingt. Diese Fähigkeit wird Ihr Kind in der Schule immer wieder brauchen, um lesen, schreiben und die Lerninhalte ohne große Schwierigkeiten verarbeiten zu können. Die Frage nach dem „Hauptgedanken" zielt auf diese Fähigkeit ab und gehört vom Eignungstest bis zum Interpretationsaufsatz zum Standard. Der Sprachunterricht ist voll von solchen Formulierungen: Hauptgedanke, These, Behauptung, wesentliche Aussage, Thema, Schlüsselwort, Leitmotiv, Absicht, Schlußfolgerung. Wenn ein Lehrer einen Schüler oder eine Schülerin nach dem Hauptgedanken fragt, fragt er nach einer Verallgemeinerung. Die Frage bedeutet: Sage uns, zu welcher Aussage dein Verstand kommt, nachdem du alle Einzelheiten zusammengezählt hast. Zusammenzählen ist vielleicht nicht das passende Wort, denn es geht hier gerade nicht um eine Rechenoperation. Beim Lesen heißt verallgemeinern, den roten Faden zu finden, der die Einzelheiten durchzieht; ein bestimmtes Element, das die wesentlichen Informationen miteinander verbindet und die Einzelheiten „auf die Reihe bringt".

Sicherlich sehen Sie, worauf es hier ankommt. Wie in den vorhergehenden Beispielen möchte ich Ihnen zeigen, wie Sie zu Hause in eigener Regie Erzählsituationen inszenieren können. Wenn Sie mit Ihrem Vorschul- oder Schulkind über eine Fernsehsendung sprechen, tragen Sie entscheidend zu seiner weiteren geistigen Entwicklung bei, in der Schule und darüber hinaus. Ohne Streß unterhalten Sie sich mit Ihrem Kind über ein Thema, das Ihr Kind bestimmt mag – ein Film, den es sich ausgesucht hat, mit Ihnen eventuell sehen und mit Ihnen im Gespräch teilen möchte. So können Sie ganz sicher sein, daß Sie Ihrem Kind die besten Voraussetzungen für den Erfolg in der Schule mitgeben.

Erwarten Sie aber bitte nicht, einen plötzlichen Zugewinn an Fähigkeiten zu verzeichnen. Sie wissen selber, wie schwierig es ist zu verallgemeinern und eine schlüssige Äußerung zu formulieren, die das Wesentliche einer umfassenden Erfahrung zusammenfaßt. Vielleicht nennt Ihr Kind auf die Frage „Wovon handelt die Sendung?" erst mal nur ein oder zwei Namen von den Figuren im Film. Daraufhin können Sie ihm einige Fragen stellen, die das Thema umkreisen und ans Licht bringen. Und verlieren Sie bitte nicht die Geduld. Rechnen Sie mit Antworten, die das Ziel erst mal verfehlen. Sicherlich müssen Sie nachfragen und

selber vorführen, wie man den „Hauptgedanken" eines Films herausfindet. Vielleicht müssen Sie die Frage auch einen Moment beiseite lassen, wenn Sie trotz mehrerer Versuche nicht das erwünschte Resultat bekommen. Aber kommen Sie auf die Frage zurück, sobald Sie über einen anderen Film reden. Indem Sie Ihr Kind regelmäßig fragen „Wovon handelt der Film?", helfen Sie ihm, mit der Zeit die entscheidende Fähigkeit zu entwickeln, zu verallgemeinern.

Beim Fernsehen bieten sich viele Gesprächsthemen an, die in der Familie zu zahlreichen Diskussionen, Erläuterungen und Klarstellungen anregen: Überlegungen zum Inhalt, zur Sprache und zu sozialen Verhaltensformen. Während des Abendessens fand Saul großes Vergnügen daran, einen Kinofilm nachzuerzählen, in dem eine Figur eine andere mit den Worten beschrieb: „Der tickt nicht richtig". Saul wiederholte diesen Satz immer wieder und amüsierte sich köstlich. Auf eine Vermutung hin fragte ich ihn, was diese Wörter denn bedeuteten. Und richtig, er hatte nicht die leiseste Ahnung. Also faßten wir zunächst das Wort ticken ins Auge. Aufgrund des sprachlichen Kontexts hatte sich Saul vorgestellt, daß der Sprecher jemanden mit einer Uhr vergleicht. Wahrscheinlich fand er es witzig, daß ein Mensch mit etwas ganz anderem verglichen wird. „Denn ein Mensch ist doch gar keine Uhr!", sagte er. Wußte jemand am Tisch, was das heißen sollte? Joseph sagte, es bedeute, daß jemand nicht mehr alle Tassen im Schrank habe.

Und schon redeten wir über eigentliche und übertragene, metaphorische Bedeutung, jedoch ohne diese Begriffe verwenden zu müssen. Gemeinsam stellten wir allerhand Vergleiche zwischen Dingen und Menschen an. Warum? Um Gedanken auf den Punkt zu bringen und zu verdeutlichen, was gemeint ist; um uns die Beschäftigung mit gesprochener und geschriebener Sprache schmackhaft zu machen. Es stellte sich im Laufe unseres Gesprächs heraus, daß man mit dem Ausdruck „er tickt nicht richtig" die Denkfähigkeiten einer Person in Frage stellt. Wie eine Uhr, die vor- oder nachgeht, nicht mit der richtigen Zeitangabe übereinstimmt, stimmt diese Person nicht mit unseren Vorstellungen und Verhaltensweisen überein. Uns war klar, daß diese Redensart nicht böswillig gemeint ist, sondern eher humorvoll. Aber wir sahen auch ein, daß niemand gerne so beschrieben sein will. Das Gespräch über Sprachformen führte uns schließlich zu einer Diskussion über Wertvorstellungen. Wir sprachen darüber, wie Worte verletzen können und daß man sie sorgfältig wählen sollte, damit die Gefühle anderer nicht verletzt werden.

Sie kennen bereits aus den besprochenen Untersuchungen von Patricia Greenfield das Problem, wie verzerrt soziale Wirklichkeit im Fernsehen dargestellt werden kann. Besonders Kindern vermittelt das Fernsehen allzu leicht ein verzerrtes Wirklichkeitsbild und schlichtweg falsche Vorstellungen: Eltern müssen es erst wieder mit der Wirklichkeit verbinden und geraderücken. Sie sollten jede Gelegenheit ergreifen, die Werte, die Ihr Kind zunächst unbefragt vom Fernsehen übernimmt, in den vielschichtigen Kontext des wirklichen Lebens zu stellen. Das gilt vor allem für die Werbung, die uns geschickt und wirkungsvoll unter Beschuß nimmt. Sie sollten dem Einfluß von Wertvorstellungen begegnen, die das Fernsehen über unser scheinbar Objektivität verbürgendes Auge vermittelt.

Achten Sie vor allem auf Stereotypen über Bevölkerungsgruppen, Geschlecht, Religion, Politik, Statussymbole, Hautfarbe und fremde Länder. In der Welt des Fernsehens gibt es kaum ärmere Leute, der Konsens über das Normale blendet überwiegend Minderheiten aus, oder wenn sie einmal eine Rolle spielen, treten sie meist als Bösewichter auf. Im Fernsehen überwiegen Männer die Frauen im Verhältnis drei zu eins; die Frauen sind überwiegend Hausfrauen und Ehefrauen und in einer unterlegenen Position. Ältere Menschen sind zumeist sonderbare Käuze, und „kranke, unbeholfene und unbedeutende Menschen spielen kaum eine Rolle".

Niemand von uns hat Interesse daran, daß unsere Kinder ein verzerrtes Bild der Wirklichkeit bekommen. Wenn wir deshalb nicht auf die eigenartige Sicht der Dinge in der Welt des Fernsehens achten, riskieren wir, daß unsere Kinder realitätsfern reagieren. Helfen Sie Ihrem Kind, einen Blick für die Welt zu entwickeln, für die verschiedenen Minderheiten, Ausländer, für andere Kulturen und Vorstellungen. Zeigen Sie ihm, daß der Charakter von Staatsangehörigkeit, Hautfarbe und Religion unabhängig ist. Lassen Sie Ihr Kind erkennen, daß eine Frau oder ein Mann durch ihr Geschlecht nicht auf eine bestimmte gesellschaftliche Rolle festgelegt ist und Beruf, Fähigkeiten oder Verhaltensweisen nicht durch das Geschlecht bestimmt sind. Sie wissen inzwischen, daß es nur einen Weg gibt, diese Ziele zu erreichen: Sprechen, sprechen und nochmals sprechen.

9
Fünfzig Gespräche
über ausgewählte Bilderbücher

zusammengestellt und kommentiert von
Gertraud E. Heuß

Es folgt eine höchst persönliche Auswahl von Kinder- und Bilderbücher, die auf besondere Weise Anlässe für Gespräche mit Kindern bieten. Es war nicht einfach, aus der Fülle vorhandener Bilderbücher 50 Stück auszuwählen. Bei der großen Zahl schöner und schönster Bücher fällt die Auswahl schwer. Da muß man sich auf Kriterien besinnen, die nicht nur dem Zufall die Auswahl überlassen.

Ich habe zunächst versucht, möglichst viele Grafiker vorzustellen, damit sich jeder Leser einen Überblick über die heute üblichen Illustrationen verschaffen kann. Auf diese Weise wird jeder die Art der Bebilderung finden, die ihm besonders entspricht.

Ebenso wollte ich möglichst viele Autoren mit unterschiedlichen Themen zu Wort kommen lassen. Es finden sich daher Sachbilderbücher neben solchen, die sich ausschließlich an die Phantasie der Kinder wenden.

Ein weiterer Gesichtspunkt bei der Auswahl war das unterschiedliche Alter und Geschlecht der Kinder, für die die Bilderbücher gedacht sind. Ebenso sollten sich Jungen und Mädchen aus Städten oder Dörfern von den Themen angesprochen fühlen. Auch die Herkunft der Kinder aus unterschiedlichen Elternhäusern sollte keine Rolle spielen.

Und schließlich wollte ich auf die Vielzahl von Verlagen aufmerksam machen, die sich heute alle um ein gutes Bilderbuch bemühen. Daß auch hier nur eine begrenzte Auswahl möglich war, liegt an der Anzahl der Verlage. Leider sind auch manche sehr schönen Bilderbücher schon vergriffen oder werden in den kommenden Jahren nur mehr schwer zu beschaffen sein. Solche habe ich von vornherein ausgespart.

Die getroffene Auswahl stellt meine subjektive dar und ist beispielhaft zu verstehen. Ich möchte den Erwachsenen, die mit Kindern Bilderbücher betrachten, lediglich zeigen, wie das gemacht werden kann. Daß jeder zu eigenen, neuen Erfahrungen kommt und auch andere Bücher mit hinzunimmt, ist meine Hoffnung.

Allsburg, Chris van:
Polarexpreß
(Deutsch von Alissa und Martin Walser).
Ravensburg: Otto Maier 1988

„An einem Weihnachtsabend vor vielen Jahren lag ich ganz still in meinem Bett ... Ich atmete langsam und leise. Ich lauschte auf etwas – auf ein Geräusch, das ich, wie ein Freund mir beteuert hatte, nie zu hören kriegen würde – das Schlittengeläut des Weihnachtsmanns ...“

Aus der Perspektive eines erzählenden Jungen erfahren wir, wie plötzlich ein Zug vor seinem Haus hält, wie er hinuntergeht und einsteigt, und in diesem Polarexpreß, der zum Nordpol fährt, nur Kinder trifft, die alle auf dem Weg zum Weihnachtsmann sind. Endlich kommen sie am Nordpol an, in einer Stadt, die nur aus Fabriken besteht, in der Elfen Weihnachtsgeschenke herstellen. Der Zug kommt zum Stehen, die Kinder steigen aus und versammeln sich um den Weihnachtsmann, der dort das erste Weihnachtsgeschenk austeilen wird. Der kleine Junge wird auserwählt und vom Zugschaffner auf die Knie des Weihnachtsmanns in dessen Schlitten gehoben. Er darf sich ein Weihnachtsgeschenk wünschen, das allererste, das in diesem Jahr verteilt wird. Er wünscht sich ein silbernes Glöckchen vom Rentierschlitten und erhält es sofort.

Danach schwingt sich der Weihnachtsmann samt Schlitten und Rentieren in die Lüfte und braust davon. Auch der Polarexpreß fährt wieder zurück und bringt alle Kinder nach Hause. Auf der Rückfahrt aber merkt der Junge, daß er sein Glöckchen verloren hat. Es ist ihm durch ein Loch in seiner Manteltasche gerutscht. Sehr betroffen kommt er zu Hause an, wo am nächsten Morgen Weihnachten gefeiert wird. Seine Schwester und er packen alle Geschenke aus und finden zum Schluß noch ein kleines Paket, an ihn adressiert. „Darin war das Silberglöckchen! Auf einem kleinen Zettel stand: ‚Habe dies auf dem Sitz im Schlitten gefunden. Flick das Loch in deiner Tasche.‘ Unterschrieben: WM.“ Während sich die kleine Schwester und der Erzähler am Ton des Glöckchens erfreuen, können die Eltern gar nichts hören und denken, es sei kaputt. Es läutet eben nur für die, „die daran glauben“.

In verhaltenen, dunklen Farben werden doppelseitige Bilder dargestellt, die große Ruhe verströmen. Plakativ großflächig wird mit dem Pinsel erzählt. Den Figuren haftet etwas Puppenhaftes, Unwirkliches an. Ein Kind kann sich sicher gut in die Situation des Erzählers hineindenken und die geheimnisvolle Atmosphäre aufnehmen, die von den Bildern ausgeht. Was wird der Junge sehen, als er zum Fenster in die Nacht hinausblickt? Was machen die Kinder im Zug? Warum fahren sie alle ohne ihre Eltern? Seite für Seite stellen sich neue Fragen und man kann anhand der Bilder den weiten Weg des Polarexpreß beschreiben.

Die Tatsache, daß nur solche Kinder, die noch an Weihnachten glauben, den süßen Ton des Glöckchens hören können, wird für Kinder kaum ein Problem sein. Sie können vielmehr erzählen, was auch sie schon alles in ihrer Phantasie an Weihnachten oder den Tagen und Wochen davor erlebt haben.

Canty, John:
Schatten. Ein Mut-mach-Buch
(Aus dem Englischen von I. Weixelbaumer).
Mödling – Wien: St. Gabriel 1987

Benjamin liegt im Bett und fürchtet sich vor der Dunkelheit. Gefährliche, grimmige Tiere wähnt er darin, denn er sieht rings um sich Schatten, in die er alles Mögliche hineindeutet. Schließlich steht er auf und fängt einen Schatten mit seinen Händen. Man sieht, wie er seine Finger so vor die Wand hält, daß das Schattenbild einen Hasenkopf ergibt. Als er andere, größere und wildere Tiere sieht, vor denen er sich fürchtet, beginnt er sich zu besinnen: „Wenn ich weglaufe, dachte Benjamin, wird es mich weiter verfolgen. Immer und ewig. Aber das hier ist mein Zimmer, und ich werde vor niemand und nichts davonlaufen!..." Er dreht sich entschlossen um, sieht der Gefahr ins Auge und – die Schatten verflüchtigen sich in die entferntesten Ecken. Jetzt erlebt er sein Zimmer ruhig und still, gähnt, legt sich wieder ins Bett und schläft „freundlich und sanft und ohne Furcht".

In Pastelltönen malt John Canty sein Mut-mach-Buch. Das Umschlagbild ist identisch mit dem letzten Bild der Geschichte und zeigt den friedlich unter seiner einhüllenden Decke schlummernden Benjamin, die Hand auf den neben ihm liegenden Teddy. Bauklötzchen liegen auf seiner Schlafdecke. Das erste Bild, doppelseitig wie alle folgenden auch, vermittelt den Eindruck von heraufziehenden Schatten. Schließlich werden diese dichter und immer größer, bis Benjamin ein Häschen daraus formt. Noch einmal wird es dann dunkel, als die wilden Tiere in Gestalt von Schatten kommen. Schon will Benjamin die Türklinke drücken und fliehen, da sieht man ihn auf dem nächsten Bild energisch mit dem Rücken an die Wand gelehnt, die Arme verschränkt, den zurückweichenden Schatten nachschauen. Das Zimmer wird wieder von einer friedlichen Dunkelheit eingehüllt, und Benjamin schläft.

Angst und Mut lassen sich anhand dieser Bilder wundersam miterleben. Da die Geschichte gut endet, ist sie sicher dazu angetan, ängstlichen Kindern zu helfen, mit ihren Dunkelängsten umgehen zu lernen. Angst und Furcht werden nicht bagatellisiert, sondern es wird gezeigt, wie man mit ihnen fertigwerden kann. Ein Kind wird sich schnell mit Benjamin identifizieren und nachempfinden können, was er fühlt, wenn er die wilden Schatten an seiner Zimmerwand sieht. Was wird er jetzt machen? Was hättest du getan? Kennst du auch solche Schatten, oder ist es etwas anderes, was dir

Angst macht? Beim Betrachten dieser Bilder werden die Kinder auf ihre Ängste zu sprechen kommen, und nun können sich Eltern und Kinder gemeinsam überlegen, was dagegen zu tun ist, wie die Ängste angegangen und vielleicht überwunden werden können.

Cherry, Lynne/Jane R. Howard:
Wenn ich müde bin
(Aus dem Amerikanischen von
Eva Riekert). Stuttgart, Wien:
Thienemann 1986

Ein etwa drei- bis vierjähriges Mädchen stellt sich vor, in den verschiedensten Haltungen und Lagen zu schlafen: in einem Körbchen wie Katzen, in einem Nest wie Vögel, auf dem Bauch im Schilf wie Schildkröten, in einem hohlen Baum wie ein Waschbär, in einer Höhle wie ein Bär, im Stehen wie die Giraffen oder hoch oben im Gebirge bei den Gemsen, auf einem Felsvorsprung wie Vögel, mit dem Kopf nach unten wie eine Fledermaus, aufrecht auf einem Ast wie eine Eule, auf dem Eis wie Pinguine, im Wasser wie Wale und Fische oder gar in der heißen Wüste wie ein Kamel. Schließlich liegt sie in ihrem eigenen Bett und ist froh, daß sie ihr weiches Kissen und ihre warme Decke hat.

Auch Kinder kennen Schlafstörungen oder wollen nicht immer dann ins Bett, wenn sie müde sind. Für sie ist dieses Bilderbuch wie geschaffen: Sie erfahren – in sehr verhaltenen, warmen Farben gemalt –, daß alle Lebewesen schlafen und sich dabei wohl und geborgen fühlen. Daß es für uns Menschen nicht angenehm ist, uns vorzustellen, mit dem Kopf nach unten oder im Wasser schlafen zu müssen, wird auch durch den wenigen, einfachen Text deutlich. Vielleicht hilft es einem Kind, wenn es sich sträubt ins Bett zu gehen, sich an Tiere zu erinnern: Wo schläft ein Kätzchen? Wo ein Hund? Wie schlafen Fische und wie Vögel?

Abbildung aus „Wenn ich müde bin"

Im Anschluß an Vermutungen kann das Bilderbuch hergeholt und nachgesehen werden. Man kann sich überlegen, ob es für Schildkröten gefährlich ist, im Schilf so nahe am Wasser einzuschlafen oder warum Pinguine ihre Jungen zwischen sich aufs Eis stellen. Die Bilder regen die Phantasie an und können das Kind veranlassen, auch noch über andere Tiere und deren Schlafgewohnheiten nachzudenken. So ergeben sich viele Gesprächsanlässe, vielleicht vor dem Schlafengehen, die dem Kind das Einschlafen dann möglicherweise erleichtern.

Degler-Rummel, Gisela:
Jan und die Großmutter
(Textbearbeitung: Hanna Muschg).
Ravensburg: Otto Maier 1978

Jan liebt seine Großmutter, die in derselben Stadt aber nicht im gleichen Haus wie Jan und seine Eltern wohnt. Er besucht sie gern und fährt allein mit der U-Bahn zu ihr. Doch in letzter Zeit ist die Großmutter deutlich älter geworden. Sie vergißt vieles und braucht zu alltäglichen Verrichtungen viel Zeit. Jan wird ungeduldig. Er hatte sich aufs Halma-Spiel mit ihr gefreut, aber sie sucht umständlich und erfolglos ihre Brille. „Ich hau ab, denkt Jan wütend. Atemlos und voller Zorn läuft er weg ..." Zu Hause erzählt er seiner Mutter von dem mißglückten Besuch bei Großmutter. Die Mutter denkt nach und erklärt Jan schließlich, daß es vielen alten Menschen so ergeht wie der Großmutter, und daß diese früher ganz anders war. Anhand eines Fotoalbums sieht

Jan frühere Bilder seiner Großmutter und erfährt einiges aus ihrem Leben. Er beginnt sich für ihre Reisen zu interessieren und bittet sie bei seinem nächsten Besuch, ihm doch davon zu erzählen.

Schon anhand der recht ausdrucksstarken ganz- und zum Teil doppelseitigen Bilder kann man den Verlauf der Geschichte ahnen. Jan steht mit Blumenstrauß und Tasche im U-Bahnhof und wartet auf den einfahrenden Zug. Wohin wird er fahren? Was hat er wohl in seiner Tasche? Die nächsten Bilder erzählen einiges aus Großmutters Alltag: Was macht sie an der Staffelei? Woran merkt man in der Küche, daß Großmutter vergeßlich ist? Dann wird es nötig sein, daß jemand dem Kind den Text vorliest, um alles Weitere zu erfahren. Was wird sich Jan denken, als er im Wohnzimmer steht und auf Großmutter wartet? Was verrät sein Gesicht? Was wird er denken, als er am andern Tag wieder bei Großmutter ins Zimmer schaut?

Vielleicht erinnert sich das eine oder andere Kind an ein ähnliches Erlebnis mit alten Leuten. Vielleicht findet es auch über dieses Bilderbuch zum Verständnis für die andere Lebensart alter Menschen.

Dönges-Sandler Ursula und Johannes/Dietrich Pregel:
Das Buchstabenbilderbuch
München: C. Bertelsmann 1988

Wenngleich dieses Buchstabenbilderbuch für Schulanfänger zur Unterstützung des Leselernprozesses konzipiert ist, bietet es auch Kindern im Vorschulalter eine Fülle von Sprechmöglichkeiten. Seite für Seite ist – in alphabetischer Folge – einem Buchstaben gewidmet, der im Bild dargestellt und im Text besonders betont wird. Die linke Buchseite bringt einen Kindervers oder ein Lied, aus dem der gesuchte Buchstabe herausgehört werden kann. Daß er sich rot vom übrigen Text abhebt, braucht die Kinder nicht zu interessieren. Das ist vielmehr für den vorlesenden Erwachsenen eine Hilfe, den betreffenden Laut sofort zu erkennen und ihn zusammen mit dem Kind zu sprechen.

Während des Vorlesens kann das Kind die Bilder betrachten und erzählen, was es alles sieht. Die Illustrationen laden zum verweilenden Beschauen ein und enthalten in einem Gesamtbild viele Einzelheiten, deren Namen mit dem Buchstaben der jeweiligen Textseite beginnen oder ihn als Inlaut enthalten.

So findet sich auf der „A"-Seite eine Amsel, einige Ameisen, ein Hase, ein Apfel, Anemonen, ein Tannenwald, Gras und ein besonders gestalteter Ast, der sich zur Form des A biegt. Die Verse stammen von bekannten Kinderbuchautoren oder von Pregel selbst, der sich poetisch in die Phantasiewelt von Kindern hineindenkt. Sie prägen sich leicht ein und können beim wiederholten Betrachten der Bilder von Kindern sicher bald mitgesprochen werden.

Wer das Kind nicht nur benennen lassen mag, was es alles auf den Bildern sieht, kann sich auch Rätsel ausdenken, etwa in der Art: Ich seh' etwas, was du nicht siehst, das ist rot ... Dabei kommen die Kinder durch ihre Antwort zum Sprechen von Namen und können nach solchen fragen, die ihnen noch nicht vertraut sind. Es lassen sich aber auch Szenen erfinden und erzählen. Auf der C-Seite mit dem Clown etwa kann man das Kind fragen, weshalb die Chinesen wohl so sehr lachen, was der Clown machen wollte, usf.

Duntze, Dorothee/
Hans Christian Andersen:
Die Prinzessin auf der Erbse
Mönchaltorf und Hamburg: Nord-Süd 1984

Das bekannte Andersen-Märchen wird in kindgerechter Sprache wiedergegeben: Ein Prinz wollte heiraten, aber es sollte nur eine richtige Prinzessin sein. Er reiste weit durchs Land und fand keine passende Braut, obwohl er vielen Prinzessinnen begegnete; denn „ob es richtige Prinzesinnen waren, konnte er nicht recht herausfinden. Immer war da etwas, was nicht so ganz richtig war ...“ So kehrte er nach Hause zurück. Eines Abends klopfte es bei einem fürchterlichen Unwetter an das Schloß. Draußen stand eine junge Frau, die behauptete, eine Prinzessin zu sein. Um sie auf die Probe zu stellen, erdachte sich die alte Königin eine List. Sie legte in der Schlafkammer auf den Boden des Bettes eine Erbse und ließ zwanzig Matratzen und ebenso viele Eiderdaunendecken darüberbreiten. „Da sollte nun die Prinzessin in der Nacht liegen. Am Morgen fragte man sie, wie sie geschlafen habe. ‚Oh, entsetzlich schlecht!‘ sagte die Prinzessin. ‚Ich habe fast die ganze Nacht kein Auge zugetan! Gott weiß, was da im Bett gewesen ist! Ich habe auf etwas Hartem gelegen, so daß ich völlig braun und blau am ganzen Körper bin!‘ ...“

Da waren alle davon überzeugt, daß es sich um eine richtige Prinzessin handelte. Die Hochzeit wurde gefeiert, und die Erbse kam in die Kunstkammer, „wo sie noch zu sehen ist ...“

In großen, seitenfüllenden Bildern malt Dorothee Duntze das Märchen. Die angenehmen Pastelltöne von Altrosa, Blau, Okker und Grün, die sich durch das ganze Bilderbuch ziehen, scheinen schon auf dem Titelbild erstmals auf. Mit Liebe und Sorgfalt sind die kostbaren Gewänder der vielen Prinzessinnen gemalt, denen der ratlose Prinz gegenübersteht. Schon ein Vergleich

der Kleider und Frisuren kann zu einem ersten Gespräch führen: Welches Kleid gefällt dir am besten? Warum findest du das hübsch? Wie sind die Prinzessinnen frisiert? Welches wird die jüngste, welches die älteste Prinzessin sein?

Dann aber verlockt der Prinz in seiner jeweiligen Pose zum Weiterfragen: Was wird er zu den verschiedenen Prinzessinnen sagen? Was werden die Frauen antworten? Was wird sich der Prinz über sie denken? Anhand der folgenden Bilder kann ein Kind seine Vermutungen über den weiteren Verlauf der Geschichte äußern. Es ist möglicherweise nicht ohne weiteres erkennbar, was die beiden Dienstmägde im dunklen Garten suchen. Erst das nächste doppelseitige Bild bringt die Erklärung: Die Königin, die entschlossen über die Treppe in das Schlafgemach steigt, besieht sich eine Erbse, bevor sie sie unter das Bettzeug legt. Diese Erbse war also heimlich im nächtlichen Garten gepflückt worden. Der Erwachsene wird durch geschickte Fragen das Kind zum Verständnis des Märchens führen und dazwischen behutsam den Text vorlesen oder mit eigenen Worten erzählen. Beim wiederholten Durchblättern des Bilderbuchs wird das Kind auf die interpretierende Hilfe der Erwachsenen verzichten können. Es wird für manche Kinder dann möglich sein, das Märchen im Zusammenhang anhand der Bilder zu erzählen, was allerdings schon eine beachtliche sprachliche Leistung ist.

Dupasquier, Philippe:
Auf der Baustelle
(Deutsch von Siegfried Aust). Wien,
München, Heidelberg: Annette Betz 1984

Aus immer der gleichen Perspektive wird auf zehn doppelseitigen Bildern das Leben auf einer Baustelle geschildert. Man sieht einen Bagger, einen wuchtigen Kranhaken und schon fertige Teile einer Mauer. Ein

Obdachloser und sein Hund haben nachts in dem unfertigen Haus geschlafen, räumen aber das Feld, als am Morgen die Arbeiter kommen und das Leben auf der Baustelle beginnt. Jetzt sieht man, wie der Polier seine Anweisungen gibt, wie ein Laster Fertigmörtel bringt und alle Maschinen zu arbeiten beginnen. Ein Beinahe-Unfall wird angedeutet, geht aber gut aus, als der Kranhaken den Polier erfaßt und ein paar Meter hochhebt.

In ausdrucksstarken Bildern wird der dynamische Vorgang auf einer Baustelle deutlich. Es rührt sich etwas, es gibt vieles zu beobachten, vieles zu fragen. Der Text bedient sich einer einfachen Sprache. Er setzt Fachausdrücke ein, wo sie nötig sind, was für viele Kinder sicher eine Bestärkung ihres Wissens bedeutet, für andere eine Erweiterung ihres Wortschatzes sein kann. Vielleicht fühlen sich Jungen stärker angesprochen als Mädchen, aber das muß nicht sein. Das Leben auf einer Baustelle ist für alle faszinierend.

In der gleichen Reihe liegen vor:

Auf dem Bahnhof. Im Hafen. In der Autowerkstatt. Auf dem Flughafen. In der Fabrik.

Fechner, Amrei / Eve Titus:
Vom Kätzchen, das nicht schnurren kann
(Aus dem Amerikanischen von
Gisela Stottele und Patricia Theisen):
Ravensburg: Otto Maier 1988

Das Buch beginnt: „Julia stellt eine große Schüssel Milch auf den Boden und ruft ihre Kätzchen. ,Miez! Maunz! Schnell, Musch! Muckelchen!' Die Kätzchen kommen eilig angesprungen und schlabbern die Milch auf . . .‟ Nachdem das Schüsselchen leer ist, bedanken sich alle Kätzchen durch ein Schnurren. Nur Muckelchen kann nicht schnurren. „Willst du nicht danke sagen?‟ fragt Julia. „Los, schnurr doch mal!‟ Aber es geht wieder nicht. Da wird Julia streng

und meint: „Wenn du nicht schnurren willst, bist du kein richtiges Kätzchen. Dann geh!‟ Da läuft das arme Kätzchen zu den verschiedensten Tieren und bittet darum, ihm zu zeigen, wie man schnurrt. Doch jedes Tier antwortet nur in seiner Sprache: das Huhn gackert, die Ente quakt, das Schwein grunzt, die Kuh muht und der Esel schreit „Iahh – iahh – iahh‟. Schließlich trifft das Kätzchen einen kleinen schwarzen Hund, der zwar nicht schnurren kann, aber sagt, daß er seine Freude durch Schwanzwedeln ausdrücke. Er zeigt dem Kätzchen, wie er das macht, und Muckelchen gibt sich große Mühe und übt. Es lernt schnell, ist glücklich darüber und läuft nach Hause, wo Julia gerade wieder Milch an die Kätzchen verteilt. Muckelchen läßt es sich schmecken. Als alle andern zum Dank schnurren, wakkelt Muckelchen mit dem Schwänzchen hin und her. Das freut Julia so sehr, daß sie ihr Kätzchen auf den Arm nimmt und streichelt.

Die Schlüsselfigur in dieser Geschichte ist der kleine Hund, der dem Kätzchen sagt, daß es seinen Dank auch anders als nur durch Schnurren ausdrücken kann. Er läßt das Kätzchen in seiner Not nicht allein wie all die anderen Tiere, sondern bietet einen Alternativvorschlag an. Gerade diese Szene kann den Kindern Mut machen, sich anders zu verhalten als erwartet, ohne dabei die andern zu verletzen. Es gibt immer mehrere Möglichkeiten zu reagieren, und wenn man eine noch nicht beherrscht, kann man sich andere ausdenken.

Die Bilder sind in verhaltenen Farben recht ausdrucksstark gemalt. Schon die sich balgenden und miteinander spielenden Kätzchen auf der Titelinnenseite regen zum Gespräch an. Was macht das gelbe, was das graue Kätzchen? Welches wird das Kätzchen sein, das nicht schnurren kann? Warum wird das Kätzchen nicht schnurren können? Dann, weiter in der Geschichte: Was wird sich das kleine Kätzchen denken, als Julia alle andern streichelt? Hier bietet sich

Gelegenheit, das Kind zu fragen, ob es sich auch schon einmal so gefühlt hat wie Mukkelchen. Was wird das Kätzchen jetzt wohl machen? Es könnte aggressiv reagieren, mit den andern raufen oder Julia kratzen ... Den Kindern wird manches einfallen, bevor der Erwachsene weiterblättert und vorliest.

*Abbildung aus
„Kannst du nicht schlafen, kleiner Bär?"*

Firth, Barbara/Martin Waddell:
Kannst du nicht schlafen, kleiner Bär?
(Aus dem Englischen von Regina Zwerger).
Wien, München: Annette Betz 1989
(Original 1988)

Abends in der Bärenhöhle, in die sich der große und der kleine Bär nach einem Tag an der Sonne zurückgezogen hatten, konnte der kleine Bär nicht einschlafen, weil er sich in der Dunkelheit fürchtete. Der große Bär wollte es sich mit einem Buch im Lehnstuhl gemütlich machen, merkte aber, daß der kleine Bär unruhig war. „Kannst du nicht schlafen, kleiner Bär?" fragte er wieder und wieder und stellte ihm mit großer Geduld eine Laterne nach der andern ans Bett, um die Dunkelheit zu vertreiben. Doch es nützte nichts. Immer noch fürchtete sich der kleine Bär, bis ihn der große schließlich an der Hand nahm und mit ihm in die Finsternis hinausging. „Huuu! Ich fürchte mich!" sagte der kleine Bär und drückte sich ganz fest an den großen Bären. Der große Bär nahm den kleinen hoch und sagte: „Schau dir die Dunkelheit doch an, kleiner Bär." Und der kleine Bär schaute ... Er sah Mond und Sterne - und schlief überm Betrachten auf dem Arm des großen Bären ein. Dieser trug ihn ins Haus und setzte sich mit ihm zusammen in den Lehnstuhl. „Jetzt war es endlich richtig gemütlich im warmen Schein des Kaminfeuers. Und der große Bär konnte sein Bärenbuch lesen - bis zum Ende."

Das Buch spricht die Dunkelangst vieler Kinder an, und es zeigt, wie geduldig und

verständnisvoll Erwachsene damit umgehen können. Nie fällt ein hartes Wort, nie wird der kleine Bär gescholten. Der große Bär macht das einzig Vernünftige, er geht mit dem kleinen Bären hinaus in die Finsternis, um ihm die Angst vor dem Dunkel zu nehmen. Dabei drückt er den kleinen Bären an sich, läßt ihn seine Nähe spüren, gibt ihm Schutz und Geborgenheit. Und in dieser Situation schläft der Kleine auf einmal problemlos ein.

In warmen Farben wird diese Geschichte mit großen, zum Teil seitenfüllenden Bildern erzählt. Sie sind so ausdrucksstark und lebendig, daß man den Verlauf der Geschichte schon ohne Text ahnt. Die Einsamkeit der beiden Bären vor ihrer Höhle in der Sonne, der sich behaglich in seinem Sessel ausstreckende große Bär, die Brille auf der Nase und das Buch in der Hand, der kleine Bär, dessen Bett in der Dunkelheit steht, das alles spricht den Betrachter unmittelbar an.

Kinder werden den kleinen Bären gut verstehen können, wenn er einschlafen möchte, sich aber fürchtet und immer noch ein Eckchen in der Höhle entdeckt, wohin kein Laternenschein fällt. Die drollig-ernste Mimik und Gestik der beiden Bären ist so überzeugend, daß es nicht schwerfällt, ihre jeweiligen Gefühle nachzuvollziehen. Schon das Titelbild kann zu Vermutungen Anlaß geben, was die beiden Bären wohl miteinander reden. Wird der große Bär jetzt schimpfen? Was wird er mit dem Kleinen machen? Was wird sich der kleine Bär denken?

Die Erzählung ist dazu geeignet, Kinder über ihre eigenen Gefühle bei Nacht und Dunkelheit zum Reden zu bringen. Vielleicht wird mancher Erwachsene sein Kind nach der Lektüre dieses Bilderbuchs besser verstehen.

Fischer-Nagel, Heiderose und Andreas:
Tiere auf dem Bauernhof.
Ravensburg: Otto Maier 1987

Als Pappbilderbuch werden dem Betrachter ohne Text die Farbfotografien von einem Stallkaninchen, einem Truthahn, von Pferden, Hühnern, zwei Schweinen, einer Kuh mit Kälbchen, Gänsen, einem Zicklein und Schafen vorgestellt.

Jeder kann den Text in seiner Sprache ergänzen. Das Kind kann beobachten und fragen, man kann ihm außer dem Namen der Tiere auch sagen, was diese gern fressen, wo sie sich aufhalten, ob sie ein Fell oder Federn haben, was aus der Wolle der Schafe, der Milch der Kühe, den Eiern der Hühner gemacht werden kann, usf. Da heute längst nicht mehr alle Kinder die abgebildeten Tiere aus eigener Anschauung kennen, wird dieses Bilderbuch gerade für die Jüngsten besonders interessant sein.

Fuchshuber, Annegert:
Mäusemärchen – Riesengeschichte
Stuttgart: Thienemann 1985

Dieses Bilderbuch fasziniert Kinder sicher schon durch seine Aufmachung: Man kann es aufschlagen, wie man will, es beginnt immer von vorn. Das liegt daran, weil sich Annegert Fuchshuber etwas Originelles ausgedacht hat. Sie läßt von vorn und von hinten jeweils eine Geschichte beginnen, die sich dann in der Mitte des Buches treffen.

Die eine Geschichte handelt von einem Riesen, der zwar groß und stark ist, sich aber entsetzlich fürchtet. Er versteckt sich vor allen Tieren aus lauter Angst, leidet aber gleichzeitig unter seiner Einsamkeit und sehnt sich nach einem Freund. Gelegentlich nimmt er all seinen Mut zusammen und versucht, mit Tieren Kontakt aufzunehmen. Doch diese fürchten sich vor ihm ebenso wie er vor ihnen und nehmen Reißaus, wenn er sich zeigt. Verzweifelt weint er und meint: „Wenn ich nur einen Freund hätte. Er müßte gar nicht groß sein: gerade so, daß man ihn in die Hand nehmen und streicheln kann und ein bißchen mit ihm reden." Dabei legt er sich ins Gras und schläft mit offener Hand ein.

In diese Hand schlüpft während seines Schlafs eine mutige Haselmaus, die sich – entgegen der Erwartung ihrer Mäusefamilie – vor gar nichts fürchtet. Weil sie so mutig ist, erregt sie Aufsehen. Man spricht über sie, fürchtet sich vor ihr und geht ihr aus dem Weg. Darunter leidet die Haselmaus und wandert aus. Bei ihrem Weg durch den Wald gelangt sie auf eine Lichtung und findet dort „mitten auf der Wiese ein so warmes, kuscheliges Plätzchen", daß sie beschließt, dazubleiben. Sie rollt sich zusammen und spürt, wie sie ganz zart gestreichelt wird: Der Riese hat endlich einen Freund gefunden, der sich nicht vor ihm fürchtet.

Angst haben und sich nach einem Freund sehnen sind sicher Empfindungen, die Kinder nachvollziehen können. Der Riese kniet auf dem Waldboden und fürchtet sich vor einem schrecklichen Drachen. Dabei heißt es im Text, daß „seit urewigen Zeiten niemand auch nur die Schwanzspitze von einem Löwen oder Tiger oder Drachen" im Wald gesehen hat. Warum fürchtet sich der Riese dann doch? Sieht er den Drachen nicht wirklich? Kinder werden erzählen können, wovor sie sich fürchten, was sie bei Nacht oder wenn sie allein sind alles sehen, auch wenn die andern behaupten, daß es das gar nicht geben kann. Hier kann die Phantasiewelt der Kinder aufgedeckt und ihre heimliche Angst ergründet werden.

Und dann ist da das Mäuslein, klein und zierlich, umgeben von Gefahren. Warum fürchtet sich das Mäuslein nicht vor der Eule? Warum tuscheln die anderen Mäuse über das kleine Mausekind? Warum will keiner sein Freund sein? Auch hier bietet sich Anlaß, mit Kindern über ihre eigene Problematik zu sprechen. Hast du das auch schon erlebt, daß niemand mit dir spielen wollte? Was hast du dann gemacht? Warum hat das Mäuslein nicht geweint? Was hat das Mäuslein gemacht, um einen Freund zu finden? Vieles wird im Text nur angedeutet, was durch das Bild erschaut und verstanden werden kann.

Wenn die beiden Geschichten vorgelesen und miteinander besprochen sind, kann sich ein Kind auch allein mit dem Bilderbuch befassen. Es gibt vieles zu beobachten und zu erzählen, zum Beispiel, wen das Mausekind auf seinem Weg durch den Wald trifft, was im Wald wächst, was der Riese alles beobachtet, usf.

Fuchshuber, Annegert/
Barbara Bartos-Höppner:
Der Rattenfänger von Hameln
Wien: Annette Betz 1986 (3. Aufl.),
1. Aufl. 1984

Geheimnisvoll und spannend erzählt Barbara Bartos-Höppner die bekannte Geschichte von dem Spielmann, der die Stadt Hameln von Ratten und Mäusen befreit. Da ihn die geizigen Bürger um seinen versprochenen Lohn betrügen, entführt der Spielmann alle Kinder der Stadt auf Nimmerwiedersehen.

Zunächst wird das Buch durch seine Bilder beeindrucken: Schon die Farbgebung der einzelnen Seiten versetzt den Betrachter in eine erwartungsvolle Stimmung. Dann gibt es eine Menge zu sehen und zu berichten. Was die Ratten angestellt haben, wie die Leute gekleidet sind, was sich die Ratsherren und der Bürgermeister denken, als sich der Rattenfänger mit einem Diener von ihnen verabschiedet, von wo die Ratten überall herkommen, die dem Rattenfänger folgen, was gedacht, gesagt oder gerufen wird, als die Leute vor dem Bürgermeister stehen und knien und um ihre Kinder weinen. Immer wieder wird sich etwas entdecken lassen, was beim ersten Durchblättern des Bilderbuchs übersehen wurde. Dadurch, daß im Text viele Fragen offenbleiben, wird ein phantasievolles Kind auch angeregt werden, sich eigene Gedanken über den Fortgang der Geschichte zu machen.

Schließlich aber werden Kinder auch über das Verhalten der Hamelner Bürger und ihres Bürgermeisters etwas sagen wollen. Wir können ihnen mit entsprechenden Fragen helfen: Warum hat der Bürgermeister sein Versprechen nicht gehalten? Was werden die Väter und Mütter dem Bürgermeister und den Ratsherrn gesagt haben? Hat dir auch schon einmal jemand etwas versprochen und dann nicht gehalten? Wie war das dann für dich?

Abbildung aus „Mit der Dampfeisenbahn"

Gantschev, Ivan/Hans Gärtner:
Mit der Dampfeisenbahn
Salzburg, München: Neugebauer Press 1987

Vom letzten Wagen bis zur Lokomotive wird der Leser dieses Bilderbuchs auf reizvolle Weise geführt: Seiten lassen sich aufklappen und verlängern, so daß der Blick des Betrachters in Ruhe auf jedem der sechs Waggons verweilen kann. Man sieht, wie der Gepäckwagen beladen wird, wie sich Reisende auf dem Bahnsteig und in den Wagen durchs Fenster unterhalten, wie ein Mann mit Koffer in der Hand irrtümlicherweise in den Speisewagen steigt und vom Koch darauf aufmerksam gemacht wird, daß das nicht geht, wie Abschied genommen wird, wie Gepäckstücke geschleppt und gefahren werden, wie Zugführer und Schaffner schon auf dem Bahnsteig warten, und vieles mehr. Das geschäftige Treiben auf dem Bahnsteig wird dadurch besonders interessant, weil im dritten Waggon von hin-

ten zwei Kinder aus dem Fenster schauen, die allein zu ihren Großeltern verreisen dürfen. Spannend wird die Geschichte, weil man den Hund Fips am Zug entlangrennen sieht und schließlich entdeckt, daß er sich auf dem Tender der Dampflok versteckt. Der Clou der Reise ist natürlich, daß der Zug von einer Dampflok gezogen wird, die in voller Größe und Schönheit gemalt ist. Dann führt der Weg „weit ins Land hinein, über Berg und Tal, durch dunkle Tunnels, über hohe Brücken, vorbei an Wiesen, kleinen Dörfern und hübsch gelegenen Ortschaften – bis zur Hafenstadt am Meer ..." Schließlich steigen die Kinder samt ihrem Hund in ein Schiff um, das sie zu einer Insel bringt, wo sie von den Großeltern in einem idyllischen Häuschen am Strand für die Ferienzeit erwartet werden.

    Das Bilderbuch sorgt für Überraschungen. Nicht nur, daß sich viele Seiten aufklappen lassen, manchmal kann man auch durch einen Tunnel schauen, oder sich die schwindelnde Höhe der Brücke vorstellen, über die der Zug fährt, weil sich die Brücke herausnehmen und über die Doppelseite spannen läßt. Doch nicht nur diese spitzfindige Technik macht das Buch interessant. Ivan Gantschev hat in faszinierenden Farben festgehalten, was Hans Gärtner in einfachen Sätzen erzählt. Der Leser wird neugierig, was wohl auf den nächsten Seiten zu erfahren sein wird. Das Buch verleitet geradezu zum Sprechen, Weiterdenken, Vorausdenken und Erzählen. Der Text selbst stellt Fragen, bezogen auf das jeweilige Bild: „Im dritten Waggon von hinten schauen zwei Kinder aus dem Fenster. Ganz nach unten haben sie es gezogen, um mit den Eltern noch ein wenig zu plaudern. Was erzählen sie sich?" So wendet sich der Autor immer wieder an die kleinen Betrachter, um mit ihnen zu kommunizieren. Eltern können anhand der Bilder dieses Fragespiel weitertreiben: Was werden sich die beiden alleinreisenden Kinder denken, wenn sie in den Tunnel fahren? Was würde sein, wenn der Zug dort plötzlich halten müßte? Was können die Reisenden von der Brücke aus alles sehen? Was gibt es in der Bahnhofshalle der Hafenstadt zu beobachten? Man kann das Bilderbuch immer wieder zur Hand nehmen und sicherlich jedesmal etwas Neues wahrnehmen.

de Haën, Wolfgang:
Bei uns im Garten
Ravensburg: Otto Maier 1984

Auf sieben doppelseitigen Bildern erzählt Wolfgang de Haën vom Jahreslauf im Garten: Im Frühling wird Erde aus dem Komposthaufen genommen und durch ein Sieb geworfen, dann auf die Gemüsebeete gebreitet und verrecht, damit gesät und gepflanzt werden kann. Die ersten Pflänzchen stecken schon im Boden. Auf der anderen Seite des Bildes blühen vor dem Haus bunte Frühlingsblumen. Man sieht einen Sandka-

sten, eine Schaukel und Kinder, die im Garten spielen. Auf dem nächsten Bild helfen die Kinder beim Säen und Pflanzen. Gut erkennbar sind einige Gemüsepflanzen, man sieht, wie eine gespannte Schnur die Reihen vorgibt, wie der Junge vorsichtig die Samen aus der Tüte in die Erdfurche fallen läßt.

Im Sommer steht der Garten in voller Blüte. Das Gemüse ist gewachsen, Johannisbeeren hängen rot an den Sträuchern, groß und klein genießt die warmen, langen Tage, planscht am Wasserbecken oder liegt im Badeanzug im Gras. Mit den Nachbarn zusammen wird ein Gartenfest bis in die Nacht gefeiert. Unter den Lampions hüpfen die Kinder in Säcken und werfen Ringe auf einen Ständer. Einige Gäste singen zur Gitarre, andere essen und trinken, lachen und reden miteinander.

Schließlich folgt im Herbst auf die Mühe die Ernte: Es gibt Salat, Kohl, Gurken, Kräuter, Spinat, Obst und Beeren in Hülle und Fülle. Der Herbstwind fegt unterm Regen die letzten Blätter von Bäumen und Büschen, im Haus brennt schon früh am Abend das Licht. Keiner hält sich mehr im Garten auf.

An einem Wintertag schließlich bauen die Kinder im Garten einen Schneemann, während der Vater Futter für die Vögel bringt. Kahle Äste und Zweige lassen erkennen, daß jetzt das Leben im Garten ruht. „Der Schnee deckt die Pflanzen zu und schützt sie. Würmer und Käfer schlafen, auch der Igel, der sich irgendwo versteckt hat, bis es wieder Frühling wird."

Wolfgang de Haën stellt ein Buch voller liebevoll gemalter Bilder vor, die zum Teil Kleindetails, zum Teil situative Zusammenhänge deutlich erkennen lassen. Der wenige Text kann vorgelesen werden, ist aber zum Verständnis der Bilder keinesfalls nötig. Kinder werden vieles wissen wollen, zum Beispiel warum auf dem Beet eine Schnur gezogen ist, was das Mädchen gerade sagt, als es den Regenwurm sieht, wie die Geräte heißen, die am Rand aufgezeichnet sind, was die fröhlichen Nachbarn beim Gartenfest alles zu erzählen wissen, usf. So erfahren sie eine Menge über das Leben und Treiben im Garten, können dabei ihr Sachwissen vergrößern und ihren Wortschatz erweitern.

de Haën, Wolfgang:
Besuch im Zoo
Ravensburg: Otto Maier 1982

Ein Spaziergang durch den Zoo führt den Besucher zu Affen, Raubkatzen, Elefanten, Giraffen, Seehunden und Nashörnern. Das letzte Bild gibt einen Überblick über das gesamte Zoogelände.

Dieses Pappbilderbuch kann jeder in seiner Sprache erzählen, denn es verzichtet auf jeglichen Text. In ganz- und doppelseitigen Bildern wird das Leben im Zoo in den entsprechenden Gehegen gezeigt. Man kann genau beobachten, was die Tiere machen und darüber berichten bzw. dazu Fragen stellen. Sicher wird ein Kind angeregt werden, selbst einen nahen Zoo besuchen zu wollen und von den eigenen Erlebnissen zu reden. Die Bilder sind lebensnah und sehr deutlich, fast wie Fotografien gezeichnet. Die dicken Pappseiten eignen sich auch für die noch ungeschickte Kinderhand zum Umblättern.

Heuck, Sigrid:
Pony, Bär und Papagei
Stuttgart, Wien: Thienemann 1983

Sigrid Heuck schafft mit ihren „Pony, Bär und ...“-Büchern eine ideale Situation, Kinder, die noch nicht lesen können, zum Mitlesen und Mitsprechen bei der Lektüre aufzufordern. Das ist deshalb möglich, weil die für den Fortgang und das Verständnis der Geschichte notwendigen Wörter durch kleine, eindeutige Farbzeichnungen ersetzt sind. So kann jedes Kind in der ihm geläufigen Art „mitlesen“, das heißt die Wörter so wählen, wie es sie versteht und aussprechen kann:

Während ein Kind beim Vorlesen und Mitschauen das Pony in einem Stall vermutet, wird ein anderes möglicherweise von einem Haus, Stadel oder Schuppen sprechen. Auch der Apfelbaum kann auf der Wiese, der Blumenwiese oder der blühenden Wiese mitten im Wald (Mischwald, dichten Wald) stehen. So wird die Geschichte gemeinsam weitergelesen, der Erwachsene gibt die geschriebenen Wörter wieder, das Kind betrachtet die Bilder und spricht an entsprechender Stelle das in den Text passende Wort.

Der Inhalt wird die Kinder interessieren: Pony und Bär frieren im Regen und beschließen, in eine wärmere Gegend auszuwandern. Auf dem Weg dorthin begegnen sie ihrem Papagei, der in einem Käfig gefangen ist. Um ihn seinem Besitzer abkaufen und mitnehmen zu können, müssen sie auf einem Jahrmarkt Kunststücke vorführen und dabei Geld verdienen. Nach einigen Abenteuern gelangen die drei dann endlich in den Urwald. Aber zu allem Unglück beginnt es auch dort fürchterlich zu regnen. Da im Urwald leider keine Apfelbäume wachsen, schimpft der Bär: „Dann werden wir hier so naß wie zu Hause, und Äpfel gibt es auch nicht“ ... „Ich geh wieder heim.“ „Ich auch“, sagt das Pony. Nur der Papagei bleibt zurück, als sich die beiden andern wieder auf den Heimweg machen. Endlich wieder daheim, sind sie mit allem, auch dem Regen, versöhnt.

Das Bilderbuch lockt zum Reden über Farben und viele, viele Einzelheiten, die sich in all den herrlichen Bildseiten verbergen. Und die Geschichte selbst? Vielleicht wird sich das eine oder andere Kind mit Pony und Bär identifizieren und sich daran erinnern, wie schön es ist, aus dem Urlaub wieder nach Hause zu den vertrauten Spiel-

„Hallo", krächzte der  „Erkennt ihr mich?"

„Ach ja", rief der .

„Wie kommst du in den   ?"

„Jemand hat mich gefangen", erzählte der   .

„Wie traurig", sagte das

Abbildung aus „Pony, Bär und Papagei"

sachen, den Nachbarskindern und in die heimische Umgebung zu kommen. Fragen, wie diese, mögen dabei helfen: Wie ist es möglich, daß sich Pony und Bär zu Hause wieder so sehr freuen? Hat sich seit ihrem Fortgang etwas verändert? Vielleicht kennt das Kind schon Janoschs „Oh, wie schön ist Panama!" und kann zu dieser Geschichte eine Parallele ziehen.

Janosch:
Oh, wie schön ist Panama!
Weinheim und Basel: Beltz 1978

Für diese Geschichte, die mittlerweile schon fast ein Kinderbuchklassiker geworden ist, hat Janosch 1979 den Deutschen Jugendbuchpreis erhalten. Er erzählt mit Worten und Pinsel, wie der Bär und der kleine Tiger miteinander zufrieden und glücklich in einem kleinen, gemütlichen Haus unten am Fluß wohnten, ein Boot besaßen und sich gern hatten. „Uns geht es gut", sagte der kleine Tiger, „denn wir haben alles, was das Herz begehrt, und wir brauchen uns vor nichts zu fürchten. Weil wir nämlich auch noch stark sind. Ist das wahr, Bär?" „Jawohl", sagte der kleine Bär, „ich bin stark wie ein Bär, und du bist stark wie ein Tiger. Das reicht."

Aber es stellte sich heraus, daß das Glück doch nicht reichte. Denn als eines Tages eine leere, nach Bananen duftende Kiste auf dem Fluß daherschwamm, sehnten sich Bär und Tiger nach Panama, dem Herkunftsort der Kiste. Sie schmiedeten Pläne, wie sie dorthin kommen könnten, packten ein, was sie brauchten und machten sich auf den Weg, dem selbstgebastelten Wegweiser nach Panama nach, am Fluß entlang, immer in einer Richtung. Unterwegs begegneten sie vielen Tieren, die sie nach dem Weg fragten und mit denen sie viel Interessantes und Schönes erlebten. Schließlich wurden sie so geleitet, daß sie wieder zu Hause in ihrem eigenen Häuschen ankamen. Da der Wegweiser immer noch nach Panama zeigte,

waren sie überzeugt, in ihrem ersehnten Traumland angekommen zu sein. Sie fanden alles so gemütlich und schön, daß sie beschlossen, nie wieder fortzugehen.

Janosch läßt die Leser das Glück und die Vorfreude der beiden Wanderer auf ihr ersehntes Traumland Panama miterleben. Er selbst liefert im letzten Kapitel die Interpretationshilfe: „Du meinst, dann hätten sie doch gleich zu Hause bleiben können? Du meinst, dann hätten sie sich den weiten Weg gespart? O nein, denn sie hätten den Fuchs nicht getroffen, und die Krähe nicht. Und sie hätten den Hasen und den Igel nicht getroffen, und sie hätten nie erfahren, wie gemütlich so ein schönes, weiches Sofa aus Plüsch ist."

Anknüpfungspunkte für ein Gespräch finden sich viele: Wie schön es zu Hause ist, wo man alles kennt. Wie man sich nach dem Urlaub oft wieder auf daheim freut. Daß es nirgendwo so bekannte Spielsachen gibt wie daheim, und vieles mehr. Aber auch die Bilder selbst lassen schnell ein Gespräch zwischen Erwachsenem und Kind aufkommen: Woran merkt man, daß sich Bär und Tiger sehr gern haben? Was wird der Bär rufen, als er gerade den Fisch brät? Was wird sich der Bär denken, als er die Kiste im Wasser entdeckt? Warum rennt er so aufgeregt nach Hause? So kann sich anhand der Bilder schon eine Ahnung der Handlung ergeben, bevor der Erwachsene dem Kind den Text vorliest.

Abbildung aus „Oh, wie schön ist Panama!"

Abbildung aus „Alle Kinder gehen zur Schule."

von Johnson, Barbara/Ute Andresen:
Alle Kinder gehen zur Schule
Frankfurt, Berlin, München, Aarau, Salzburg: Diesterweg und Sauerländer 1981

Das Bilderbuch eignet sich für Kinder, deren Schulanfang bevorsteht und die diesem Tag erwartungs- und vielleicht auch ein wenig sorgenvoll entgegensehen. Es ist so angelegt, daß jeweils eine farbige Doppelbildseite mit wenig Text und eine doppelte Schwarzweiß-Seite mit viel Text und Grafik einander ablösen. Dabei werden folgende Themen behandelt:

Ein Schulkind werden
Mit anderen zusammen
Nach der Schule
Spielen, toben, turnen
Pause! Pause!

Lernen, was man lernen will
Ein Lernausflug
Krank sein und fehlen
Zeugnisse

Ute Andresen, selbst Lehrerin, kann sich recht gut in die Stimmung der Schulanfänger versetzen. Sie läßt David sich mit seiner Mutter beim Zubettgehen über den nächsten Tag, seinen ersten Schultag, unterhalten. David hat ein wenig Angst vor dem Neuen, Ungewissen, doch die Mutter gibt so vernünftige Antworten auf seine Fragen, stützt und spricht Mut zu, daß David schnell einschläft. Dann wird die Begegnung mit der Lehrerin geschildert, der erste Schultag beginnt. Später kauft David mit seinem Vater ein, was er für die Schule braucht. Dabei wird über die ersten Erfahrungen mit anderen Kindern und der verständigen Lehrerin berichtet, die die Kinder zwar fordert, aber nicht überfordert. Das zugehörige doppelseitige Farbbild zeigt eine muntere Schulklasse. Nach der Schule stellen die Kinder ihre Stühle auf den Tisch und gehen wieder nach Hause. Dabei erleben sie vielerlei: Boris wird zum Beispiel von seiner Mutter abgeholt, die mit ihm zum Augenarzt geht; sie sprechen über einen Türkenjungen als Sitznachbarn; dann sehen sie einen Notarztwagen, in den gerade eine Trage geschoben wird. So geht es weiter, der ganz normale Alltag eines Schulkindes wird geschildert. Nichts wird verharmlost, es wird aber auch nichts dramatisiert. Die Schüler von morgen können sich richtig auf ihren Schulanfang einstellen. Mögliche Ängste lassen sich beim gemeinsamen Durchlesen des Buches abbauen oder werden von vornherein vermieden.

Die Bilder Barbara von Johnsons veranlassen den Betrachter zum Entdecken und Besprechen vieler Einzelheiten und Zusammenhänge. Farben und Formen lassen sich ebenso benennen wie all die Dinge, die es auf jeder Seite in einer Vielzahl zu sehen gibt: im Klassenzimmer, im Schreibwarengeschäft, überall wird es immer wieder etwas geben, was noch nicht aufgezählt oder erklärt worden ist. Ganze Geschichten lassen sich zu den handelnden Personen erfinden. Man kann sich überlegen, was die Kinder miteinander reden, welchen Weg sie gehen werden, was sie zeichnen und basteln, wer sich als Gespenst verkleidet, wie laut es zugehen wird, usf. Doch über die Bilder hinaus sollte das Kind auch auf seine eigene Situation zu sprechen kommen. Man kann es den Weg beschreiben lassen, den es gehen wird, oder nach Kindern fragen, die es vom Kindergarten oder der Nachbarschaft her kennt und in der Klasse erwartet. Das Kind sollte ermuntert werden, nach allem zu fragen, was es über das Buch hinaus noch wissen möchte, damit ihm vor dem Start ins Neue jegliche Angst genommen wird.

Kaufmann, Angelika/Mira Lobe:
Der Apfelbaum
Wien, München: Jugend und Volk 1980

In einem Garten stehen einige Obstbäume in Blüte, darunter ein Apfelbaum, der vielen Tieren Unterschlupf gibt. Darüber schimpfen die anderen Bäume, denn sie mögen das Gepiepse und Geflattere, den ewigen Krach, das Gekleckse und andere Unannehmlichkeiten nicht. Der Kirschbaum fürchtet um seine Früchte, die von den Vögeln an- und aufgefressen werden. Doch der Apfelbaum kümmert sich nicht um die Einwände der anderen Bäume und nimmt alle wohnungssuchenden Tiere auf. Eine einzige Bedingung stellt er: Keiner darf dem anderen etwas zuleide tun: „Hört zu, ihr Vögel! Wir haben neue Mieter im Haus. Daß ihr mir gut auf eure Eier achtgebt. Verstanden?" Und zu den Siebenschläfern sagte er: „Hört zu, ihr Siebenschläfer! Vom Eierstehlen halte ich nichts. Bei mir darf einer dem andern nichts Böses tun. Sonst könnt ihr gleich wieder ausziehen. Verstanden?" Den Sommer über freut sich der Apfelbaum über das Leben in seinen Zweigen, in seinen Ästen und unter seinen Wurzeln. Als Schnee alles bedeckt und die Obstbäume über Einsamkeit und Kälte klagen, geht es dem Apfelbaum gut. Er träumt vom Flattern und Piepsen in seinen Zweigen und fühlt, wie ihn die Siebenschläfer mit ihrem Fell streicheln.

Mit warmen, kräftigen Farben malt Angelika Kaufmann die Szenen. Kinder können allein beim Durchblättern des Buches wohl schon den Inhalt erahnen und über ihre Vermutungen sprechen. Die Tiere sind gut zu erkennen und regen zu Beobachtungen in der eigenen Umwelt an. Schließlich wird sich auch ganz unaufdringlich die Quintessenz ergeben: Wer freundlich zu den andern ist und ihnen hilft, ist sehr viel glücklicher als der, der immer nur schimpft und sich über andere ärgert.

Abbildung aus „Tina und Nina"

Keller, Gerlinde/Hans Baumann:
Tina und Nina
Stuttgart, Wien: Thienemann 1987

„Tina und ihre Puppe Nina gehören zusammen wie Vogel und Vogelnest, Nuß und Nußknacker, Bus und Busschaffner . . .", so beginnt die liebenswerte Erzählung von dem kleinen Mädchen Tina, das überall sein Püppchen mit sich nimmt. Der Busfahrer, der Kaminkehrer, der Verkehrspolizist, Herr Nennemann aus der Nachbarschaft, sie alle kennen Tina und Nina nur zusammen. Doch einmal vergißt Tina ihre Lieblingspuppe auf dem Spielplatz, als sie an Mutters Hand in einem prasselnden Gewitterregen zum Bus rennt. Erst zu Hause, als Tina ins Bett gebracht wird und nach ihrem Püppchen schaut, stellen Mutter und Tochter entsetzt fest, daß sie es auf dem Spielplatz vergessen haben. Das Kind tröstet sich mit dem Gedanken, Nina werde den Heimweg finden. Am nächsten Morgen sitzt Nina tatsächlich wie immer auf dem Fenstersims, wenn auch naß und zerzaust.

Gerlinde Keller hat diese kurze Handlung recht anschaulich illustriert. Zu jedem Bild gibt es eine Menge zu erzählen und aus dem eigenen Erleben zu berichten. So kann man zum Beispiel bei dem Sandkastenbild fragen, was Tina wohl gerade zu ihrer Puppe sagt, was sie alles formt, was das Kind selbst gern im Sandkasten „bäckt", wie es das macht, usf. Auch die Seite mit dem Verkehrsschutzmann regt zu vielen Fragen und Antworten an: Was seine ausgebreiteten Arme bedeuten; weshalb Tina gerade auf dem Zebrastreifen die Straße überquert; wo in der eigenen Umgebung solche Zebrastreifen sind. Besonders ergiebig wird das Bild auf dem Spielplatz sein, wo die Rutsche, das Klettergerüst, die Wippe und spielende Kinder genügend Erzählstoff bieten.

Als sie eines Tages von der Schule nach Hause geht, hält ein Auto neben ihr.
Der Fahrer sagt freundlich: »Schau mal, ich hab' etwas Schönes für dich! Magst du mitkommen?«
Aber Lisa steigt nicht ein.

Ich geh' nie mit einem Fremden mit.

Abbildung aus „Geh nie mit einem Fremden mit"

Kirchberg, Ursula/Trixi Haberlander:
Geh nie mit einem Fremden mit
München: Ellermann 1985

„Dieses Buch will Anstoß zu Gesprächen zwischen Eltern und Kindern geben", schreibt die Müttergruppe, auf deren Initiative hin das Bilderbuch entstand. Es handelt von der sechsjährigen Lisa, die von ihren Eltern ermahnt wird, nie mit Fremden mitzugehen. Anlaß zu dieser Warnung ist ein Zeitungsbericht über die Entführung eines Kindes. Deshalb geht Lisa nicht darauf ein, als ein Fremder sie mit Schokolade in sein Auto locken will. Sie öffnet auch nicht die Wohnungstür, als es läutet, während sie allein zu Hause ist. Doch dann glaubt sie einem Mann, der sich zu ihr und ihrem Freund an den Sandkasten setzt, daß er bei sich daheim Häschen habe und ihnen eines schenken wolle, wenn sie ihn begleiten. Pe-

ter bleibt im Sandkasten zurück, weil er kein Häschen mag. Doch Lisa nimmt der Fremde an der Hand und führt sie weg. „Sie muß laufen, weil er so große Schritte macht. Er sieht gar nicht mehr freundlich aus. Bald kommen sie zu seinem Haus. ‚Wo sind denn die Häschen?' fragt Lisa ängstlich. Die Haustür fällt hinter ihnen zu. Es sind keine Häschen da – er hat gelogen ..." Zum Glück ist Peter zu Lisas Eltern gegangen und hat ihnen den Hergang erzählt. Diese schalten sofort die Polizei ein. Gemeinsam mit Lisas Eltern und Peter suchen die Polizisten nach dem Fahrrad, mit dem der Mann am Spielplatz war. Peter erkennt das Rad, das an einer Hausmauer lehnt. Die Polizei dringt ins Haus. „Lisa ist ganz verstört. Erst als die Mama sie in ihren Armen hält, beruhigt sie sich. Den Mann nehmen die Polizisten auf die Wache mit ..."

Behutsam aber ernst wird hier ein Thema

aufgegriffen, über das alle Eltern mit ihren Kindern sprechen sollten: Die Gefahr der Entführung und Mißhandlung von Kindern durch fremde, kranke Menschen. Gerade am Beispiel von Lisa sieht man, wie leichtgläubig Kinder sind, wenn ihnen jemand etwas verspricht, was sie sich wünschen. Die Situationen können recht unterschiedlich sein, unter denen Kinder angesprochen werden. Man muß an vieles und vielerlei Möglichkeiten denken, bezogen auf die jeweilige Umgebung des einzelnen Kindes. Dabei sollten die Kinder zwar zu unbedingter Vorsicht, aber auch nicht zu einer generellen Angst vor Fremden erzogen werden. Eltern können ihren Kindern Antwortmuster sagen, die höflich, aber bestimmt abweisen. Sie können ihren Kindern auch andere Möglichkeiten nennen, unter denen sich Kinder Hilfe in unsicheren Situationen holen können, etwa bei einer Nachbarin, bei Polizisten, bei der Lehrerin, Kindergärtnerin oder sonst einer Vertrauensperson des jeweiligen Haushalts.

Die Bilder sind so realistisch wie nötig und so freundlich wie möglich gestaltet. Sie lösen sicher keine Ängste aus, sollen aber doch auf die drohende Gefahr hinweisen. Tröstlich ist in diesem Fall der gute Ausgang, dargestellt im Bild, das die kleine Lisa mit ihrem Teddy im Bett zeigt, wie sie sich vornimmt: „Nie wieder geh' ich mit einem Fremden mit!"

Laimgruber, Monika / E. Schreiber-Wicke:
Katzenkarneval
Wien, München: Annette Betz 1985

Marco wohnt in Venedig. Er geht am letzten Karnevalstag traurig und langsam von der Schule nach Hause, um sich die vielen und lustigen Masken anzuschauen. Leider war er zu keinem Fest eingeladen worden. Seine Eltern hatten nicht einmal erlaubt, daß er sich verkleidet. Da spricht ihn plötzlich eine hübsche rote Katze an und nimmt ihn mit zum Katzenball in einen alten Palast. Das Kätzchen kann zaubern und verzaubert Marco in einen Tiger, sich selbst aber in eine reizende kleine rothaarige Colombine. Sie tanzen zusammen mit all den anderen verkleideten Katzen und sind recht vergnügt, bis es ans Essen geht. Da Marco weder an rohem Fleisch noch an Milch oder süßem Rahm Gefallen findet, fällt ihm plötzlich ein, daß seine Mutter ja Kekse gebacken hat und er ohnehin schnell nach Hause muß, weil sie sich sicher schon um ihn sorgt. Das Zauberkätzchen hilft ihm schnellstens wieder aus seinem Kostüm und zaubert ihn direkt vor sein Wohnhaus. Als er beim Abschied fragt, wann er die hübsche Colombine wieder sehen werde, sagt diese: „In jedem Karneval, solange du an das Wunderbare glaubst." Als er der Mutter von seinem Erlebnis erzählt, meint diese bloß: „Solche Sachen gibt's nicht . . . begreif das doch endlich." Doch Marco läßt sich sein Erlebnis nicht nehmen. Er geht am nächsten Tag nach der Schule noch einmal den gleichen Weg und findet ein verstaubtes, mit Brettern vernageltes Haus. Doch plötzlich bemerkt er die kleine rote Katze auf einem Mauervorsprung. „Ich bin froh, daß es dich gibt", flüstert ihr Marco zu.

Schon durch die zauberhaften Bilder wird die Phantasie der Kinder angeregt. Was gibt es da nicht alles zu sehen und zu erzählen! Man kann fragen, als was sich die Leute verkleidet haben; was die beiden Prinzessinnen wohl gerade tuscheln, die dem Geigenspieler zuhören; was sich Marco denken wird, als er von dem verkleideten Bären verfolgt wird usf. Sicher kommt diese Geschichte auch der Phantasiewelt vieler Kinder nahe. Sie können über Träume, auch Tagträume, berichten. Kinder werden den Zugang zu dieser „Wirklichkeit" sicher schneller finden als mancher Erwachsene. Diese aber können einiges über das Wunschdenken ihrer Kinder erfahren, wenn sie sie nur frei erzählen lassen.

Abbildung aus „Das gehört mir!"

solcher Fragen kann der Fortgang der Geschichte vermutet werden, bis dann im strömenden Regen alle vereint auf einem vermeintlichen Stein sitzen und lächeln.

Trotz des fürchterlichen Unwetters bleiben sie nun fröhlich, denn sie haben erfaßt, daß ihnen alles zusammen gehört.

Da der Text recht einfach gehalten ist, können ihn Kinder wohl bald mit eigenen Worten wiedergeben und sich oder andern die Geschichte erzählen. Die Geschichte von den drei streitenden Fröschen eignet sich aber auch besonders, um auf das zuhörende Kind selbst und seine mögliche Eifersucht einzugehen. Es wird nicht schwer sein, sich mit diesen Fröschen zu identifizieren, und mancher wird eigene Beispiele und Erlebnisse von Eifersucht oder Streit beizutragen wissen. Auslösende Fragen könnten sein: Was hast denn du schon mal für dich ganz allein haben und nicht teilen wollen? Was hast du dann gemacht? Wie ist das ausgegangen? Vielleicht kommen hier Gefühle beim Spielen mit Geschwistern oder Nachbarskindern zum Ausdruck.

Lionni, Leo:
Das gehört mir!
(Deutsch von Fredrik Vahle). Köln: Middelhauve 1985

In wunderschönen Farbdrucken erzählt Lionni die Geschichte von drei streitenden Fröschen, die in der Gefahr erleben, wie wichtig es ist, zusammenzuhalten. Die Bilder sprechen für sich: Steine, Büsche, Pflanzen und der Regenbogensee lassen beim Durchblättern schon vieles von der Geschichte vermuten. Allein die Mimik der Frösche verrät, wie sie sich jeweils fühlen, was sie vermutlich vorhaben und zueinander sagen werden.

Was wird der springende Frosch quaken? Was werden sich die beiden anderen denken? Wie wird das weitergehen? Anhand

Lorenzer, Gabriele:
Emma
Ravensburg: Otto Maier 1975

Emma, ein etwa zweijähriges Mädchen, füttert ihre Puppe, behängt sich mit einem Netz, stülpt sich den Kaffeewärmer über den Kopf, weint, turnt, ißt am Boden sitzend Spaghetti, zeigt ihr Töpfchen, schläft unter einer großen rot-weiß gemusterten Decke.

Fast ist es schwer, sich vorzustellen, daß Emma nicht wirklich anwesend ist, so plastisch wirken die Farbfotografien vor durchwegs blauem Hintergrund in diesem Pappbilderbuch. Man möchte das kleine Dickerchen anfassen und mit ihm reden. Das wird auch Kindern beim Betrachten und Durchblättern dieses Bilderbuchs ohne Text so ergehen. Sie werden zum Mitreden ermuntert, wenn sie die ganzseitigen Bilder, die Emma in den verschiedenen Situationen zeigen, anschauen. Dabei kann hier einmal das Kind dem Erwachsenen das Buch „vorlesen" und aus seiner Sicht in seiner Sprache kommentieren. Der Erwachsene kann aber auch durch Fragen das Gespräch anregen, wie zum Beispiel: Warum wird Emma weinen? Was denkt sie sich, als sie so froh und munter turnt? Was wird Emma gern essen? Was wird die Mutter sagen, wenn sie das Kind Spaghetti essen sieht?

McPhail, David:
Emmas Ferien
(Deutsch von Britta Groiss) Wien, München: Annette Betz 1988

Abbildung aus „Emmas Ferien"

In diesem Bilderbuch wird ein Bärenkind namens Emma zum Handlungsträger. Es freut sich schon lange auf die Ferien und darf endlich mit den Eltern losfahren. Das Auto wird gepackt, und los geht's ins Ferienhaus! Doch dort gestalten sich die Ferien anders, als es Emma lieb ist. Die Eltern sorgen unentwegt für Unterhaltung: Man fährt mit dem Wagen auf einen Berg, muß nicht einmal zum Essen aussteigen, weil sich ein „Burger"-Stand zur Durchfahrt anbietet, fährt auf einem Dampfer, macht im Bus eine Stadtrundfahrt und besteigt schließlich ein Karussell. Dann geht die Geschichte weiter:

„Am nächsten Tag machte Emma nicht mehr mit. ‚Heute bleibe ich hier', sagte sie. ‚Hier?' fragten Mutter und Vater. ‚Aber was sollen wir hier denn machen?' ‚Ich werde es euch zeigen', sagte Emma". Und sie zeigt ihren Eltern, wie lustig es sein kann, wenn man im Bach watet und Fische fangen will, wenn man Beeren pflückt, auf einen Baum klettert, Picknick im Freien macht und anderes mehr.

Die angesprochene Thematik, Kinder und Urlaub, ist sicher für viele Familien aktuell. Deutlich kommt hier zum Ausdruck, wie wenig sich die gut gemeinten Vorstellungen der Erwachsenen mit den Kinderwünschen nach unmittelbarer Umwelterfahrung decken. Besonders in der Illustration kommt zum Ausdruck, wie sich Emma jeweils fühlt.

Vieles kann hier herausgelesen werden, was der Text verschweigt. Deshalb könnte beim Durchblättern dieses Bilderbuchs zunächst einmal das Kind führen, indem es seine Vermutungen zu den Bildern äußert. Es erfindet also eine Geschichte und erfährt dann durch den vorgelesenen Text, ob es die Bilder richtig interpretiert hat. Vielleicht kommt ein Kind schon von selbst auf Vergleiche mit eigenen Urlaubserinnerungen zu sprechen. Wenn nicht, kann man es bitten, sich doch einmal Emmas Gesicht genau anzuschauen und sich zu überlegen, was Emma gerade denkt. Von hier aus ergeben sich dann möglicherweise Einblicke in die Nöte und Ängste von Kindern, die sie beim stundenlangen Fahren im Auto oder bei anderen Urlaubsaktionen bedrängen.

Metzger, Wolfgang/Ulrike Mauch-Metzger:
Unsere Feuerwehr
Ravensburg: Otto Maier 1988

Dieses Sachbilderbuch beginnt beim Alarm: Man sieht die Fahrzeughalle, in die die Feuerwehrmänner an Stangen hinunterrutschen, sieht sie sich anziehen und davonbrausen. Das nächste Doppelbild zeigt eine Brandbekämpfung mitten in der Stadt. Schläuche werden ausgerollt. Die Drehleiter wird ausgefahren, das Sprungkissen aufgeblasen. Dann wird gezeigt, wie die Feuerwehr beim Bergen eines ins Wasser gerutschten Lastwagens hilft. Benzin läuft aus und wird gebunden beziehungsweise aufgesaugt.

Der Fahrer wird verarztet, der Wagen mit einem Kran aus dem Wasser gezogen. Schließlich folgt die Darstellung einer Überflutung, wo Feuerwehrmänner mit einem Schlauchboot Schafe, Kaninchen und Hühner retten, ein Haus auspumpen und Sandsäcke vor die Haustür schichten. Das letzte Bild endlich zeigt die Feuerwehr beim Fest. Es ist wie ein Tag der offenen Tür, jeder kann alles aus nächster Nähe betrachten und befühlen. Ein Junge sitzt im Rettungskorb und ein Mädchen am Steuer des Feuerwehrautos.

In kindgemäßer Form werden in leuchtenden Farben die dicken Doppelseiten illustriert. Es gibt eine Fülle von Kleindetails zu beobachten, und man kann vieles fragen oder erklären (z. B. warum die Feuerwehr ein Motorboot in der Halle neben den Autos stehen hat, weshalb die Männer an Stangen von oben nach unten rutschen und nicht die Treppe benützen, wozu sie Helme und Handschuhe brauchen, usf.). Dadurch, daß der Text sehr leicht verständlich geschrieben ist, werden die Kinder bald selbständig die Bilder erklären können. Es gibt auch jeweils noch viel mehr zu sehen, als im Text beschrieben ist. Die dicken Pappseiten lassen sich auch von noch ungeübteren Kinderhänden leicht umblättern.

Michl, Reinhard/Tilde Michels:
Es klopft bei Wanja in der Nacht
München: Ellermann 1985

An Wanjas Tür klopfen in einer grimmigen Winternacht hintereinander Hase, Fuchs und Bär und bitten um Unterschlupf. Sie versprechen, sich gegenseitig nichts Böses zu tun, wenn sie sich nur wärmen und ausschlafen dürfen. Das geht bis zum Morgen gut, doch dann mißtraut der Hase zuerst dem Frieden. Er fürchtet sich vor dem Fuchs und schleicht aus dem Haus. Kaum ist der Fuchs erwacht, entdeckt er den Bären und denkt an dessen Hunger. Er weiß, daß ihn der Bär gern fressen möchte, deshalb macht auch er sich auf und davon. Schließlich erwacht der Bär. Er sieht ein Gewehr an der Wand hängen und weiß nun nichts Eiligeres zu tun als diesem Jägerhaus zu entfliehen. Als auch Wanja aufwacht, sieht er sich im leeren Raum. Nur vor der Tür verlieren sich die Spuren der Tiere.

Der Text ist in einfachen Versen gereimt, was der Freude eines Kindes an Rhythmus und Reim sicher entgegenkommt. Es wird beim wiederholten Vorlesen wohl bald mitsprechen und dann die Verse auswendig aufsagen können. Doch das ist nicht entscheidend. Wichtiger ist, daß ihm die Bilder gefallen und es darüber spricht. Schon die Fußspuren auf der Einbandinnenseite wecken Vermutungen. Von welchen Tieren sind dies die Fußabdrücke? Was wird von diesen Tieren erzählt werden? Werden sie Wanja oder sich gegenseitig gefährden? Spannung und Neugier können also schon vor Beginn der Lektüre geweckt werden. Die subtil gemalten Bilder sprechen für sich. Was wird Wanja denken, als er den Bären unter der Tür stehen sieht? Wird er ihn noch hereinlassen? Anhand der Bilder läßt sich der Fortgang der Geschichte mühelos erkennen und erzählen. Da der Ausgang offen bleibt, weiß man nicht, ob sich die Tiere außerhalb Wanjas Haus am Ende nicht doch noch gejagt und gefressen haben.

Mitgutsch, Ali:
Unsere große Stadt
Ravensburg: Otto Maier 1988

Ein Bilderbuch sollte so stimulierend sein, daß es immer und immer wieder hervorgeholt wird, um darin zu blättern und sich an den Bildern zu erfreuen. Genau so ein Buch legt uns Ali Mitgutsch vor: Es enthält eine Fülle von bunten Bildern, die sich jeweils pro Doppelseite um eine bestimmte Thematik drehen und so viel Interessantes erzählen, daß man beim ersten Anschauen gar nicht alles wahrnehmen kann. Es gibt also immer wieder etwas Neues zu entdecken auf dem Flughafen, im Zoo, im Einkaufszentrum, im Schwimmbad, auf dem Markt, in der Stadt am Abend und im Winter.

Schon auf dem doppelseitigen Einbandbild wird ein erster Eindruck vom bunten Leben und Treiben in einer Stadt vermittelt. Es wimmelt nur so von Menschen: Luftballon- und Eisverkäufer, Rucksacktouristen, Zeitungsmänner, Straßenmusikanten, ein Pflastermaler, ein Clown, alles tummelt sich in der Stadt und trägt zur Unterhaltung und Ergötzung der Zuschauer oder Einkäufer bei. Der Rollstuhlfahrer fehlt ebensowenig wie das auf dem Dreirad fahrende Kind. Einer stürzt, ein anderer ruht sich aus, Hunde beleben die Szene, kurzum, es ist ein lebhaftes Treiben mitten in der Stadt.

Daß sich hier eine Fülle von Gesprächsmöglichkeiten ergibt, versteht sich von selbst. Zunächst wird sich ein Kind wohl alles anschauen und dabei aufzählen, was es entdeckt. Es kann immer noch etwas gesehen werden, was der andere noch nicht beachtet hat. Erwachsene werden sich wundern, was Kindern an Kleinigkeiten alles auffällt. Nach einem ersten Durchblättern könnte das Buch wieder beiseite gelegt werden, um das Kind nicht zu verwirren. Es läßt sich aber Tag für Tag aufs neue hervorholen. Jetzt, wenn der Überblick vertraut ist, kann man beginnen, sich in die Darstellungen einzelner Szenen hineinzuversetzen. Mi-

mik und Gestik der handelnden Personen erleichtern das Verständnis und helfen dem Betrachter Geschichten zu erfinden.

Schauen wir auf den Flugplatz. Wer steigt denn da alles aus der Maschine? Auf wen warten die Fotografen und Reporter? Was wird das Mädchen mit den blonden Zöpfchen sagen? Warum will sie sich von der Hand des Bruders loßreißen? (Vielleicht erinnert sich ein Kind an eine ähnliche Szene, bei der es ihm auch nicht schnell genug gegangen ist.) Was machen die beiden Männer auf den Flügeln der Maschine? Für wen steht die Trage bereit? Fragen an Fragen lassen sich anhand der lebhaften Szenen durch das ganze Buch hindurch formulieren und beantworten. Dabei kann zunächst der Erwachsene mit dem Fragen beginnen. Aber auch das Kind sollte seine Fragen stellen, wenn es etwas nicht versteht oder noch nicht weiß.

Schließlich kann das Buch auch zum Erzählen eigener Erlebnisse anregen. So wird die Seite mit dem Zoo bei manchem Kind die Erinnerung an einen Zoobesuch wachrufen. Jetzt kann verglichen werden, welche Tiere auf dem Bild zu sehen sind, die im besuchten Zoo nicht zu sehen waren und umgekehrt.

Vielleicht haben einige Eltern Lust, mit ihrem Kind anhand des Buches ein Ratespiel zu machen. „Ich seh' etwas, was du nicht siehst, und das ist . . .“ Farben, Formen, Szenen lassen sich auf diese Weise erraten. So kann zum Beispiel auf der Seite „Stadt am Abend“ nach dem Würstchen gefragt werden, das der Mann am Kiosk ißt: „Ich seh' etwas, was du nicht siehst, das wird gerade gegessen.“ Oder man fragt nach dem Blaulicht auf dem Krankenwagen: „. . . und das ist blau“. Dabei werden oftmals mehrere Antworten richtig sein, vor allem, wenn nach Farben und Formen gefragt wird.

Sicher gibt es noch viel mehr Möglichkeiten, mit diesem Bilderbuch umzugehen. Jeder mag für sich erspüren, was seinem Kind

Abbildung aus „Unsere große Stadt"

am besten entspricht. Es wäre falsch, dem Kind etwas aufzuzwängen, was ihm widerspricht; denn seine Freude am Betrachten und Reden soll doch geweckt und gefördert werden.

Mörtl-Rangnick, Renate/Ernst A. Ekker:
Was ein Tag alles bringt
Ravensburg: Otto Maier 1981

Jörg, der noch in den Kindergarten geht, lebt mit Vater, Mutter, Tante Anni und seinem älteren Bruder Robert nahe einer Stadt auf dem Dorf. Aus seiner Sicht wird ein Tag miterlebt: Wir erfahren, was Vater, Mutter, Robert und Tante Anni gerade alles machen, als die Nacht zu Ende geht, der Tag beginnt und bis zum Abend seinen geregelten Ablauf nimmt.

Das Buch enthält nichts Aufregendes, nichts Außergewöhnliches. Ein ganz normaler Tag wird geschildert, wie ihn viele Vorschulkinder erleben. Man versteht Jörgs Fragen und hat mit ihm zusammen bis zum Ende des Buchs eine Menge über den unterschiedlichen Tageslauf der einzelnen Familienmitglieder erfahren.

Die realistisch gemalten Bilder lassen viele Fragen, Vermutungen, Beobachtungen zu. Man kann beschreiben, was die einzelnen Familienmitglieder gerade machen, man kann sich überlegen, wie sich der eigene Tagesablauf dazu verhält, ob das Kind die gleichen Erlebnisse wie Jörg schon einmal hatte, wer alles zur eigenen Familie gehört, usf. Mit diesem Buch lassen sich gute Gespräche über den Familienalltag knüpfen, und dem Kind kommen möglicherweise über dem Zuhören und Beschreiben Fragen zum Alltag von Vater und Mutter, die es bis dahin noch nie gestellt hat.

Moser, Erwin:
Winzig, der Elefant
Weinheim und Basel: Beltz 1985

Das kleine Elefantenkind Winzig geht im Gras verloren und wird von seinen Eltern nicht mehr gefunden. Es legt sich hin und schläft, doch als es erwacht, merkt es, daß ihm etwas fehlt. Winzig weiß nicht, was es ist, er fühlt sich nur „plötzlich so allein auf der Welt ..." So macht er sich auf die Suche nach dem, was ihm fehlt und begegnet vielen Tieren, die entweder vor ihm davonlaufen oder sich mit ihm zusammentun. Er erlebt einige Abenteuer, bis er schließlich zu einem kinderlosen Flußschweinpaar gebracht wird, das ihn wie ein Kind aufnimmt und umsorgt. „Manchmal, am Abend, unterhielten sich die beiden Schweine über Winzig: ‚Sollen wir ihm sagen, daß er nicht unser Kind ist ...?' sagte Herr Flußschwein. ‚Nein', erwiderte Frau Flußschwein nach längerem Überlegen. ‚Nein, jetzt noch nicht. Später vielleicht, viel später ...' Aber im Grunde genommen war das auch vollkommen unwichtig, nicht wahr?"

So endet der erste Band dieser Winzig-Reihe, und in den folgenden werden noch viele spannende Abenteuer erzählt, die Winzig auf der Suche nach seinen wirklichen Eltern erlebt.

Erwin Moser versteht es, die Stimmung des kleinen Elefanten im Bild jeweils treffend einzufangen. Man kann sich in die Situation des Winzlings versetzen, der Anschluß sucht und ihn schließlich auch findet. Vieles kann besprochen und erzählt werden. So kann man beispielsweise das Kind anhand der Bilder vermuten lassen, was den Elefanten wohl an der Biene, dem Schneckenhaus oder den Straußeneiern so vertraut anmutet. Auch das Bild von der Schmetterlingshochzeit eignet sich zum Beobachten und Erzählen: Woran merkt man, daß sich das Hochzeitspaar lieb hat? Was wird der Käfer sagen, der den Musikanten zuprostet? Wenn dann der Text vorgelesen

Abbildung aus „Winzig, der Elefant"

ist, kann das Kind erklären, weshalb Winzig sich bei den Musikanten so wohl gefühlt hat. Der Schlußsatz der Erzählung gibt schließlich Gelegenheit, darüber nachzudenken, ob es für den kleinen Elefanten wichtig oder unwichtig war, anstelle der eigenen Eltern die Flußschweine gefunden zu haben, die ihn wie ein Kind lieben und umsorgen.

Da die Geschichte positiv endet, ist es nicht bedeutsam, ob die weiteren Bilderbücher der „Winzig"-Reihe angefügt werden oder nicht. Wer aber mehr über Winzig erfahren möchte, kann neugierig auf die Fortsetzung der Suche nach den wirklichen Eltern des Elefantenkindes gemacht werden und seine Vermutungen mitteilen. So werden die Kinder einerseits zum Erzählen aufgefordert und gleichzeitig zum Weiterhören der Geschichte motiviert.

Murphy, Jill:
Keine Ruh' für Vater Bär
(Aus dem Englischen von I. Weixelbaumer).
Wien, München: Annette Betz 1981

„Es war Schlafenszeit. Vater Bär war müde, Mutter Bär war müde, und Baby Bär war müde ... also gingen sie alle zu Bett. Mutter Bär schlief sofort ein. Vater Bär nicht. Mutter Bär begann zu schnarchen ... ‚Oh, nein', sagte Vater Bär, ‚das halte ich nicht aus' ..."
Nun wird erzählt, wie Vater Bär mitten in der Nacht von einem Platz zum andern ausweicht, überall aber durch Geräusche gestört wird: Das Baby spielt Flugzeug und brummt vor sich hin, im Wohnzimmer tickt und schlägt eine Kuckucksuhr, in der Küche tropft der undichte Wasserhahn, durch den Garten schnüffelt ein Igel, eine Eule schreit, und Katzen singen. Als der arme, geplagte Vater Bär endlich in sein Auto steigt, um dort zu übernachten, beginnen die Vögel zu zwitschern. Reumütig kehrt er ins Haus zurück, wo ihm nun alles ruhig erscheint, bis gleich der Wecker rasselt und die andern ausgeruht aufstehen.

Das Buch lebt von seinen Bildern. Jill Murphy versteht es, Sympathie für den armen Vater Bär zu wecken. In den verhaltenen, dunklen Farben wird das Erleben der Nacht leicht nachvollziehbar. Kinder können zu den Bildern erzählen, einiges entdecken, sich in die Illustrationen hineinfühlen, ohne Angst zu bekommen, denn diese Nacht hat nichts Beängstigendes. Sie wird nur in ihrer ganzen Natürlichkeit dargestellt. Die Mimik der Bären verleitet zum Schmunzeln, so daß emotionale Wärme aufgenommen werden kann.

Anhand der geschilderten Szenen und der eindrucksvollen Illustrationen wird es den Kindern möglich sein, sich über Vater Bär auch in die Situation der eigenen Eltern zu versetzen und dafür Verständnis zu zeigen, wenn diese gelegentlich um Ruhe bitten. Sicher findet sich in jeder Familie ein Gesprächsanlaß dafür, ohne daß der Erwachsene dabei aufdringlich moralisch werden müßte. Man kann darüber reden, warum wir schlafen müssen, wann und wo wir Rücksicht nehmen und nicht durch Lärm stören sollten, oder auch, durch welche Geräusche vielleicht ein Kind selbst schon am Einschlafen gehindert war.

Reidel, Marlene/Brüder Grimm:
Sieben Märchen
Wien, München: Annette Betz 1985

Das Bilderbuch erzählt folgende Märchen: Der Wolf und die sieben jungen Geißlein; Die sieben Raben; Sterntaler; Aschenputtel; Das Hirtenbüblein; Hänsel und Gretel; Der Teufel mit den drei goldenen Haaren; Die drei Faulen; Dornröschen.

Marlene Reidel hat sich aus fast jedem der Märchen eine besondere Szene ausgewählt und diese in phantastischer Collagentechnik ganzseitig ausgestaltet. Lediglich „Das Hirtenbüblein" und „Die drei Faulen" sind nicht illustriert. Zunächst könnten Erwachsener und Kind gemeinsam die Bilder anschauen und sich überlegen,

was da zu sehen ist, was dazu geschrieben sein wird, welches Märchen mit den Bildern gemeint ist. Dann sollte das Kind entscheiden, welches Märchen es vorgelesen haben möchte. Nach dem Vorlesen wird es noch einmal interessant sein, die Bilder gemeinsam zu betrachten: Was werden die aus dem Fenster schauenden Geißlein ihrer Mutter nachrufen? Was wird die Mutter antworten? Was denkt sich der Wolf, den man schon hinter der Hausecke sehen kann? Beim Märchen vom Aschenputtel muß man genau hinsehen, wenn man den guten Geist der Mutter entdecken will, der sich hinter dem phantastischen Baum verbirgt. Das Märchen von Hänsel und Gretel kann anhand der beiden Bildseiten vielleicht schon von einem Kind allein nacherzählt werden. Es kann beschreiben, woran man merkt, daß es dunkel ist; was der Vater gerade zur Mutter sagt; warum der Vater Säge und Axt mitnimmt; was Hänsel macht und was der Vogel anrichtet, usf.

Reidel, Marlene/Brüder Grimm:
Sieben Märchen
Wien, München: Annette Betz 1986

In diesem Band werden folgende Märchen erzählt: Frau Holle; Der Froschkönig oder der eiserne Heinrich; Rotkäppchen; Rapunzel; Brüderchen und Schwesterchen; Schneewittchen; Rumpelstilzchen.

Genau wie im vorigen Band folgt wiederum auf jede Textseite ein ganzseitiges Bild. Auch hier kommt das Zauberhafte, Wunderbare nicht nur in Farben sondern auch in der Anordnung und Gestaltung der Grafik zum Ausdruck. Die Bilder sind wiederum in warmen Farben gehalten und können aufs erste Mal gar nicht in allen Details erfaßt werden. Sie sprechen emotional an, ohne zu ängstigen oder aufzuregen. Vieles gibt es zu bestaunen, zu vermuten, zu beobachten. So wird das Kind auch während des

Abbildung aus „Mutter Henne"

Vorlesens mit ins Buch schauen wollen, um vom Bild bestätigt zu erhalten, was der Vorleser erzählt.

Man kann die Kinder die Bilder erklären lassen, indem sie aufzählen, was sie alles sehen, was sie vermuten, welche Farben es zu sehen gibt, wo sich etwas Gefährliches oder Schönes ankündigt, was Menschen und Tiere reden oder was sie denken, wenn man ihren Gesichtsausdruck richtig deutet.

Reinl, Edda/Lilian McCrea:
Mutter Henne
(Textfassung: Hans Gärtner). Salzburg, München: Neugebauer Press 1987

Mutter Henne brütet geduldig ihre Eier aus und läßt sich weder von Rupp, dem Hund, noch von Kater Minker oder vom Pferd und der Kuh des Bauern verlocken, ihr Nest zu verlassen. Bei jedem Wetter hält sie aus, bis endlich zehn Küken geschlüpft sind und sie diese voller Stolz im Bauernhof herumführt und vorzeigt.

Mit faszinierenden Bildern erzählt Edda Reinl diese einfache Geschichte vom Mutterglück einer Henne. Auch schon jüngeren Kindern wird es Freude machen, die Bilder mit ihren herrlichen Farben zu bestaunen und aufzuzählen, was es alles zu sehen gibt: die anderen Hühner, die nach Mutter Henne fragen; den riesigen Heuhaufen, auf dem Mutter Henne ihr Nest hat; den freundlichen Bauern, der das Futter bringt, usf. Jeder kann in seiner Sprache erzählen, die Bilder verlocken dazu.

Rettich, Margret:
Jan und Julia verlaufen sich
Hamburg: Friedrich Oetinger 1981

Jan und Julia dürfen allein im Supermarkt einkaufen. Ein Freund begegnet ihnen und verleitet sie zu einem Umweg in andere Straßen, wo es ein Schaufenster mit einer sich bewegenden Eisenbahn geben soll. Jan und Julia finden dieses Schaufenster nicht, verirren sich bei dem Umweg aber mächtig. Da sie auch Mutters Geldbeutel nicht mehr finden, können sie weder telefonieren noch mit dem Bus fahren. Schließlich hilft ihnen die Polizei, die sie im Streifenwagen nach Hause bringt.

Mit bunten, lebhaften Farben malt Margret Rettich die Szenen, von denen der Text handelt. Es gibt auf den Bildern eine Menge zu beobachten und zu entdecken. Man kann sich darüber Gedanken machen, was die ratlosen Erwachsenen, die so heftig gestikulieren, miteinander reden; man kann sich fragen, warum das Kind im Bus lacht, als es Julia verzweifelt nach dem Geldbeutel suchen sieht; man wird über die Politesse sprechen und sich Gedanken darüber machen, was sie den Kindern rät; und schließlich kann man für den Fall, daß sich das eigene Kind einmal verlaufen sollte, einige Überlegungen zu besonnenem Verhalten gemeinsam anstellen.

Wer mehr über Jan und Julia erfahren möchte, findet im gleichen Verlag noch weitere Bilderbücher von Margret Rettich.

Scherbarth, Eva:
Das sind wir
Ravensburg: Otto Maier 1975

Um 6 Uhr morgens kommt ein kleines Mädchen samt Teddy ans Bett der Eltern. Der Vater erwacht und reicht dem Kind die Hand. Das nächste Bild zeigt die Mutter im Hintergrund telefonierend, den Vater, wie er mit Unterstützung der kleinen Tochter das Baby wickelt und pudert. Während sich Vater nach dem Frühstück von der Mutter mit einem Kuß verabschiedet, machen die kleinen Kinder Unordnung. Die Mutter geht mit den Kindern zum Einkaufen und tröstet das Mädchen, dem Eis auf die Straße gefallen ist. So geht der Tageslauf weiter, bis am Abend die Großeltern kommen und sich die ganze Familie im Wohnzimmer beschäftigt. Der Vater kniet am Boden und spielt mit der Tochter, die Mutter füttert das Baby, Opa hält dazu den Teller. Die Oma sitzt am kleinen Tisch und näht. Schließlich werden die Kinder von ihren Eltern liebevoll ins Bett gebracht.

Die bunten Erzählbilder des Pappbilderbuchs berichten vom Tag einer ganz normalen Familie mit Vater, Mutter, Tochter, Baby und Großeltern. So, wie der Tagesablauf geschildert wird, kennen ihn sicher viele Kinder aus eigener Erfahrung. Es wird miteinander gespielt und gehandelt. Besonders der Vater ist stark ins Familienleben mit einbezogen. Die Bilder eignen sich zum Erzählen, jeder kann in seiner Sprache sprechen. Dadurch, daß kein Text vorgegeben ist, wird jedes Kind das Bilderbuch anders angehen. Zum Erzählen und Berichten gibt es genug, da die Bilder reichlich differenziert sind und eine Fülle von Kleindetails enthalten. Man kann aufzählen, benennen, Farben erkennen, nach unbekannten Gegenständen fragen, Situationen erklären und beschreiben, Handlungen erfinden oder vermuten. Die Illustration fordert geradezu zum Sprechen auf.

Abbildung aus „Wir fahren mit der Eisenbahn"

Scherbarth, Eva/Gabriele Ruf-Haralabidis:
Wir fahren mit der Eisenbahn
Ravensburg: Otto Maier 1988

Aus der Perspektive einen kleinen Jungen wird von der Bahnfahrt mit Vater, Mutter und Schwester zu den Großeltern erzählt. Große, ganzseitige Bilder lassen unschwer erkennen, wovon gerade die Rede ist: vom Fahrkartenkauf und dem Leben in der Schalterhalle, vom Abteil, in das der Schaffner zur Fahrkartenkontrolle kommt, vom Essen im Speisewagen und vom Besuch der Toilette. Endlich kommt der Zug ans Ziel. Er steht in einer großen Bahnhofshalle, in der die Großeltern schon auf ihren Besuch warten.

Eva Scherbarth versteht es meisterhaft, in ihren bis ins Detail gezeichneten Bildern die Atmosphäre von Bahnhof und Zugfahrt einzufangen und zu vermitteln. Zunächst ist es gar nicht einfach, den Erzähler, der von sich nur in der Ichform spricht, aus den vielen Personen herauszufinden. Inmitten der Schalterhalle steht der Junge, seinen Teddy im Rucksack, einen Blumenstrauß in der Hand, und beobachtet die Personenschlange vor dem Fahrkartenschalter. Der Vater ist gerade an der Reihe, er läßt sich vom Schalterbeamten die Fahrkarten aus dem Computer drucken. Man kann beobachten, wie jemand Handgepäck aufgibt, wie ein Mann einen Koffer in ein Schließfach schiebt, wie eine Dame mit dem beladenen Kofferkuli durch die Tür kommt, wie andere nach den An- und Abfahrtszeiten schauen, wie sich ein Rucksacktourist am Stadtplan orientiert, und vieles mehr. Schon dieses erste Bild enthält eine Fülle von Sprechanlässen für ein aufmerksames Kind. Es wird nach all dem fragen, was ihm unvertraut und unbekannt ist, denn nicht jedes Kleinkind hat heute schon die Erfahrung einer Bahnreise hinter sich. Das Buch vermittelt einen guten Eindruck, so daß auch dann, wenn eigene Erfahrungen noch fehlen, die Bilder mit Gewinn angeschaut werden können.

Der Text ist zum Vorlesen gedacht und kann beim gemeinsamen Betrachten ergänzt werden. Er ist für das Verständnis der

Handlung nicht unbedingt nötig, da die Bilder von sich aus Information übermitteln. So kann man zum Beispiel nach dem gemeinsamen Betrachten der Familie auf dem Titelblatt beim Aufblättern der ersten Doppelseite fragen: Wo sind denn jetzt Vater, Mutter und die beiden Kinder? Woran kannst du sie erkennen? Was machen sie gerade? Was wird sich der Junge denken? Warum stellt der Mann seinen Koffer in ein Schließfach? Dialoge lassen sich erfinden zwischen den wartenden jungen Leuten, zwischen den Käufern am Kiosk, zwischen der Frau, die sich bei ihrem Mann eingehängt hat und ihn anlächelt, usf. Da es sich um ein stabiles Bilderbuch mit dicken Seiten handelt, können es auch kleine Kinder allein vornehmen und in ihrer Sprache anderen „vorlesen".

Schmidt, Waltraud:
Mein Kindergarten
Ravensburg: Otto Maier 1986

Auf vier Doppel- und den beiden Umschlagseiten berichtet dieses Pappbilderbuch mit wenig Text vom Kindergartenalltag: Ulrike, die Kindergärtnerin, sitzt mit einer Kindergruppe am Tisch und läßt Teig zu Plätzchen formen. Die Kinder sind mit Begeisterung bei der Sache, lachen, kneten, schneiden von einer Teigrolle Stückchen ab und drücken Haselnüsse oder Schokoladenstückchen auf die geformten Plätzchen. Das Blech ist bald belegt. Das nächste Bild zeigt eine Bastelgruppe, die aus Buntpapier eine Raupe schneidet und klebt. Zwei Kinder sitzen dabei und malen mit Wasserfarben ein Bild. Andreas, der Erzieher, liest einem Jungen aus einem Buch vor. Und zwei andere Kinder bauen sich aus Decken eine Höhle, in die sie gerade Sitzpolster legen. So geht es weiter: Es wird miteinander gegessen, im Freien gespielt, mit den Eltern ein Fest gefeiert, und schließlich sieht man auf der Rückseite des Buches, wie die Kinder von den Eltern nach dem Kindergarten abgeholt werden.

Zum Gespräch gibt dieses Buch viele Anlässe. Zunächst können Kinder berichten, was sie alles entdecken, welche Kinder sie aus der Erzählung erkennen, was diese machen, wie sie angezogen sind oder was die vermutlich miteinander reden. Vielleicht beginnt das eine oder andere Kind, durch diese Bilder angeregt, auch spontan vom eigenen Kindergarten zu erzählen. Es könnte vergleichen, was im eigenen Kindergarten gleich oder anders gemacht wird, was wohin aufgeräumt wird, welche Spielgeräte im Freien stehen, usf. Dann aber können sich Erwachsener und Kind auch gezielt über einige Bildseiten unterhalten. Die Doppelseite vom Spiel im Garten bietet beispielsweise die Möglichkeit, sich zu fragen, was sich die beiden Kinder auf dem Balken erzählen; was Andreas, der Erzieher, mit den drei Kindern bauen wird; was sie dazu brauchen, was sie miteinander reden werden. Zwei Kinder streiten sich um eine Schaufel. Was werden sie zueinander sagen? Warum weint Julia? Was wird sie jetzt machen? Was wird Tim tun? Wie könnten sich die beiden wieder versöhnen? Fragen über Fragen ergeben sich aus dem Bild, bevor der Text dann endlich vorgelesen wird.

Schwenk-Anger, Else:
Vom Bäumlein,
das andere Blätter hat gewollt
(Nach Versen von Friedrich Rückert).
Alpirsbach: ESA 1985

Mit den Versen von Rückert wird erzählt, wie das Bäumlein mit seinen Nadeln unzufrieden war, Blätter aus Gold wollte, die der Dieb stahl; sich dann gläserne Blätter wünschte, die der Wind zerbrach; schließlich grüne Blätter hatte, die die Geiß fraß und zum Schluß sich sehnsüchtig wieder seine Nadeln wünscht, sie auch bekommt und sich trotz des Spottes der anderen Bäume herzlich darüber freut.

In phantastischer Weise illustriert Else Schwenk-Anger diese alten Kinderverse. Durch großflächige Collagen wirken die Szenen richtig plastisch. Man fühlt sich in eine Märchenwelt versetzt, in der der Zauber vom Blätterwechsel möglich wird. Die Bilder verzichten auf ablenkendes Beiwerk und lenken die Aufmerksamkeit der Betrachter jeweils auf das, was sich das Bäumlein gerade wünscht. So könnte ein aufmerksames Kind den Hergang der Geschichte auch allein erfassen, ohne die Verse zu hören. Zumindest kann es später, wenn ihm die Geschichte vertraut ist, anhand der Bilder diese erzählen. Werden ihm die Verse mehrmals vorgelesen, wird es sie behalten und teilweise mitsprechen.

Doch dies ist nicht die Absicht des Bilderbuchs. Man kann vielmehr mit einem Kind darüber sprechen, warum sich das Bäumlein, das als einziges Nadeln trug, ebensolche Blätter wie alle anderen Bäume wünschte: Was denkst du, warum sich das Bäumlein Blätter wünschte? Warum wollte es gleich Blätter aus Gold? Was hätte es sich noch alles wünschen können? Was wäre dann wohl passiert? Und schließlich kann man vom Bäumlein auf die eigene Person lenken: Hast du auch schon einmal etwas anziehen müssen, was du nicht gern angezogen hast? Oder: Möchtest du an dir auch etwas anders haben als es ist? Hier kann sich eine Gelegenheit ergeben, mit dem Kind darüber zu sprechen, daß jeder Mensch anders ist, jeder etwas Besonderes hat oder kann und es gut ist, daß es so ist. Sicher sind manche Kinder - ebenso wie viele Erwachsene - unzufrieden mit etwas an sich, das sie nicht ändern können. Vielleicht kann ihnen dieses Bilderbuch helfen, sich so anzunehmen, wie sie sind.

Sendak, Maurice:
Wo die wilden Kerle wohnen
(Aus dem Amerikanischen von Claudia Schmölders). Zürich: Diogenes 1967

Dieses Bilderbuch könnte, oberflächlich betrachtet, furchterregend wirken. Ganz- und doppelseitig starren den Betrachter gräßliche Phantasietiere an, voller Hörner, Klauen und Krallen. Doch beim näheren Betrachten fällt auf, daß sich Max, der Held des Buches, vor diesen Tieren gar nicht fürchtet. Im Gegenteil! Er schlüpft selbst in einen Wolfspelz, und seiner Mimik ist unschwer anzusehen, wie er sich freut, wenn er mit diesen wilden Kerlen Klamauk machen kann.

Begonnen hat alles so: Max, der als „wilder Kerl" nur Unfug im Kopf hatte, wurde von der Mutter ohne Abendbrot ins Bett geschickt. Da wuchs ein Wald in seinem Zimmer, ein Meer mit einem Schiff lag vor ihm, dieses führte ihn „bis zu dem Ort, wo die wilden Kerle wohnen". Dort fürchtete sich Max sehr, bis er bemerkte, daß er sie mit einem Zaubertrick zähmen konnte: Er starrte ihnen in die Augen ohne zu blinzeln. Da machten sie ihn zu ihrem König, der mit ihnen zusammen allerlei Unfug trieb. Schließlich beendet Max dieses fürchterliche Spiel und segelt wieder zurück nach Hause „bis in sein Zimmer, wo es Nacht war und das Essen auf ihn wartete, und es war noch warm".

Viel mehr als der knappe Text drücken die Bilder den Fortgang der Geschichte aus. Aus Mimik und Gestik von Max wird ersichtlich, wie er es genießt, diese wilden Kerle zu befehlen und zu bändigen. Er überwindet seine Angst, triumphiert über seine Furcht und geht als mächtiger Sieger aus der zunächst schrecklichen Situation hervor. Kinder können sich sicher leicht mit Max identifizieren. Sie werden mit ihm bangen und zittern, dann aber seinen Triumph auskosten, wenn er es geschafft hat, die wilden Kerle für sich zu gewinnen.

Abbildung aus „Wo die wilden Kerle wohnen"

Schon beim Betrachten der ersten Doppelseite, bevor der Erwachsene mit dem Vorlesen beginnt, kann ein Kind die beiden schrecklichen Unholde beschreiben. Es lassen sich Vermutungen anstellen, was diese Kerle wohl mit Max vorhaben. Dann wird aus den Bildern unschwer zu entnehmen sein, welchen Unfug Max im Kopf hatte. Kinder können sich alles Mögliche ausdenken und darüber berichten. Vielleicht fällt dem einen oder anderen dann ein, wie die Eltern zu ihm sagen? Warum geben sie ihm wohl diesen Namen?

In Sendaks Geschichte wird der eigentliche Mutter-Sohn-Machtkampf ganz leise angegangen und nicht hochgespielt. Der Konflikt löst sich quasi von selbst, weil die Mutter das Essen ans Bett stellt und der aufgewachte Max seinen Hunger stillen kann. Sicher werden die Kinder bald merken, daß Max nur geträumt hat. Das wäre eine gute Gelegenheit, um mit Kindern über deren Träume zu sprechen, sie erzählen zu lassen, welche Ängste, Wünsche oder auch Hoffnungen sie im Traum erleben.

Spanner, Helmut:
Was macht der Bär?
Ravensburg: Otto Maier 1983

Zwölferlei Dinge macht der Bär: er schaut aus einer Schachtel heraus, fährt auf dem Dreirad, gießt einen Blumenstock, kehrt mit Besen und Schaufel eine zerbrochene Tasse auf, ißt mit dem Löffel Brei, kämmt und bürstet sich die Haare, besieht sich im Spiegel, telefoniert, wischt eine Wasserpfütze auf, rührt in der Schüssel Teig, malt mit Farben und Pinsel und walkt schließlich Teig aus, um Plätzchen zu backen.

Das Leporello ist schon für die Kleinsten geeignet, verzichtet es doch gänzlich auf Text und spricht nur durch seine Bilder. Jeder kann in seiner Sprache erzählen, was der Bär macht. Dabei wird sich für Kinder Gelegenheit ergeben, von sich selbst zu berichten, wie sie zum Beispiel Dreirad fahren oder auch schon einmal etwas aufgekehrt haben, welchen Brei sie besonders gern essen, usf. Das Telefonieren kann gespielt werden, indem der Erwachsene mit dem Kind wie am Telefon spricht.

Sumiko:
Mein kleiner Bruder
(Aus dem Englischen von Rolf Imhauser).
Aarau, Frankfurt a. M., Salzburg:
Sauerländer 1981

Aus der Perspektive der älteren Schwester wird erzählt, was ihr Baby-Brüderchen „Nuddl" alles macht: es lacht, weint, wird gestillt, gewickelt, gebadet, usf. Das Schwesterchen ist gar nicht eifersüchtig, sondern liebt das Baby. Am Abend, wenn es Zeit zum Schlafengehen wird, heißt es: „Dann lesen wir noch eine Geschichte vor, und Papa und Mama knuddeln mich und geben mir viele Gute-Nacht-Küsse. Ich gebe Nuddl auch einen Kuß. Ich sage gute Nacht zu ihm. Ich mag meinen kleinen Bruder Nuddl."

Ohne große Ereignisse läuft ein Tag in einer Familie ab, in der sich Vater, Mutter und die beiden Kinder gern haben. Da könnte man auf den ersten Blick an heile Welt denken. Auch die Grafik ist dazu angetan, diesen Eindruck zu verstärken. Mit pastellfarbenen Tönen malt Sumiko die realistischen Szenen. Doch: Ist diese Welt nicht der Wunsch vieler Kinder? Und erleben nicht auch heute noch viele Kinder solche Tage, wie sie dort beschrieben werden?

Über die Bilder kann mühelos ein Gespräch mit Kindern begonnen werden: Was wird das Mädchen wohl gerade zum Brüderchen sagen, als es seine Hand hält und ihm zulacht? Was braucht die Mutter alles, um das Baby zu wickeln? Vielleicht hat das eine oder andere Kind selbst ein Baby zu Hause und weiß aus Erfahrung zu berichten. Was wird sich das Mädchen auf dem Dreirad denken, als die Frau in den Kinderwagen schaut, sie aber nicht beachtet? Was wird das Schwesterchen machen, als es sieht, daß das Baby ihr Bilderbuch zerrissen hat? Die Fragen lassen sich beliebig erweitern. Jedes Bild enthält eine Fülle von Möglichkeiten zu einem Gespräch. Man kann nach Dingen fragen, die zu sehen sind, oder nach solchen, die das Kind bei sich zu Hause hat und die auf dem Bild fehlen, man kann sich Gespräche zwischen den handelnden Personen ausdenken und schließlich über eigene Erfahrungen und Erlebnisse mit kleineren Geschwistern oder einem Baby berichten.

Takihara, Koji:
Rolli
(Deutsch von Hans Gärtner). Salzburg, München: Neugebauer Press 1988

Das Bilderbuch beschreibt den Weg eines Samenkorns zur Blüte und wieder zum Samen. Rolli, das Samenkorn, wird von einem Vogel ein Stück weit auf dem Weg nach Süden mitgenommen und dann fallen gelassen. Es fällt auf die Erde und gerät in ein Maulwurfsloch, wo es den Winter über zubringt. Im Frühjahr schubst der Maulwurf das Samenkorn nach oben in die Ackerkrume, wo sich eine bunte Blume daraus entwickelt. Diese knickt bei einem heftigen Gewitterregen ab und läßt dabei zwei Samen aus dem Blütenkelch herausplatzen, die nun wiederum über das Land rollen. Damit beginnt die Geschichte von vorn.

So einfach wie der Verlauf der Handlung sind auch die Bilder und der begleitende Text. Die großflächigen, doppelseitigen Bilder eignen sich gut zum Erzählen der Geschichte. Dabei erfährt das Kind den Zusammenhang zwischen Samen und Blüte und wird zu eigenen Beobachtungen angeregt. Es kann anhand der Grafik über Farben und Formen sprechen, kann aber auch seiner Phantasie von Seite zu Seite freien Lauf lassen und sich ausdenken, was mit Rolli alles passieren könnte. Schon zu Beginn ist es reizvoll, das Kind neugierig zu machen und es anhand des Titelbildes zu fragen, wer Rolli wohl ist.

Ungerer, Tomi:
Die drei Räuber
(Deutsch von Tilde Michels). Zürich:
Diogenes 1987

In humorvoller Weise wird von drei Räubern erzählt, die nichts als rauben konnten. Eines Tages überfielen sie eine Postkutsche und raubten den einzigen Inhalt, nämlich ein kleines Mädchen, ein Waisenkind, das auf dem Weg zur ungeliebten Tante war und sich deshalb über das Abenteuer und die Abwechslung freute. Sie lebte nun bei den Räubern, sah all das Gold und die Edelsteine und fragte, was die Räuber denn damit machen wollten. Diese wußten darauf keine Antwort, hatten sie doch noch nie darüber nachgedacht, wozu der angehäufte Schatz dienen sollte. Sie beschlossen schließlich, sich um Waisenkinder zu kümmern und für diese ein Schloß zu kaufen (nicht zu rauben!), damit sich die Kinder darin wohl fühlen konnten. So geschah es, und aus den grimmigen Räubern wurden Wohltäter.

Das Gruseln kann einen überkommen, wenn man die dunklen, schwarzen Bilder betrachtet, die aber so komisch gemalt sind, daß man beim Gruseln lachen muß. Kinder werden ihre Freude an den drei Schurken haben und den wenigen Text zu der jeweils passenden Seite bald selbst erzählen können. Es wird sich ein emotionales Aufatmen einstellen, wenn aus den Bösewichtern Wohltäter werden. Und daß das Ganze durch das Eingreifen eines mutigen Mädchens passiert, wird den Kindern den Zugang zu diesem Märchen erleichtern.

Um zu verhindern, daß sich ein Kind ängstigt, sollte beim ersten Anschauen ein Erwachsener dabei sein, der beim Vorlesen das Kind im Arm hält. Später können sich Kinder vermutlich gegenseitig die Geschichte anhand der Bilder erzählen und den Schauer des Gruselns wieder und wieder erleben.

Vincent, Gabrielle:
Mimi und Brumm verlieren Simon
Aarau, Frankfurt a. M., Salzburg:
Sauerländer 1982

Mimi und Brumm, ein Mäuschen und ein Bär, gehen miteinander im Winter spazieren. Brumm in der Rolle des Großen, Verantwortlichen, Mimi als die Kleine, das Kind. Mimi nimmt dazu ihre Vogelpuppe „Simon" mit. Eisig weht der Wind, Brumm mahnt daher zur Umkehr. Plötzlich bemerkt Mimi, daß ihr Simon aus dem schützenden Tuch gerutscht ist. Sie hat ihn verloren. Bei der Kälte und einbrechenden Nacht ist nicht an Umkehr zu denken, was Mimi sehr schmerzt. Brumm macht sich, als Mimi endlich schläft, auf die Suche nach Simon, findet aber nur eine total kaputte Puppe. Er will für Mimi ein neues Spieltier kaufen, doch es gibt nirgends eine vergleichbare Vogelpuppe. Mit keinem der anderen Tiere kann sich Mimi anfreunden. Schließlich haben die beiden eine Idee: Mimi zeichnet ihren Simon und Brumm bastelt ihn nach Anleitung. So wird Mimi wieder glücklich.

Diese aus einer Reihe weiterer Abenteuer von Mimi und Brumm stammende Geschichte ist äußerst liebevoll und einfühlsam illustriert. Die Bilder haben eine große Aussagekraft und enthalten viel mehr Information als der wenige Text. Jedes Kind wird dazu sofort sprechen können, indem es aufzählt, vermutet, Beobachtetes berichtet und sich Zusammenhänge ausdenkt. So können schon die Bilder allein zum Reden miteinander anregen, bevor der Text vorgelesen wird. Was wird Brumm sagen, als er im Mantel, mit umgehängtem Schal und dem Schlüsselbund in der Hand unter der Tür wartet? Was wird Mimi, ebenfalls schon im Mantel, aber noch mit dem Anziehen von Simon beschäftigt, antworten? Aus der Mimik der beiden vermenschlichten Tiere ist unschwer zu entnehmen, wie gern sie sich haben und wie liebe- und verständnisvoll sie miteinander umgehen. Und der Sachver-

Abbildung aus „Mimi und Brumm verlieren Simon"

halt selbst, das Verlieren von geliebten Spielsachen, kann für manches Kind Anlaß zum Erzählen eigener Erlebnisse sein. Vielleicht regt das Bilderbuch auch die Phantasie der Erwachsenen an, wie sie in ähnlichen Situationen reagieren könnten.

Wernhard, Hermann:
Meine ersten Bilder
Ravensburg: Otto Maier 1987

Hermann Wernhard gibt uns ein Pappbilderbuch an die Hand, in dem auf jeder Seite mehrere Dinge abgegrenzt gegeneinander gemalt sind. Jedes Bild hat eine eigene Unterschrift, so daß das Ganze fast wie ein be-

schriftetes Fotoalbum anmutet. Bilder von Tieren und Pflanzen, von Menschen und Fahrzeugen folgen aufeinander.

Zu jedem dieser Bilder läßt sich eine Menge fragen und berichten. Greifen wir die Seite mit den vier Jahreszeiten heraus.

Woran sieht man, daß es Frühling, Sommer, Herbst und Winter ist? Was kann man im Sommer (Winter, Herbst, Frühjahr) alles machen? Welche Zeit ist dir am liebsten? Was machst du da besonders gern? In welcher Zeit freust du dich auf Weihnachten? In welcher Zeit feierst du deinen Geburtstag? Mit solchen Fragen kann man auf jeder Bildseite miteinander ins Gespräch kommen. Neben Bezeichnungen für vielerlei lernen Kinder anhand dieser Bilder auch über Zusammenhänge nachzudenken.

Der Baum im Frühling

Der Baum im Sommer

Der Baum im Herbst

Der Baum im Winter

Abbildung aus „Meine ersten Bilder"

Wilkoń, Józef/Kurt Baumann:
Das Pferd am Nil
Zürich, Recklinghausen, Wien, Paris:
bohem press 1984

Ein junges Pferd geht auf Wanderschaft, gerät in die Wüste und an den Nil. Dort lernt es ein Nilpferd kennen und ist über die vermeintliche Verwandtschaft recht verwundert, denn das Nilpferd sieht gar nicht wie ein Pferd aus und hat auch andere Gewohnheiten. Doch die beiden freunden sich an und wollen nun jeder das lernen, was der andere kann. Das Pferd versucht zu schwimmen, das Nilpferd zu traben. Bald müssen sie jedoch erfahren, daß es keinen Sinn hat, so werden zu wollen wie der andere, denn: „Ein Pferd ist kein Nilpferd" und „ein Nilpferd ist kein Pferd".

Die einfache Handlung lebt von den ausdrucksstarken Bildern. Mimik und Gestik der beiden sich begegnenden Tiere verlocken zum Reden. Was wird sich das Pferdchen denken, als es zwei große Ohren aus dem Wasser auftauchen sieht? Was mag sich das Nilpferd denken, als es das Pferd am Ufer erblickt? Was haben die beiden gleiches, was ist an ihnen verschieden? Warum will jeder noch das dazulernen, was der andere kann? Warum geht das nicht? Vielleicht kann man hier mit einem Kind darüber reden, ob es auch schon einmal etwas zu tun versucht hat, was es bei anderen gesehen hat, was ihm aber mißglückte. Und dann könnte man darauf zu sprechen kommen, was das Kind besonders gut kann im Vergleich zu anderen. So läßt sich die Einsicht gewinnen, daß jeder etwas Besonderes kann und daß das gut so ist.

Wilkoń, Józef/Konrad Richter:
Sankt Nikolaus kommt.
Mönchaltorf und Hamburg: Nord-Süd 1985

Der Nikolausabend ist für viele Kinder mit Aufregung verbunden, zumal, wenn man sich etwas hat zuschulden kommen lassen. Von einem solchen Abend erzählt das Bilderbuch, in dem Stephan im Mittelpunkt steht:

Stephan vergißt seine Stiefel auszuziehen, als er ganz aufgeregt seiner Mutter von der Wildfütterung erzählen möchte. Doch diese läßt ihn gar nicht zu Wort kommen und verweist auf den Dreck, den er mit ins Haus gebracht hat. Da geht er enttäuscht und ärgerlich über den Hof zum Schuppen, wo sein Onkel arbeitet und ihn daran erinnert, daß heute noch der Nikolaus kommt. Das hat Stephan gerade noch gefehlt! Er stampft trotzig mit dem Fuß und ruft: „Den Nikolaus find' ich blöd! Und Nüsse und Mandarinen mag ich auch nicht, und ... und die Lebkuchen kann er auch behalten!" Doch, je näher der Abend rückt, um so ungemütlicher wird es Stephan. Auf einmal steht der Nikolaus vor der Tür. Zuerst flüchtet Stephan in die hinterste Zimmerecke, dann unter den Tisch - bis er bemerkt, wie kleine Schneeklumpen von den Stiefeln des Nikolaus auf den Boden fallen und schmelzen. Da kommt er unter dem Tisch hervor, zeigt seiner Mutter, was der Nikolaus anrichtet, und alle - auch der Klaus - müssen herzlich lachen.

Ein doppelseitiges Bild vom dämmerigen Winterwald, in dem Stephan und sein Onkel Rehe füttern, leitet das Buch ein. Dann sieht man den Jungen durch den Schnee laufen und ins Haus stürmen. Warum hat er es wohl so eilig? Das nächste Bild zeigt eine strafend blickende Frau, die vor dem betretenen Stephan den Fußboden aufwischt. Wer ist diese Frau? Was wird sie zu dem Jungen sagen? Was hat er falsch gemacht? Die Enttäuschung und Wut des Kindes über das Verhalten seiner Mutter sind gut nachvollziehbar. Sicher hat schon jedes Kind einmal eine ähnliche Situation erlebt. Wir können fragen, was Stephan jetzt wohl denkt, als er so allein auf der Haustreppe sitzt, was er vielleicht tun wird, wohin er gehen wird. Das folgende Bild, das den großen Nikolaus zeigt, kann wiederum zu Spekulationen verleiten: Was wird Stephan jetzt tun? Wie wird er sich fühlen? Was wird der Nikolaus sagen? Doch dann sieht man aus der Perspektive des unter dem Tisch sitzenden Jungen auf die Stiefel des Nikolaus. Was wird sich Stephan denken, wenn er die Schneeklumpen sieht, die von den Nikolausstiefeln fallen? Wie wird die Geschichte weitergehen? Stück um Stück läßt sie sich aus den Bildern erschließen, bevor man sie vorliest. Daß der Nikolaus lacht und nicht seine Autorität einsetzt, macht die Geschichte besonders liebenswert. Die vielen ganz- und doppelseitigen Aquarelle eignen sich auch zum Erzählen all dessen, was man in Stephans Haus und rund herum entdecken kann. Außerdem aber wird gerade dieses Bilderbuch die Kinder zum Erzählen ihrer eigenen Nikolauserinnerungen veranlassen.

Yoschi/Hans Gärtner:
Wer versteckt sich hier?
Salzburg, München: Neugebauer Press 1987

Das zauberhafte Bilderbuch handelt von der Anpassung der Tiere an ihre natürliche Umwelt, um dadurch den Freßfeind zu täuschen und dem Gefressenwerden zu entgehen. So werden ein Schneehase auf dem Winterfeld, ein Frosch und eine Schlange im bunten Laub, ein Marienkäfer und ein Schmetterling im Blütenmeer, ein Nachtfalter und eine Raupe, Fische, eine Eule, ein Wurm und eine schwarze Katze bei Nacht so geschickt „versteckt", daß das suchende Auge Mühe hat, die Tiere aus der Vielfalt der sie umgebenden Farben zu entdecken.

Das Bilderbuch ist so angelegt, daß jeweils eine Doppelseite die Suchaufgabe stellt und die nächsten beiden Seiten die Lösung enthalten. Die Maltechnik ist faszinierend: Auf Seide gebatikte Bilder sind so geschickt fotografiert, daß man meint, den Stoff noch fühlen zu können.

Jedes Doppelblatt regt die Phantasie zum Suchen und Entdecken an. Was läßt sich in diese warmen Farben, in diese marmorierten, geheimnisvoll strukturierten Bilder nicht alles hineinsehen! Es wird beim gemeinsamen Betrachten der Bilder großen Spaß machen, immer noch etwas Neues zu „entdecken" und sich dann durch das Umblättern von der Lösung überraschen zu lassen. Farben und Formen, wirkliche Tiere und Phantasiegestalten können benannt, vermutet, gedeutet werden. Vielleicht läßt sich ein Kind auch dazu anregen, sich eine Geschichte über die versteckten Tiere auszudenken. Und schließlich kann man ganz unaufdringlich auf die Notwendigkeit dieser Tarntechniken in der Natur aufmerksam machen.

Zwerger, Lisbeth/Brüder Grimm:
Rotkäppchen
Salzburg, München: Neugebauer Press 1983

Rotkäppchen wird zur kranken Großmutter in den Wald geschickt, um ihr Kuchen und Wein zu bringen. Trotz der guten Ermahnungen der Mutter läßt sich Rotkäppchen vom Wolf überlisten und schließlich samt der Großmutter fressen. Der zufällig am Haus der Großmutter vorbeikommende Jäger hört ein entsetzliches Schnarchen, findet den Wolf statt der Großmutter im Bett und schöpft sofort Verdacht, daß der Wolf die alte Frau gefressen haben könnte. Er schneidet dem Untier den Bauch auf und erlöst auf diese Weise Großmutter und Rotkäppchen. Mit Steinen wird der Bauch des Wolfs gefüllt. Als dieser erwacht und fortspringen will, ziehen ihn die schweren Steine zu Boden und er fällt sich tot.

Dieses bekannte Kindermärchen wird von Lisbeth Zwerger originell illustriert. In pastellfarbenen, ganzseitigen Aquarellen werden zum Teil neue Perspektiven eröffnet, zum Beispiel, welche Verführungskunst dem Wolf zu Gebote steht, als er Rotkäppchen erblickt, oder wie schwierig es für den Wolf ist, in Großmutters Kleider zu schlüpfen. Ängste werden durch diese Bilder sicher keine geweckt, aber Freude am Betrachten, am Staunen, Fragen, Sich-Ergötzen an den dynamisch gemalten Bildern.

Was wird die Mutter zu Rotkäppchen sagen, während sie ihr die Schürze knüpft? Was wird sich der Wolf denken, als er Rotkäppchen so durch den Wald gehen sieht? Was muß der Wolf alles anziehen, um wie die Großmutter auszusehen? Wie macht er das? Den Dialog zwischen Wolf und Rotkäppchen an Großmutters Bett werden Kinder wohl bald auswendig können. So liefert auch dieses Bilderbuch eine Fülle von Möglichkeiten zum Reden und Erzählen.

Register

Abbildungsnachweise

S. 62/63
Stan Berenstain / Jan Berenstain:
The Berenstain Bears' New Baby,
© 1974 Berenstain/Berenstain, Random House, New York

S. 65 und S. 67
Jan Yolen / Bruce Degen:
Commander Toad and the Intergalactic Spy,
© Degen 1986, Coward-McCann, Inc., New York

S. 70/71
Sabine Damke / Ursel Scheffer:
Ein Tag in unserer Stadt,
Otto Maier Verlag Ravensburg 1986

S. 138 ff.
Die Abbildungen stammen aus
den jeweils besprochenen Büchern.
Wir danken den Verlagen
für die freundlichen Abdruckgenehmigungen.